NomosAnwalt

Dr. Hans-Jochem Mayer
Rechtsanwalt, Fachanwalt für Arbeitsrecht und
Fachanwalt für Verwaltungsrecht

Das neue Gebührenrecht

in der anwaltlichen Praxis

Gebührentatbestände | Berechnungsbeispiele | Synopse

Nomos

Zitiervorschlag: Mayer, Gebührenrecht 2021, § ... Rn. ...

Die Deutsche Nationalbibliothek verzeichnet diese Publikation in der Deutschen Nationalbibliografie; detaillierte bibliografische Daten sind im Internet über http://dnb.d-nb.de abrufbar.

ISBN 978-3-8487-7115-8

1. Auflage 2021

Vorwort

Eine Anpassung der Anwaltsvergütung an die wirtschaftlichen Verhältnisse ist seit langem überfällig, war sie doch zuletzt 2013 erfolgt. Die Bemühungen um eine angemessene Erhöhung der Anwaltsvergütung zogen sich aber jahrelang zäh hin.

Das jetzt vorliegende Kostenrechtsänderungsgesetz 2021 ist zwar Ausdruck eines politischen Kompromisses, geht aber in die richtige Richtung. Neben einer linearen Gebührenerhöhung von ca. 10 % sowie zusätzlich für sozialrechtliche Mandate um weitere 10 % enthält das Gesetz auch verschiedene Klarstellungen und Neuregelungen, die positive Auswirkung auf die Anwaltsvergütung haben. Sicherlich erfüllt das Gesetz nicht die Erwartungen aller. Immerhin aber wurde das Kostenrechtsänderungsgesetz 2021 von den Gesetzgebungsorganen trotz der besonderen Bedingungen während der Pandemie mit höchster Eilbedürftigkeit in Kraft gesetzt – was lange währt, wird endlich (fast) gut.

Bühl den, 16.12.2020 Dr. Hans-Jochem Mayer

Inhaltsverzeichnis

Allgemeines Abkürzungsverzeichnis

aA	**anderer Ansicht/Auffassung**
aaO	am angegebenen Ort
Abb.	Abbildung
abgedr.	abgedruckt
Abh.	Abhandlungen
Abk.	Abkommen
ABl.	Amtsblatt
abl.	ablehnend
Abs.	Absatz
abschl.	abschließend
Abschn.	Abschnitt
Abt.	Abteilung
abw.	abweichend
abzgl.	abzüglich
AdR	Ausschuss der Regionen
aE	am Ende
aF	alte Fassung
AktR	Aktienrecht
allg.	allgemein
allgA	allgemeine Ansicht
allgM	allgemeine Meinung
Alt.	Alternative
aM	andere Meinung
amtl.	amtlich
Änd.	Änderung
ÄndG	Änderungsgesetz
Anh.	Anhang
Anl.	Anlage
Anm.	Anmerkung
ArbR	Arbeitsrecht
Arch.	Archiv
Arg.	Argumentation
Art.	Artikel
AsylR	Asylrecht
AT	Allgemeiner Teil
Auff.	Auffassung
aufgeh.	aufgehoben
Aufl.	Auflage
Aufs.	Aufsatz
ausdr.	ausdrücklich
ausf.	ausführlich
ausl.	ausländisch
AuslR	Ausländerrecht
ausschl.	ausschließlich
Az.	Aktenzeichen
BAnz.	**Bundesanzeiger**
Bad.	Baden
bad.	badisch
BArbBl.	Bundesarbeitsblatt
BankR	Bankrecht
BauR	Baurecht
Bay.	Bayern
bay.	bayerisch
Bbg.	Brandenburg
bbg.	brandenburgisch
Bd.	Band
Bde.	Bände
Bearb.	Bearbeiter
bearb.	bearbeitet
Begr.	Begründung
begr.	begründet
Beil.	Beilage
Bek.	Bekanntmachung
Bem.	Bemerkung
Ber.	Berichtigung
ber.	berichtigt
BerufsR	Berufsrecht
bes.	besonders
Beschl.	Beschluss
beschr.	beschränkt
Bespr.	Besprechung
bespr.	besprochen
bestr.	bestritten
Betr.	Betreff
betr.	betrifft, betreffend
BGBl.	Bundesgesetzblatt
Bl.	Blatt
Bln.	Berlin
bln.	berlinerisch
BilanzR	Bilanzrecht
BR	Bundesrat
BR-Drs.	Bundesrats-Drucksache
BR-Prot.	Bundesrats-Protokoll
BRD	Bundesrepublik Deutschland
Brem.	Bremen
brem.	bremisch
brit.	britisch
Bsp.	Beispiel
bspw.	beispielsweise
BStBl.	Bundessteuerblatt

BT	Bundestag; Besonderer Teil
BT-Drs.	Bundestags-Drucksache
BT-Prot.	Bundestags-Protokoll
Buchst.	Buchstabe
BürgerlR	Bürgerliches Recht
BW	Baden-Württemberg
bw.	baden-württembergisch
bzgl.	bezüglich
bzw.	beziehungsweise
ca.	**circa**
d.	**der, des, durch**
Darst.	Darstellung
DDR	Deutsche Demokratische Republik
ders.	derselbe
dgl.	dergleichen, desgleichen
dh	das heißt
dies.	dieselbe
diesbzgl.	diesbezüglich
diff.	differenziert, differenzierend
Dig.	Digesten
Diss.	Dissertation
div.	diverse
Dok.	Dokument
Drs.	Drucksache
dt.	deutsch
E	**Entwurf**
ebd.	ebenda
Ed.	Edition
ehem.	ehemalig
Einf.	Einführung
einf.	einführend
eing.	eingehend
Einl.	Einleitung
einschl.	einschließlich
EL	Ergänzungslieferung
Empf.	Empfehlung
endg.	endgültig
engl.	englisch
Entsch.	Entscheidung
Entschl.	Entschluss
entspr.	entspricht, entsprechend
EP	Europäisches Parlament
ER	Europäischer Rat
ErbR	Erbrecht
Erg.	Ergebnis, Ergänzung
erg.	ergänzend
Ergbd.	Ergänzungsband
Erkl.	Erklärung
Erl.	Erlass, Erläuterung
EStR	Einkommensteuerrecht, Einkommensteuerrichtlinie
etc	et cetera (und so weiter)
europ.	europäisch
EuropaR	Europarecht
ev.	evangelisch
eV	eingetragener Verein
evtl.	eventuell
EZB	Europäische Zentralbank
f., ff.	**folgende Seite bzw. Seiten**
FamR	Familienrecht
Fn.	Fußnote
FG	Festgabe; Finanzgericht
frz.	französisch
FS	Festschrift
G	**Gesetz**
GBl.	Gesetzblatt
GE	Gesetzesentwurf
geänd.	geändert
geb.	geboren
gem.	gemäß
ges.	gesetzlich
GesR	Gesellschaftsrecht
GesundhR	Gesundheitsrecht
gewöhnl.	gewöhnlich
GewR	Gewerberecht
GewRS	Gewerblicher Rechtsschutz
ggf.	gegebenenfalls
ggü.	gegenüber
glA	gleicher Ansicht
GLE	Gleichlautendende Ländererlasse
GMBl.	Gemeinsames Ministerialblatt
Grdl.	Grundlage
grdl.	grundlegend
grds.	grundsätzlich
GS	Gedenkschrift, Gedächtnisschrift
GVBl.	Gesetz- und Verordnungsblatt
GVOBl.	Gesetz- und Verordnungsblatt

hA	**herrschende Ansicht/Auffassung**
Halbbd.	Halbband
HandelsR	Handelsrecht
Hmb.	Hamburg
hmb.	hamburgisch
HdB	Handbuch
Hess.	Hessen
hess.	hessisch
hins.	hinsichtlich
hL	herrschende Lehre
hM	herrschende Meinung
Hrsg.	Herausgeber
hrsg.	herausgegeben
Hs.	Halbsatz
ic	**in concreto/in casu**
idF	in der Fassung
idR	in der Regel
idS	in diesem Sinne
iE	im Einzelnen
iErg	im Ergebnis
ieS	im engeren Sinne
iHd	in Höhe des/der
iHv	in Höhe von
iJ	im Jahre
Inf.	Information
insbes.	insbesondere
InsR	Insolvenzrecht
int.	international
IPR	Internationales Privatrecht
iRd	im Rahmen des/der
iS	im Sinne
iSd	im Sinne des/der
iSv	im Sinne von
it.	italienisch
iÜ	im Übrigen
iVm	in Verbindung mit
iW	im Wesentlichen
iwS	im weiteren Sinne
iZw	Im Zweifel
Jg.	**Jahrgang**
Jge.	Jahrgänge
Jh.	Jahrhundert
JMBl.	Justizministerialblatt
jur.	juristisch
Kap.	**Kapitel**
KapMarktR	Kapitalmarktrecht
KapMarktStrafR	Kapitalmarktstrafrecht
KartellR	Kartellrecht
kath.	katholisch
Kfz	Kraftfahrzeug
Kj.	Kalenderjahr
Kl.	Kläger
kl.	klagend
Kom.	Komitee, Kommission
Komm.	Kommentar
KommunalR	Kommunalrecht
KonzernR	Konzernrecht
krit.	kritisch
Ld.	**Land**
LebensmittelR	Lebensmittelrecht
lfd.	laufend
Lfg.	Lieferung
Lit.	Literatur
lit.	litera
Lkw	Lastkraftwagen
Ls.	Leitsatz
LSA	Sachsen-Anhalt
LStR	Lohnsteuerrecht
lt.	laut
LT-Drs.	Landtags-Drucksache
mÄnd	**mit Änderungen**
mAnm	mit Anmerkung
MarkenR	Markenrecht
maW	mit anderen Worten
Mat.	Materialien
max.	maximal
MBl.	Ministerialblatt
mE	meines Erachtens
MedienR	Medienrecht
MedR	Medizinrecht
MietR	Mietrecht
mind.	mindestens
Mio.	Million(en)
Mitt.	Mitteilung(en)
mN	mit Nachweisen
Mot.	Motive
Mrd.	Milliarde(n)
mspätÄnd	mit späteren Änderungen
mtl.	monatlich
MultimediaR	Multimediarecht

MV	Mecklenburg-Vorpommern
mv.	mecklenburg-vorpommerisch
mwH	mit weiteren Hinweisen
mwN	mit weiteren Nachweisen
mWv	mit Wirkung vom
nachf.	**nachfolgend**
Nachw.	Nachweise
Nds.	Niedersachsen
nds.	niedersächsisch
nF	neue Fassung
Nr.	Nummer
nrkr	nicht rechtskräftig
NRW	Nordrhein-Westfalen
nrw.	nordrhein-westfälisch
nv	nicht veröffentlicht
o.	**oben, oder**
oÄ	oder Ähnliche/s
OEuR	Osteuroparecht
ÖffBauR	Öffentliches Baurecht
öffentl.	öffentlich
ÖffR	Öffentliches Recht
ÖffTarifR	Öffentliches Tarifrecht
Öst.	Österreich
öst.	österreichisch
og	oben genannte(r, s)
oV	ohne Verfasser
PatentR	**Patentrecht**
PersGesR	Personengesellschaftsrecht
PharmaR	Pharmarecht
Pkw	Personenkraftwagen
POR	Polizei- und Ordnungsrecht
Preuß.	Preußen
preuß.	preußisch
PrivBauR	Privates Baurecht
PrivVersR	Privatversicherungsrecht
Prot.	Protokoll
RAnz.	**Reichsanzeiger**
rd.	rund
RdErl.	Runderlass
RdSchr.	Rundschreiben
RegE	Regierungsentwurf
RGBl.	Reichsgesetzblatt
RhPf.	Rheinland-Pfalz
rhpf.	rheinland-pfälzisch
rkr.	rechtskräftig
RL	Richtlinie
Rn.	Randnummer
Rs.	Rechtssache
Rspr.	Rechtsprechung
RVO	Rechtsverordnung; Reichsversicherungsordnung (SozR)
S.	**Seite(n), Satz**
s.	siehe
sa	siehe auch
Saarl.	Saarland
saarl.	saarländisch
SachenR	Sachenrecht
Sachs.	Sachsen
sächs.	sächsisch
sachsanh.	sachsen-anhaltinisch
SchlH	Schleswig-Holstein
schlh.	schleswig-holsteinisch
Schr.	Schrifttum, Schreiben
SchuldR	Schuldrecht
schweiz.	schweizerisch
Sen.	Senat
Slg.	Sammlung
s. o.	siehe oben
sog	so genannt
SozR	Sozialrecht
Sp.	Spalte
st.	ständig
StaatsR	Staatsrecht
Stellungn.	Stellungnahme
SteuerR	Steuerrecht
Stichw.	Stichwort
str.	streitig, strittig
StrafProzR	Strafprozessrecht
StrafR	Strafrecht
StrafVerfR	Strafverfahrensrecht
stRspr	ständige Rechtsprechung
StVR	Straßenverkehrsrecht
s. u.	siehe unten
Suppl.	Supplement
teilw.	**teilweise**
Thür.	Thüringen
thür.	thüringisch
Tz.	Textziffer
u.	**und**
ua	und andere, unter anderem
uÄ	und Ähnliches

uÄm	und Ähnliches mehr
UAbs.	Unterabsatz
UAbschn.	Unterabschnitt
uam	und anderes mehr
überarb.	überarbeitet
Überbl.	Überblick
überw.	überwiegend
Übk.	Übereinkommen
uE	unseres Erachtens
Umf.	Umfang
umfangr.	umfangreich
umstr.	umstritten
UmwR	Umweltrecht
unstr.	unstreitig
unv.	unverändert, unveränderte Auflage
unveröff.	unveröffentlicht
unzutr.	unzutreffend
UrhR	Urheberrecht
Urt.	Urteil
usw	und so weiter
uU	unter Umständen
uvam	und vieles anderes mehr
uvm	und viele mehr
v.	**vom, von**
va	vor allem
vAw	von Amts wegen
Var.	Variante
Verf.	Verfasser, Verfassung
VerfassungsR	Verfassungsrecht
VergR	Vergaberecht
Verh.	Verhandlung
VerkehrsR	Verkehrsrecht
Veröff.	Veröffentlichung
Vers.	Versicherung
VersR	Versicherungsrecht
VertrR	Vertragsrecht
Verw.	Verwaltung
VerwProzR	Verwaltungsprozessrecht
VerwR	Verwaltungsrecht
VerwVerfR	Verwaltungsverfahrensrecht
Vfg.	Verfügung
vgl.	vergleiche
vH	von Hundert
VO	Verordnung
VölkerR	Völkerrecht
Vol., vol.	volume (Band)
Voraufl.	Vorauflage
Vorb.	Vorbemerkung
vorl.	vorläufig
Vorschr.	Vorschrift
VorstandsR	Vorstandsrecht
vs.	versus
WEigR	**Wohnungseigentumsrecht**
WettbR	Wettbewerbsrecht
WirtschaftsR	Wirtschaftsrecht
Wiss.	Wissenschaft
wiss.	wissenschaftlich
Wj.	Wirtschaftsjahr
Württ.	Württemberg
württ.	württembergisch
zahlr.	**zahlreich**
zB	zum Beispiel
Ziff.	Ziffer
zit.	zitiert
ZivilProzR	Zivilprozessrecht
ZivilR	Zivilrecht
zT	zum Teil
zul.	zuletzt
zusf.	zusammenfassend
zust.	zustimmend
zutr.	zutreffend
zVb	zur Veröffentlichung bestimmt
ZVR	Zwangsvollstreckungsrecht
zw.	zweifelhaft
zzgl.	zuzüglich
zzt.	zurzeit

Einleitung

Zuletzt war die Anwaltsvergütung im August 2013 durch das zweite Kostenrechtsmodernisierungsgesetz[1] an die wirtschaftliche Entwicklung angepasst worden. Der gemeinsame Katalog von DAV und BRAK – Vorschläge zur regelmäßigen Anpassung, strukturellen Änderung, Ergänzung und Klarstellung des RVG – von März 2018 konstatierte für den Zeitraum 1.8.2013 – 1.8.2018 einen Anpassungsbedarf bei den Rechtsanwaltsgebühren von 13 %,[2] zudem noch einen Sonderanpassungsbedarf im Bereich der sozialrechtlichen Gebühren.[3] 1

Nach langwierigen Verhandlungen sieht nunmehr das Kostenrechtsänderungsgesetz 2021, nachdem mittlerweile weitere rund zweieinhalb Jahre ins Land gegangen sind, eine lineare Erhöhung der Gebühren um 10 % sowie im Bereich der sozialrechtlichen Mandate um weitere 10 % vor.[4] Ein Entschließungsantrag, mit dem die Bundesregierung aufgefordert werden sollte, einen Gesetzesentwurf vorzulegen, der eine regelmäßige Erhöhung der Rechtsanwaltsgebühren durch eine Kopplung an einen sachgerechten Index vorsieht,[5] fand am 27.11.2020 im Bundestag keine Mehrheit. Ein Zeitungskommentar mit dem Titel „Was Anwälte wert sind" führt im Zusammenhang mit der Anpassung der Anwaltsvergütung folgendes aus: „Natürlich gibt es Advokaten, die üppige Honorare verlangen, aber ein großer Teil der Arbeit wird über Gebühren finanziert, die der Gesetzgeber sporadisch anpasst – immer dann, wenn es gerade opportun erscheint. Das ist ein Verfahren, von dem sich viele Berufsgruppen mit Grausen abwenden würden, doch den Anwälten bleibt nichts anderes übrig."[6] 2

Umso wichtiger ist es daher für die Anwaltschaft, wenn Gesetzesänderungen eintreten, dass diese konsequent und zeitnah von der Anwaltschaft angewandt und umgesetzt werden, damit die Gebührenerhöhung wirklich ankommt. 3

In der Folge werden die Änderungen durch das Kostenrechtsänderungsgesetz 2021 dargestellt, und zwar in § 1 die Änderungen im Paragrafenverzeichnis des RVG und in § 2 die Änderungen im Vergütungsverzeichnis.§ 3 behandelt weiterhin die wichtigsten Änderungen im GKG und FamGKG mit Auswirkung auf die Anwaltsvergütung. 4

1 BGBl. 2013 I, S. 2186.
2 https://anwaltverein.de/files/anwaltverein.de/downloads/newsroom/pressemitteilungen/rechtspolitik/2018/forderungskatalog-brak-dav_anpassung-rvg-2018_maerz_18-final.pdf, S. 4
3 https://anwaltverein.de/files/anwaltverein.de/downloads/newsroom/pressemitteilungen/rechtspolitik/2018/forderungskatalog-brak-dav_anpassung-rvg-2018_maerz_18-final.pdf, S. 10.
4 BT-Drs. 19/23484, 44.
5 BT-Drs. 19/24745.
6 Corinna Budras in „Was Anwälte wert sind", Frankfurter Allgemeine Zeitung, 28.11.2020, S. 17.

§ 1 Änderungen im Paragrafenteil des RVG durch das Gesetz zur Änderung des Justizkosten- und des Rechtsanwaltsvergütungsrechts (Kostenrechtsänderungsgesetz 2021)

I. Änderungen in Abschnitt 1: Allgemeine Vorschriften; Klarstellung in der Gesetzestechnik

§ 12 Anwendung von Vorschriften über die Prozesskostenhilfe 5

[1]Die Vorschriften dieses Gesetzes für im Wege der Prozesskostenhilfe beigeordnete Rechtsanwälte und für Verfahren über die Prozesskostenhilfe sind bei Verfahrenskostenhilfe und im Fall des § 4 a der Insolvenzordnung entsprechend anzuwenden. [2]Der Bewilligung von Prozesskostenhilfe steht die Stundung nach § 4 a Insolvenzordnung gleich.

In § 12 wurde in der Überschrift das Wort „für" durch das Wort „über" ersetzt. 6 § 12 ist eine gesetzestechnische Norm.[7] Sie soll lediglich Einzelverweisungen in zahlreichen Vorschriften ersparen.[8] Der Gesetzgeber beabsichtigte durch die Änderung eine redaktionelle Klarstellung. Nach der Vorschrift sind die Bestimmungen des RVG für im Wege der Prozesskostenhilfe beigeordnete Rechtsanwältinnen und Rechtsanwälte und für Verfahren über die Prozesskostenhilfe bei Verfahrenskostenhilfe und im Fall des § 4 a Insolvenzordnung entsprechend anzuwenden. Durch die Änderung der Überschrift sollte dies klarer zum Ausdruck gebracht werden.[9]

II. Änderungen in Abschnitt 2: Gebührenvorschriften

1. Erhöhung der Wertgebühren um 10 %

§ 13 Wertgebühren 7

(1) [1]Wenn sich die Gebühren nach dem Gegenstandswert richten, beträgt die Gebühr bei einem Gegenstandswert bis 500 Euro 49 Euro. [2]Die Gebühr erhöht sich bei einem

Gegenstandswert bis … Euro	für jeden angefangenen Betrag von weiteren … Euro	um … Euro
2 000	500	***39***
10 000	1 000	***56***
25 000	3 000	***52***
50 000	5 000	***81***
200 000	15 000	***94***
500 000	30 000	***132***

7 Müller-Rabe in Gerold-Schmidt, § 12 Rn. 2.
8 Kießling in Mayer/Kroiß, RVG, § 12 Rn. 1.
9 BT-Drs. 19/23484,76.

Gegenstandswert bis ... Euro	für jeden angefangenen Betrag von weiteren ... Euro	um ... Euro
über 500 000	50 000	*165*

[3]Eine Gebührentabelle für Gegenstandswerte bis 500.000 EUR ist diesem Gesetz als Anlage 2 beigefügt.

(2) Der Mindestbetrag einer Gebühr ist 15 Euro.

8 Die in den Vorschlägen zur regelmäßigen Anpassung, strukturellen Änderung, Ergänzung und Klarstellung des RVG – gemeinsamer Katalog von DAV und BRAK von März 2018[10] – erhobene Forderung auf Anpassung der Anwaltsvergütung um 13 % wurde schließlich vom Gesetzgeber mit einer Erhöhung der Wertgebühren um 10 % umgesetzt.[11] Bei den Wertgebühren beträgt die Erhöhung in der untersten Wertstufe bis 500 Euro rundungsbedingt lediglich etwa 9 %, was aber nach Auffassung des Gesetzgebers durch eine entsprechend stärkere Anhebung in anderen Wertstufen kompensiert wird.[12] Besonders in den untersten Wertstufen stünden die Rechtsverfolgungskosten bereits vor der Gebührenerhöhung in einem ungünstigen Verhältnis zur Bedeutung der Angelegenheit für die Rechtsuchenden, was dazu führen könne, dass allein aufgrund des Kostenrisikos von der Mandatierung einer Rechtsanwältin oder eines Rechtsanwalts abgesehen wird.[13] Vor diesem Hintergrund erschien dem Gesetzgeber eine leicht unter 10 % liegende Anpassung in der untersten Wertstufe, wie sie auch bei den Gerichtsgebühren vorgesehen sei, sachgerecht. Die sich aus einer Erhöhung der Fest-, Rahmen- und Höchstgebühren um 10 % ergebenden Beträge sind grundsätzlich auf volle Euro aufgerundet. Sofern die Höhe einer Gebühr von der Höhe einer anderen Gebühr abgeleitet ist, kann sich für einzelne Gebühren ein leicht abweichendes Erhöhungsvolumen ergeben. Nicht anheben wollte der Gesetzgeber die allgemeine Mindestgebühr.[14]

2. Systembereinigung bei den Rahmengebühren

9 **§ 14 Rahmengebühren**

(1) [1]Bei Rahmengebühren bestimmt der Rechtsanwalt die Gebühr im Einzelfall unter Berücksichtigung aller Umstände, vor allem des Umfangs und der Schwierigkeit der anwaltlichen Tätigkeit, der Bedeutung der Angelegenheit sowie der Einkommens- und Vermögensverhältnisse des Auftraggebers, nach billigem Ermessen. [2]Ein besonderes Haftungsrisiko des Rechtsanwalts kann bei der Bemessung herangezogen werden. [3]Bei Rahmengebühren, die sich nicht nach dem Gegenstandswert

10 https://anwaltverein.de/files/anwaltverein.de/downloads/newsroom/pressemitteilungen/rechtspolitik/2018/forderungskatalog-brak-dav_anpassung-rvg-2018_maerz_18-final.pdf, S. 4.
11 BT-Drs. 19/23484, 32.
12 BT-Drs. 19/23484, 45.
13 BT-Drs. 19/23484, 45.
14 BT-Drs. 19/23484, 45.

richten, ist das Haftungsrisiko zu berücksichtigen. [4]Ist die Gebühr von einem Dritten zu ersetzen, ist die von dem Rechtsanwalt getroffene Bestimmung nicht verbindlich, wenn sie unbillig ist.

(2) ***Ist eine Rahmengebühr auf eine andere Rahmengebühr anzurechnen, ist die Gebühr, auf die angerechnet wird, so zu bestimmen, als sei der Rechtsanwalt zuvor nicht tätig gewesen.***

(3) [1]Im Rechtsstreit hat das Gericht ein Gutachten des Vorstands der Rechtsanwaltskammer einzuholen, soweit die Höhe der Gebühr streitig ist; dies gilt auch im Verfahren nach §§ 495 a der Zivilprozessordnung. [2]Das Gutachten ist kostenlos zu erstatten.

Mit dem zweiten Kostenrechtsmodernisierungsgesetz[15] wurde für die sozialrechtlichen Verfahren, in denen bei gerichtlichen Verfahren Betragsrahmengebühren entstehen, die verwaltungsrechtlichen Verfahren sowie die Verfahren nach der Wehrbeschwerdeordnung die sogenannte Anrechnungslösung eingeführt.[16] Dabei wurde in Vorbemerkung 2.3 Abs. 4 S. 3 VV RVG und in Vorbemerkung 3 Abs. 4 S. 4 VV RVG eine Bestimmung aufgenommen, mit der klargestellt werden sollte, dass der durch die vorangegangene Tätigkeit ersparte Aufwand ausschließlich durch die nunmehr vorgeschriebene Anrechnung berücksichtigt werden soll und nicht nochmals bei der konkreten Bestimmung der Gebühr für das nachfolgende Verfahren.[17] Gesetzestechnisch wurden die Regelungen in den Anmerkungen zu VV 2301 RVG aF, VV 2401 RVG aF und VV 3103 RVG aF übernommen. Der Gesetzgeber konstatiert, dass bei der Anwendung der Regelung, die konkret anordnet, dass bei einer Betragsrahmengebühr nicht zu berücksichtigen ist, dass der Umfang der Tätigkeit in der weiteren Angelegenheit infolge der vorangegangenen Tätigkeit geringer ist, in der Praxis immer wieder Probleme auftreten. Daher soll nunmehr die Bestimmung neu gefasst und im § 14 RVG eingestellt werden, welcher Regelungen zur Bestimmung einer Rahmengebühr enthält.[18] § 14 Abs. 1 RVG bestimme nicht nur die Kriterien, nach der eine Rahmengebühr zu bemessen ist, sondern lege auch das Bestimmungsrecht des Rechtsanwalts fest.[19] Der neue Abs. 2 des § 14 RVG soll die oben genannten Regelungen in den Vorbemerkungen 2.3 und 3 ersetzen. Er ist daher allgemeiner formuliert und betont die Absicht, dass die Synergieeffekte, die bei einer fortschreitenden Befassung eintreten, ausschließlich durch die vorgeschriebene Anrechnung berücksichtigt werden sollen. Die Bestimmung der Höhe der zweiten Gebühr solle so erfolgen, als sei die Rechtsanwältin oder der Rechtsanwalt zuvor nicht tätig gewesen. Diese Regelung beziehe sich damit auf sämtliche Bemessungsmerkmale des § 14 Abs. 1 RVG.[20] Nur durch eine solche Vorgehensweise sei gewährleistet, dass Rechtsanwältinnen und Rechtsanwälten, deren Verfahrens- oder Geschäftsgebühr einer Anrechnung unter- 10

15 BGBl. I.2013,2586.
16 Siehe näher Mayer in Gerold-Schmidt, VV 2300 Rn. 2.
17 BT-Drs. 17/11471,273; BT-Drs. 19/23484,77.
18 BT-Drs. 19/23484, 77.
19 BT-Drs. 19/23484, 77.
20 BT-Drs. 19/23484, 77.

liegt, diese Gebühren vor Anrechnung in derselben Höhe anfallen wie für Rechtsanwältinnen und Rechtsanwälte, die zuvor nicht tätig waren. Nur so werde eine Gleichbehandlung mit den Fällen erreicht, in denen – wie etwa in zivilprozessualen Mandaten – keine Rahmengebühren vorgesehen sind.[21]

3. Neuregelung der Anrechnungsbestimmungen

11 § 15 a Anrechnung einer Gebühr

(1) Sieht dieses Gesetz die Anrechnung einer Gebühr auf eine andere Gebühr vor, kann der Rechtsanwalt beide Gebühren fordern, jedoch nicht mehr als den um den Anrechnungsbetrag verminderten Gesamtbetrag der beiden Gebühren.

(2) [1]*Sind mehrere Gebühren teilweise auf dieselbe Gebühr anzurechnen, so ist der anzurechnende Betrag auf jede anzurechnende Gebühr gesondert zu ermitteln.* [2]*Bei Wertgebühren darf der Gesamtbetrag der Anrechnung jedoch denjenigen Anrechnungsbetrag nicht übersteigen, der sich ergeben würde, wenn eine Gebühr anzurechnen wäre, die sich aus dem Gesamtbetrag der betroffenen Wertteile nach dem höchsten für die Anrechnung einschlägigen Gebührensatz berechnet.* [3]*Bei Betragsrahmengebühren darf der Gesamtbetrag der Anrechnung den für die Anrechnung bestimmten Höchstbetrag nicht übersteigen.*

(3) Ein Dritter kann sich auf die Anrechnung nur berufen, soweit er den Anspruch auf eine der beiden Gebühren erfüllt hat, wegen eines dieser Ansprüche gegen ihn ein Vollstreckungstitel besteht oder beide Gebühren in demselben Verfahren gegen ihn geltend gemacht werden.

12 Die Einführung von § 15 a Abs. 2 RVG führt zu einer deutlichen Verbesserung der Anwaltsvergütung. Hintergrund ist der Grundsatz des BGH, bei der Anrechnung der Geschäftsgebühr auf die Verfahrensgebühr nicht auf fiktive Geschäftsgebühren zurückzugreifen.[22] So hatte er sich im Beschluss vom 28.2.2017[23] auf den Standpunkt gestellt, dass, wenn die Geschäftsgebühr für die vorgerichtliche Tätigkeit des Rechtsanwalts mehrfach anfällt und die vorgerichtlich geltend gemachten Ansprüche im Wege objektiver Klagehäufung in einem einzigen gerichtlichen Verfahren verfolgt werden, so dass die Verfahrensgebühr nur einmal anfällt, alle entstandenen Geschäftsgebühren in der tatsächlichen Höhe anteilig auf die Verfahrensgebühr anzurechnen sind. Der gegenteiligen Auffassung in der Rechtsprechung[24] und in der Literatur[25] erteilte er in der vorgenannten Entscheidung eine Absage. Da die Rechtsprechung des BGH zur Folge hat,[26] dass in den Fällen, in denen die Summe der anzurechnenden Beträge die Höhe der Verfahrensgebühr erreicht oder übersteigt, der Rechtsanwältin oder dem Rechtsanwalt im gerichtlichen Verfahren wirtschaftlich gesehen keine Verfahrensgebühr mehr zusteht, sah sich der Gesetzgeber zu einer Änderung veranlasst.

---

21 BT-Drs. 19/23484, 77.
22 Vgl. BGH BeckRS 2014,19457; Mayer in Mayer/Kroiß Vorbemerkung 3 Rn. 128 b.
23 NJW 2017,1821 mit Anm. Mayer FD-RVG 2017, 388179.
24 OLG Koblenz BeckRS 2009,8104.
25 Vergleiche zB Schneider NJW-Spezial 2009, 252.
26 BT-Drs. 19/23484, 77.

Die Rechtsprechung des BGH hat erhebliche Auswirkungen auf die Anwaltsvergütung:

Beispiel nach BGH-NJW 2017, 1821: Erste außergerichtliche Angelegenheit Streitwert 45.000 EUR 13

1,3 Geschäftsgebühr VV 2300 RVG		1.557,40 EUR
Zweite außergerichtliche Angelegenheit Streitwert		20.000 EUR
1,3 Geschäftsgebühr VV 2300 RVG		1.068,60 EUR
Dritte außergerichtliche Angelegenheit Streitwert		45.000 EUR
1,3 Geschäftsgebühr VV 2300 RVG		1.557,40 EUR
Gerichtliches Verfahren 1,3 Verfahrensgebühr		
VV 3100 RVG aus einem Streitwert von	135.000 EUR	
1,3 Verfahrensgebühr VV 3100 RVG		2.395,90 EUR

Anzurechnen hierauf nach der bisherigen BGH-Rechtsprechung

0,65 Geschäftsgebühr der Angelegenheit 1	778,70 EUR
0,65 Geschäftsgebühr aus der Angelegenheit 2	534,30 EUR
0,65 Geschäftsgebühr aus der Angelegenheit 3	778,70 EUR
verbleiben von der Verfahrensgebühr	**304,20 EUR**

Nach der Neuregelung ist nach § 15 a Abs. 2 S. 1 zunächst der anzurechnende Betrag für jede anzurechnende Gebühr gesondert zu ermitteln. Allerdings werden nach der Neuregelung die Anrechnungsbeträge von 778,70 EUR, 534,30 EUR und 778,70 EUR gedeckelt auf den Anrechnungsbetrag, der sich ergeben würde, wenn eine Gebühr anzurechnen wäre, die sich aus dem Gesamtbetrag der betroffenen Wertteile nach dem höchsten für die Anrechnungen einschlägigen Gebührensatz berechnet. D.h. es ist zu ermitteln, zu welchem Anrechnungsbetrag die Anrechnung eine 1,3 Geschäftsgebühr aus einem Streitwert von 110.000 EUR führen würde.

Anzurechnen ist somit eine 0,65 Geschäftsgebühr aus einem Streitwert von 110.000 EUR, d.h. 1.075,75 EUR.

Nach der Neuregelung verbleiben somit von der Verfahrensgebühr

1,3 Verfahrensgebühr	
VV 3100 RVG aus einem Streitwert von 135.000 EUR	2.395,90 EUR
abzgl.	1.075,75 EUR
noch	**1.320,15 EUR**

Die vom Gesetzgeber gewählte Berechnungsmethode orientiert sich an der Regelung des § 15 Abs. 3 RVG, wonach in den Fällen, in denen für Teile des Gegenstands verschiedene Gebührensätze anzuwenden sind, für die Teile gesondert berechnete Gebühren entstehen, jedoch nicht mehr als die aus dem Gesamtbetrag der Wertteile nach dem höchsten Gebührensatz berechnete Gebühr.[27] 14

27 BT-Drs. 19/23484, 77

15 **Abwandlung des Beispiels nach dem BGH:**

In der außergerichtlichen Angelegenheit 1 ist nur eine 1,0 Geschäftsgebühr VV 2300 RVG aus einem Streitwert iHv 45.000 EUR angefallen	1.198 EUR.

Anzurechnen ist gleichwohl eine 0,65 Gebühr aus einem Streitwert von 110.000 EUR, da nach § 15 a Abs. 2 S. 2 der höchste für die Anrechnungen einschlägige Gebührensatz maßgeblich ist.

Zweite Abwandlung des Beispiels nach dem BGH: In der außergerichtlichen Angelegenheit 1 ist eine Geschäftsgebühr VV 2300 RVG mit einem Satz von 2,5 aus einem Streitwert von 45.000 EUR angefallen

2.995 EUR.

Da der Anrechnungsbetrag bei Wertgebühren nach Vorbemerkung 3 Abs. 4 S. 1 auf den Gebührensatz von 0,75 begrenzt ist, ist somit eine 0,75 Gebühr aus einem Streitwert von 110.000 EUR, d.h. 1.241,25 EUR sind anzurechnen.

Es verbleiben daher von der Verfahrensgebühr VV 3100 RVG aus einem Streitwert von 135.000 EUR	2.395,90 EUR
abzgl.	1.241,25 EUR
	1.154,65 EUR

Für Betragsrahmengebühren enthält § 15 a Abs. 2 S. 3 eine Sonderregelung: So darf dort der Gesamtbetrag der Anrechnung den für die Anrechnung bestimmten Höchstbetrag nicht übersteigen.[28]

16 **Beispiel:**

In der Angelegenheit 1 ist eine Geschäftsgebühr VV 2302 RVG in Höhe der Mittelgebühr entstanden.	414 EUR
In der Angelegenheit 2 ist eine Geschäftsgebühr VV 2302 RVG in Höhe der Schwellengebühr entstanden.	359 EUR
Summe	**773 EUR**
Anzurechnen ist aber nicht die Hälfte iHv 386,50 EUR, sondern der in Vorbemerkung 3 Abs. 4 S. 2 vorgesehene Höchstbetrag von	207 EUR

17 Da sich die hier in Rede stehende Konstellation nicht nur bei der Anrechnung von Geschäftsgebühren, sondern auch bei der Anrechnung anderer Gebühren ergeben kann, wurde die Regelung nicht in Vorbemerkung 3 VV RVG, sondern als allgemeine Regelung in den die Anrechnung grundsätzlich regelnden § 15 a RVG eingestellt.[29]

28 BT-Drs. 19/23484, 77
29 BT-Drs. 19/23484, 77

III. Änderungen in Abschnitt 3: Angelegenheiten

1. Der Begriff der Angelegenheiten

§ 17 Verschiedene Angelegenheiten 18

Verschiedene Angelegenheiten sind

1. das Verfahren über ein Rechtsmittel und der vorausgegangene Rechtszug, *soweit sich aus § 19 Absatz 1 Satz 2 Nummer 10 a nichts anderes ergibt,*

1a. jeweils das Verwaltungsverfahren, das einem gerichtlichen Verfahren vorausgehende und der Nachprüfung des Verwaltungsakts dienende weitere Verwaltungsverfahren (Vorverfahren, Einspruchsverfahren, Beschwerdeverfahren, Abhilfeverfahren), das Verfahren über die Beschwerde und die weitere Beschwerde nach der Wehrbeschwerdeordnung, das Verwaltungsverfahren auf Aussetzung oder Anordnung der sofortigen Vollziehung sowie über einstweilige Maßnahmen zur Sicherung der Rechte Dritter und ein gerichtliches Verfahren,

2. das Mahnverfahren und das streitige Verfahren,

3. das vereinfachte Verfahren über den Unterhalt Minderjähriger und das streitige Verfahren,

4. das Verfahren in der Hauptsache und ein Verfahren
   a) auf Anordnung eines Arrests oder zur Erwirkung eines europäischen Beschlusses zur vorläufigen Kontenpfändung,
   b) auf Erlass einer einstweiligen Verfügung oder einer einstweiligen Anordnung,
   c) über die Anordnung oder Wiederherstellung der aufschiebenden Wirkung, über die Aufhebung der Vollziehung oder über die Anordnung der sofortigen Vollziehung eines Verwaltungsakts sowie
   d) über die Abänderung, die Aufhebung oder den Widerruf einer in einem Verfahren nach den Buchstaben a bis c ergangenen Entscheidung,

5. der Urkunden- oder Wechselprozess und das ordentliche Verfahren, das nach Abstandnahme vom Urkunden- oder Wechselprozess oder nach einem Vorbehaltsurteil anhängig bleibt (§§ 596, 600 der Zivilprozessordnung),

6. das Schiedsverfahren und das Verfahren über die Zulassung der Vollziehung einer vorläufigen oder sichernden Maßnahme sowie das Verfahren über einen Antrag auf Aufhebung oder Änderung einer Entscheidung über die Zulassung der Vollziehung (§ 1041 der Zivilprozessordnung),

7. das gerichtliche Verfahren und ein vorausgegangenes
   a) Güteverfahren vor einer durch die Landesjustizverwaltung eingerichteten oder anerkannten Gütestelle (§ 794 Abs. 1 Nr. 1 der Zivilprozessordnung) oder, wenn die Parteien den Einigungsversuch einvernehmlich unternehmen, vor einer Gütestelle, die Streitbeilegung betreibt (§ 15 a Abs. 3 des Einführungsgesetzes zur Zivilprozessordnung),
   b) Verfahren vor einem Ausschuss der in § 111 Abs. 2 des Arbeitsgerichtsgesetzes bezeichneten Art,
   c) Verfahren vor dem Seemannsamt zur vorläufigen Entscheidung von Arbeitssachen und
   d) Verfahren vor sonstigen gesetzlich eingerichteten Einigungsstellen, Gütestellen oder Schiedsstellen,

8. das Vermittlungsverfahren nach § 165 des Gesetzes über das Verfahren in Familiensachen und in den Angelegenheiten der freiwilligen Gerichtsbarkeit und ein sich anschließendes gerichtliches Verfahren,

9. das Verfahren über ein Rechtsmittel und das Verfahren über die Beschwerde gegen die Nichtzulassung des Rechtsmittels,

10. das strafrechtliche Ermittlungsverfahren und
   a) ein nachfolgendes gerichtliches Verfahren und
   b) ein sich nach Einstellung des Ermittlungsverfahrens anschließendes Bußgeldverfahren,

11. das Bußgeldverfahren vor der Verwaltungsbehörde und das nachfolgende gerichtliche Verfahren,

12. das Strafverfahren und das Verfahren über die im Urteil vorbehaltene Sicherungsverwahrung und
13. das Wiederaufnahmeverfahren und das wiederaufgenommene Verfahren, wenn sich die Gebühren nach Teil 4 oder 5 des Vergütungsverzeichnisses richten.

19 Nach § 19 Abs. 1 Satz 2 Nr. 10 a sind Beschwerdeverfahren, wenn sich die Gebühren nach Teil 4, 5 oder 6 des Vergütungsverzeichnisses richten und dort nichts anderes bestimmt ist oder keine besonderen Gebührentatbestände vorgesehen sind, zum Rechtszug gehörend. § 17 Nr. 1 hingegen bestimmt, dass das Verfahren um ein Rechtsmittel und der vorausgegangene Rechtszug verschiedene Angelegenheiten sind. Zur Erleichterung der Anwendung hat deshalb nunmehr der Gesetzgeber in § 17 eine redaktionelle Klarstellung vorgenommen und bereits in § 17 Nr. 1 RVG auf die Ausnahmeregelung in § 19 RVG hingewiesen.[30]

2. Schreibfehlerbereinigung

20 § 18 Besondere Angelegenheiten

(1) Besondere Angelegenheiten sind

1. jede Vollstreckungsmaßnahme zusammen mit den durch diese vorbereiteten weiteren Vollstreckungshandlungen bis zur Befriedigung des Gläubigers; dies gilt entsprechend im Verwaltungszwangsverfahren (Verwaltungsvollstreckungsverfahren);
2. jede Vollziehungsmaßnahme bei der Vollziehung eines Arrests oder einer einstweiligen Verfügung (§§ 928 bis 934 und 936 der Zivilprozessordnung), die sich nicht auf die Zustellung beschränkt;
3. solche Angelegenheiten, in denen sich die Gebühren nach Teil 3 des Vergütungsverzeichnisses richten, jedes Beschwerdeverfahren, jedes Verfahren über eine Erinnerung gegen einen Kostenfestsetzungsbeschluss und jedes sonstige Verfahren über eine Erinnerung gegen eine Entscheidung des Rechtspflegers, soweit sich aus § 16 Nr. 10 nichts anderes ergibt;

...

19. das Verfahren über Anträge auf Zulassung der *Zwangsvollstreckung* nach § 17 Abs. 4 der Schifffahrtsrechtlichen Verteilungsordnung;

...

21 In § 18 Abs. 1 Nr. 19 wird nunmehr ein evidenter Schreibfehler aus Art. 3 des Kostenrechtsmodernisierungsgesetzes vom 5.5.2004 (!)[31] berichtigt und nunmehr nicht von *Zwangsvollsteckung*, sondern *Zwangsvollstreckung* gesprochen.[32]

3. Streitverkündung

§ 19 Rechtszug; Tätigkeiten, die mit dem Verfahren zusammenhängen

22 (1) [1]Zu dem Rechtszug oder dem Verfahren gehören auch alle Vorbereitungs-, Neben- und Abwicklungstätigkeiten und solche Verfahren, die mit dem Rechtszug oder Verfahren zusammenhän-

30 BT-Drs. 19/23484, 78.
31 BGBl. 2004 I, 718, 793.
32 BT-Drs. 19/23484, 78.

gen, wenn die Tätigkeit nicht nach § 18 eine besondere Angelegenheit ist. [2]Hierzu gehören insbesondere

1. die Vorbereitung der Klage, des Antrags oder der Rechtsverteidigung, soweit kein besonderes gerichtliches oder behördliches Verfahren stattfindet;

1a. die Einreichung von Schutzschriften und die Anmeldung von Ansprüchen oder Rechtsverhältnissen zum Klageregister für Musterfeststellungsklagen sowie die Rücknahme der Anmeldung;

1b. *die Verkündung des Streits (§ 72 der Zivilprozessordnung)*

2. außergerichtliche Verhandlungen;

…

Eine Streitverkündung ist für den Anwalt stets eine verantwortungsvolle und auch haftungsrechtliche Fragestellung, die bislang nur unzureichend honoriert wurde. So enthielt der Forderungskatalog von DAV und BRAK von März 2018[33] den Wunsch, eine neue Streitwertregelung als § 31 c RVG-E für die Fälle der Streitverkündung einzuführen, in denen ein gesonderter Streitgegenstand in das Verfahren eingeführt wird. Die seinerzeit vorgeschlagene Regelung sah vor, dass sich der Gegenstandswert einer Streitverkündung nach dem Interesse des Auftraggebers richtet und wenn der Anwalt auch die Partei vertritt, die Werte von Hauptsache und Streitverkündung zusammengerechnet werden. Wenn Hauptsache und Streitverkündung denselben Gegenstand betreffen, sollte nur der Wert des höheren Anspruchs maßgebend sein. Die Mehrtätigkeit des Anwalts hinsichtlich der Streitverkündung sollte so auf dem Wege eines erhöhten Gegenstandswerts vergütet werden.[34] 23

Der Regierungsentwurf zum Kostenrechtsänderungsgesetz 2021 schlug jedoch einen anderen Weg ein und sah vor, § 19 Abs. 1 Satz 2 Nr. 1 b RVG einzuführen, mit der Aussage, dass zu den zum Rechtszug gehörenden Nebentätigkeiten auch die Einreichung der Streitverkündung (§ 72 der Zivilprozessordnung) gehöre.[35] Begründet wurde dies damit, dass nach herrschender Auffassung die Streitverkündung keine eigenständige vergütungsrechtliche Angelegenheit im Sinne des § 15 Abs. 1 und 2 RVG sei. Nach § 19 Abs. 1 Satz 1 RVG gehören zum Rechtszug oder zum Verfahren im vergütungsrechtlichen Sinne auch alle Vorbereitungs-, Neben- und Abwicklungstätigkeiten sowie solche Verfahren, die mit dem Rechtszug oder Verfahren zusammenhängen, wenn die Tätigkeit nicht nach § 18 RVG eine besondere Angelegenheit ist. In § 19 Abs. 1 Satz 2 RVG seien solche Tätigkeiten, die zum Rechtszug gehörten, beispielhaft (nicht abschließend) aufgezählt. Die Streitverkündung durch eine Partei eines Zivilprozesses sei im vergütungsrechtli- 24

33 https://anwaltverein.de/files/anwaltverein.de/downloads/newsroom/pressemitteilungen/rechtspolitik/2018/forderungskatalog-brak-dav_anpassung-rvg-2018_maerz_18-final.pdf, S. 6.

34 https://anwaltverein.de/files/anwaltverein.de/downloads/newsroom/pressemitteilungen/rechtspolitik/2018/forderungskatalog-brak-dav_anpassung-rvg-2018_maerz_18-final.pdf, S. 6 f.

35 BT-Drs. 19/23484, 32.

chen Sinne eine Nebentätigkeit, die mit dem Rechtszug zusammenhänge und nach § 18 RVG keine besondere Angelegenheit darstelle.[36]

25 Mit der im Regierungsentwurf vorgeschlagenen Ergänzung sollte ausdrücklich bestimmt werden, dass die Einreichung der Streitverkündung (§ 72 ZPO) zum Rechtszug der zugrundeliegenden Verfahren gehöre. Durch die Formulierung werde klargestellt, dass nur die Verkündung des Streits zum Rechtszug gehöre, in dem der Streit verkündet werde. Sonstige anwaltliche Tätigkeiten in Bezug auf den durch die Streitverkündung betroffenen Anspruch gehören nicht mehr zum Rechtszug, in dem der Streit verkündet werde. Der Anspruch, der der Streitverkündung zugrunde liege, dürfte regelmäßig eine gesondert zu bewertende weitere Angelegenheit oder einen weiteren Gegenstand betreffen, so dass nicht ausgeschlossen sei, dass der Rechtsanwältin oder dem Rechtsanwalt – abhängig vom konkreten Auftrag – bezüglich dieses Anspruchs besondere Gebühren (Geschäfts- oder Verfahrensgebühr) zustünden. Über die Einreichung der Streitverkündung hinausgehende anwaltliche Tätigkeiten seien gebührenrechtlich gesondert zu bewerten. Insoweit könne die Rechtsanwältin oder der Rechtsanwalt gegebenenfalls eine Wertfestsetzung nach § 33 RVG beantragen.[37]

26 Die im Regierungsentwurf vorgeschlagene Fassung wurde jedoch nicht Gesetz, sondern auf Vorschlag des Rechtsausschusses wurde § 19 Abs. 1 Satz 2 Nr. 1 b dahin gehend gefasst, dass nicht die Einreichung der Streitverkündung, sondern „die Verkündung des Streits" (§ 72 der Zivilprozessordnung)" den in § 19 Abs. 1 Satz 2 RVG aufgeführten Tätigkeiten zuzuordnen ist. Der Rechtsausschuss wollte mit der geänderten Formulierung klarstellen, dass – wie bisher – nicht nur für die Einreichung der Streitverkündung, sondern für alle mit der Verkündung des Streits zusammenhängenden anwaltlichen Tätigkeiten im Hauptsacheverfahren gilt, dass die Streitverkündung aus Sicht des Rechtsanwalts, der den Streit verkündet, in Bezug auf das Hauptsacheverfahren zum Rechtszug gehört.[38]

27 Es bleibt daher das unbefriedigende Ergebnis bestehen, dass die in einer Streitverkündung liegende (Mehr-)Tätigkeit des Rechtsanwalts nicht angemessen vergütet wird.

36 BT-Drs. 19/23484, 78.
37 BT-Drs. 19/23484, 78.
38 BT-Drs. 19/24740, 92.

IV. Änderungen in Abschnitt 8: Beigeordneter oder bestellter Rechtsanwalt, Beratungshilfe

1. Tragweite der PKH-Beiordnung

§ 48 Umfang des Anspruchs und der Beiordnung 28

(1) [1]*Der Vergütungsanspruch gegen die Staatskasse ist auf die gesetzliche Vergütung gerichtet und bestimmt sich nach den Beschlüssen, durch die die Prozesskostenhilfe bewilligt und der Rechtsanwalt beigeordnet oder bestellt worden ist, soweit nichts anderes bestimmt ist.* [2]*Erstreckt sich die Beiordnung auf den Abschluss eines Vertrages im Sinne der Nr. 1000 des Vergütungsverzeichnisses oder ist die Beiordnung oder die Bewilligung der Prozesskostenhilfe darauf beschränkt, so umfasst der Anspruch alle gesetzlichen Gebühren und Auslagen, die durch die Tätigkeiten entstehen, die zur Herbeiführung der Einigung erforderlich sind.*

(2) [1]In Angelegenheiten, in denen sich die Gebühren nach Teil 3 des Vergütungsverzeichnisses bestimmen und die Beiordnung eine Berufung, eine Beschwerde wegen des Hauptgegenstands, eine Revision oder eine Rechtsbeschwerde wegen des Hauptgegenstands betrifft, wird eine Vergütung aus der Staatskasse auch für die Rechtsverteidigung gegen ein Anschlussrechtsmittel und, wenn der Rechtsanwalt für die Erwirkung eines Arrests, einer einstweiligen Verfügung oder einer einstweiligen Beiordnung beigeordnet ist, auch für deren Vollziehung oder Vollstreckung gewährt. [2]Dies gilt nicht, wenn der Beiordnungsbeschluss ausdrücklich etwas anderes bestimmt.

(3) [1]Die Beiordnung in einer Ehesache erstreckt sich im Falle des Abschlusses eines Vertrages im Sinne der Nr. 1000 des Vergütungsverzeichnisses auf alle mit der Herbeiführung der Einigung erforderlichen Tätigkeiten, soweit der Vertrag

1. den gegenseitigen Unterhalt der Ehegatten,
2. den Unterhalt gegenüber den Kindern im Verhältnis der Ehegatten zueinander,
3. die Sorge für die Person der gemeinschaftlichen minderjährigen Kinder,
4. die Regelung des Umgangs mit einem Kind,
5. die Rechtsverhältnisse an der Ehewohnung und den Haushaltsgegenständen,
6. die Ansprüche aus dem ehelichen Güterrecht *oder*
7. *den Versorgungsausgleich*

betrifft. [2]Satz 1 gilt im Falle der Beiordnung in Lebenspartnerschaftssachen auch nach § 269 Abs. 1 Nr. 1 und 2 des Gesetzes über das Verfahren in Familiensachen und in den Angelegenheiten der freiwilligen Gerichtsbarkeit entsprechend.

(4) [1]Die Beiordnung in Angelegenheiten, in denen nach § 3 Abs. 1 Betragsrahmengebühren entstehen, erstreckt sich auf Tätigkeiten ab dem Zeitpunkt der Beantragung der Prozesskostenhilfe, wenn vom Gericht nichts anderes bestimmt ist. [2]Die Beiordnung erstreckt sich ferner auf die gesamte Tätigkeit im Rahmen der Prozesskostenhilfe einschließlich der vorbereitenden Tätigkeit.

(5) [1]In anderen Angelegenheiten, die mit dem Hauptverfahren nur zusammenhängen, erhält der für das Hauptverfahren beigeordnete Rechtsanwalt eine Vergütung aus der Staatskasse nur, wenn er ausdrücklich auch hierfür beigeordnet ist. [2]Dies gilt insbesondere für

1. die Zwangsvollstreckung, die Vollstreckung und den Verwaltungszwang;
2. das Verfahren über den Arrest, den Europäischen Beschluss zur vorläufigen Kontenpfändung, die einstweilige Vergütung und die einstweilige Anordnung;
3. das selbstständige Beweisverfahren;
4. das Verfahren über die Widerklage und den Widerantrag, ausgenommen die Rechtsverteidigung gegen den Widerantrag in Ehesachen und in Lebenspartnerschaftssachen nach § 269 Abs. 1 Nr. 1 und 2 des Gesetzes über das Verfahren in Familiensachen und in den Angelegenheiten der freiwilligen Gerichtsbarkeit.

(6) [1]Wird der Rechtsanwalt in Angelegenheiten nach den Teilen 4 bis 6 des Vergütungsverzeichnisses im ersten Rechtszug bestellt oder beigeordnet, erhält er die Vergütung auch für seine Tätigkeit vor dem Zeitpunkt seiner Bestellung, in Strafsachen einschließlich seiner Tätigkeit vor Erhebung

der öffentlichen Klage und in Bußgeldsachen einschließlich der Tätigkeit vor der Verwaltungsbehörde. [2]Wird der Rechtsanwalt in einem späteren Rechtszug beigeordnet, erhält er seine Vergütung in diesem Rechtszug auch für seine Tätigkeit vor dem Zeitpunkt seiner Bestellung. [3]Werden Verfahren verbunden *und ist der Rechtsanwalt nicht in allen Verfahren bestellt oder beigeordnet,* kann das Gericht die Wirkungen des Satzes 1 auch auf diejenigen Verfahren erstrecken, in denen vor der Verbindung keine Beiordnung oder Bestellung erfolgt war.

Wie schon im 2. KostRMoG[39] ist § 48 RVG wiederum Gegenstand von Änderungen durch den Gesetzgeber.

a) Regelung des Mehrvergleichs in allen Verfahrensordnungen

29 So hatte der Gesetzgeber im 2. KostRMoG mit der Neufassung des § 48 Abs. 3 Satz 1 RVG die Streitfrage geklärt, ob im Falle der Beiordnung in einer Ehesache die Regelung des § 48 Abs. 3 RVG nur dazu führt, dass auch die Einigungsgebühr aus der Staatskasse zu erstatten ist oder ob alle durch die Einigung und den Abschluss des Vertrags entstehenden Gebühren, also auch die Differenzverfahrens- und die Differenzterminsgebühr von der Staatskasse zu erstatten sind. Mit der Neufassung stellte er klar, dass im Falle eines Vergleichsabschlusses alle in diesem Zusammenhang anfallenden Gebühren zu erstatten sind, also auch die Differenzverfahrens- und die Differenzterminsgebühr.[40]

30 Damit blieb die Streitfrage offen, was bei einem Mehrvergleich außerhalb des Vergleichsabschlusses in Ehesachen gilt. So war ein Teil der Oberlandesgerichte der Auffassung, dass bei einem Vergleich außerhalb der in § 48 Abs. 3 RVG genannten Angelegenheiten über nicht rechtshängige Ansprüche kein Anspruch auf Erweiterung der Beiordnung und auf die Differenzverfahrens- und Differenzterminsgebühr aus dem Mehrwert der verglichenen, nicht rechtshängigen Ansprüche besteht.[41]

31 Teilweise wurde die Erstreckung der Verfahrenskostenhilfe auf die Differenzgebühren davon abhängig gemacht, ob zwischen dem eigentlichen Verfahrensgegenstand und dem zusätzlichen Gegenstand des Mehrvergleichs ein enger Zusammenhang besteht.[42]

32 Andere Oberlandesgerichte vertraten wiederum die Auffassung, dass durch die Erweiterung einer bereits bewilligten Verfahrenskostenhilfe auf den Abschluss eines Mehrvergleichs dem beigeordneten Rechtsanwalt sämtliche mit dem Vergleichsschluss anfallende Gebühren aus der Staatkasse zu erstatten sind, auch wenn der Bewilligungsbeschluss dies nicht ausdrücklich anord-

39 BGBl. I 2013, 2586.
40 BT-Drs. 17/11471 (neu), 270.
41 Vgl. zB OLG Dresden BeckRS 2015, 1940 mAnm Mayer FD-RVG 2015, 374299; und die Nachweise in BGH NJW 2018, 1679 [13].
42 OLG Zweibrücken BeckRS 2016, 11113; und die Nachweise in BGH NJW 2018, 1679 [14].

ne.[43] Nachdem der BGH im Beschluss vom 17.1.2018[44] eingehend seine Auffassung begründet hatte, dass dann, wenn die Beteiligten einer selbstständigen Familiensache einen Vergleich unter Einbeziehung rechtshängiger Verfahrensgegenstände (Mehrvergleich) schließen, der unbemittelte Beteiligte einen Anspruch auf Erweiterung der ihm bewilligten Verfahrenskostenhilfe unter Beiordnung seines Prozessbevollmächtigten auf sämtliche in diesem Zusammenhang ausgelösten Gebühren hatte, nahm der Gesetzgeber dies zum Anlass, eine Regelung in § 48 Abs. 1 RVG vorzuschlagen, die alle Fälle des Mehrvergleichs für sämtliche Verfahrensordnungen erfasst.

Nach Auffassung des BGH sei der Anspruch auf Verfahrenskostenhilfe Ausfluss des verfassungsrechtlichen Gebots einer weitgehenden Angleichung der Situation von Bemittelten und Unbemittelten bei der Verwirklichung des Rechtsschutzes aus Art. 3 Abs. 1 GG iVm dem Rechtsstaatsprinzip, welches in Art. 20 Abs. 3 GG allgemein niedergelegt sei und für den Rechtsschutz gegen Akte der öffentlichen Gewalt in Art. 19 Abs. 4 GG seinen besonderen Ausdruck finde.[45] Diese durch Art. 3 Abs. 1 iVm Art. 20 Abs. 3 GG verbürgte Rechtsschutzgleichheit wäre nach dem BGH nicht gewahrt, wenn trotz der Erweiterung der bereits bewilligten Verfahrenskostenhilfe auf den Abschluss des Mehrvergleichs die dem beigeordneten Rechtsanwalt durch die Vornahme dieser Verfahrenshandlungen nach Regelung des Rechtsanwaltsvergütungsgesetz erwachsenen Gebühren teilweise nicht von der Staatskasse getragen würden und im Übrigen die Vergütungspflicht des bedürftigen Beteiligten bestehen bliebe.[46] 33

Da die gesetzliche Vergütung für die Mitwirkung an einem (Mehr-)Vergleich sich nicht in der Einigungsgebühr aus dem erhöhten Verfahrenswert erschöpft, sondern sich auch auf die Differenzverfahrens- und die Differenztermsgebühr erstreckt, widerspricht nach Auffassung des Gesetzgebers eine Beschränkung der Erstattungspflicht der Staatskasse auf die Einigungsgebühr nicht nur dem Grundsatz des § 45 Abs. 1 RVG, wonach beigeordnete Rechtsanwältinnen und Rechtsanwälte die gesetzliche Vergütung aus der Staatskasse erhalten. Es bleibe auch unberücksichtigt, dass die zuletzt genannten Differenzgebühren in einem engen Zusammenhang mit dem Abschluss des Mehrvergleichs stehen. Unbemittelte Verfahrensbeteiligte dürften darauf vertrauen, aufgrund der für den Abschluss des Mehrvergleichs bewilligten Prozesskostenhilfe von sämtlichen Gebührenansprüchen freigestellt zu 34

43 OLG Stuttgart AGS 2016, 293 mAnm Mayer FD-RVG 2016, 376615 und die Nachweise in BGH NJW 2018, 1679 [15].
44 NJW 2018, 1679 mAnm Mayer FD-RVG 2018, 402586.
45 BT-Drs. 19/23484, 78 f.
46 BT-Drs. 19/23484, 79.

werden, die ihren beigeordneten Rechtsanwältinnen und Rechtsanwälten zustehen.[47]

35 Der neue § 48 Abs. 1 RVG enthält nunmehr eine Regelung, die alle Fälle des Mehrvergleichs für sämtliche Verfahrensordnungen erfasst. Der neue § 48 Abs. 1 formuliert den allgemeingültigen Grundsatz, dass der Anspruch von bestellten oder beigeordneten Rechtsanwältinnen und Rechtsanwälten auf die gesamte gesetzliche Vergütung gerichtet ist, die durch die von der Beiordnung erfassten Tätigkeiten entstanden ist. Die Vorschrift konkretisiert damit die Regelung des § 45 Abs. 1 RVG.[48] Durch den Einschub „soweit nichts anderes bestimmt ist“ soll der Hinweis gegeben werden, dass es im RVG Abweichung von diesem Grundsatz gibt (etwa § 49 RVG, besondere Gebühren für Pflichtverteidigerinnen und Pflichtverteidiger etc.).[49]

36 § 48 Abs. 1 S. 2 RVG bestimmt nunmehr für alle Verfahrensarten, dass der Vergütungsanspruch gegen die Staatskasse im Falle der Erstreckung der Beiordnung auf den Abschluss eines Vergleichs alle gesetzlichen Gebühren und Auslagen umfasst, die durch die Tätigkeiten entstehen, die zur Herbeiführung der Einigung erforderlich sind.[50]

37 Nach dem Willen des Gesetzgebers soll dies auch gelten, wenn sich die Beiordnung oder die Bewilligung der Prozesskostenhilfe auf den Abschluss eines Vergleichs beschränkt. Durch die Regelung sei gewährleistet, dass dies auch gelte, wenn die Bewilligung oder Beiordnung in einem PKH-Bewilligungsverfahren erfolge.[51]

38 Damit dürfte die Rechtsprechung des BGH, wonach im Falle eines Abschlusses eines Vergleichs im Erörterungstermin gemäß § 118 Abs. 1 S. 3 ZPO Prozesskostenhilfe nur für den Vergleich, nicht aber für das gesamte Prozesskostenhilfeverfahren bewilligt werden kann,[52] obsolet sein. Der BGH hatte bereits im Beschluss vom 17.1.2018[53] den Grundsatz der Rechtsprechung, wonach für das Prozess- bzw. Verfahrenskostenhilfeverfahren an sich eine Bewilligung von Prozess- bzw. Verfahrenskostenhilfe nicht in Betracht komme einschränkend dahingehend ausgelegt, dass dieser Grundsatz dann keine Wirkung mehr entfalte, wenn es um einen Mehrvergleich gehe, also dem unbemittelten Beteiligten für den rechtshängigen Verfahrensgegenstand bereits Verfahrenskostenhilfe bewilligt worden ist.[54]

---

47 BT-Drs. 19/23484, 79
48 BT-Drs. 19/23484, 79.
49 BT-Drs. 19/23484, 79.
50 BT-Drs. 19/23484, 79.
51 BT-Drs. 19/23484, 79.
52 NJW 2004, 2595.
53 NJW 2018, 1679.
54 NJW 2018, 1679 [32 f.].

Beispiel: In einem Rechtsstreit über eine Forderung iHv 10.000 EUR ist dem Kläger Prozesskostenhilfe bewilligt und ein Rechtsanwalt beigeordnet worden. Im Verhandlungstermin wird ein Vergleich geschlossen, in dem auch ein bislang nicht anhängiger Anspruch iHv 5.000 EUR mitverglichen wird. Auf Antrag des Klägers wurde die bewilligte Prozesskostenhilfe auf den Vergleich erstreckt. Abzurechnen ist wie folgt: 39

Verfahrensgebühr VV 3100	1,3	Gegenstandswert 10.000 EUR	440,70 EUR
Verfahrensgebühr VV 3101	0,8	Gegenstandswert 5.000 EUR	227,20 EUR

beide Gebühren zusammen aber nach § 15 Abs. 3 RVG nicht

mehr als	1,3	aus 15.000 EUR, also maximal	479,70 EUR
Terminsgebühr VV 3104	1,2	Gegenstandswert 15.000 EUR	442,80 EUR
Einigungsgebühr VV 1003	1,0	Gegenstandswert 10.000 EUR	339,00 EUR
Einigungsgebühr VV 1000	1,5	Gegenstandswert 5.000 EUR	426,00 EUR

nach § 15 Abs. 3 RVG aber nicht mehr als 1,5 aus 15.000 EUR, also maximal 553,50 EUR

b) Versorgungsausgleich

Die zweite Änderung in § 48 RVG betrifft § 48 Abs. 3 der um die Nr. 7 „den Versorgungsausgleich" in Satz 1 ergänzt wird. Die Regelung dient in erster Linie der Klarstellung. Nach § 149 FamFG erstrecke sich die Bewilligung von Verfahrenskostenhilfe für die Scheidungssache grundsätzlich auch heute schon auf eine Versorgungsausgleichsfolgesache. Dies gelte für die Beiordnung einer Rechtsanwältin oder eines Rechtsanwalts entsprechend. Vor diesem Hintergrund solle die Aufzählung in § 48 Abs. 3 Satz 1 RVG, die bereits die übrigen Folgesachen umfasst, vervollständigt werden.[55] 40

Neu ist lediglich, dass der Versorgungsausgleich von der Erstreckungswirkung auch dann umfasst werden soll, wenn er nicht als Folgesache anhängig ist, beispielsweise etwa bei ausländischen Anwartschaften.[56] 41

c) Verfahrensverbindung

Die dritte Änderung in § 48 RVG betrifft Abs. 6. In der Praxis spielen im Recht der Pflichtverteidigung die mit § 48 Abs. 6 RVG zusammenhängenden Fragen in den Fällen der Verbindung mehrerer Verfahren eine große Rolle.[57] 42

So ist in § 48 Abs. 6 RVG umstritten, ob ein anwaltlicher Vergütungsanspruch für frühere Tätigkeiten in Verfahren, die vor der Beiordnung hinzuverbunden wurden, bereits aus § 48 Abs. 6 Satz 1 RVG folgt und ob der Anwendungsbereich von § 48 Abs. 6 Satz 3 RVG entsprechend auf Fälle beschränkt ist, in denen nach einer Beiordnung noch weitere Verfahren hinzu 43

55 BT-Drs. 19/23484, 80.
56 BT-Drs. 19/23484, 80.
57 Burhoff RVGreport 2020, 2402 ff., 403; Burhoff in Gerold/Schmidt, RVG, 24. Aufl. 2019, § 48 Rn. 194 ff.

verbunden werden.[58] Nach zutreffender Auffassung war die zeitliche Abfolge von Verbindung und Bestellung/Beiordnung entscheidend. Werden die Verfahren zunächst verbunden und erfolgt dann erst die Bestellung/Beiordnung in dem (verbundenen) (Gesamt-)Verfahren, gilt hinsichtlich der von dem Rechtsanwalt in den verbundenen Verfahren zuvor erbrachten Tätigkeiten § 48 Abs. 6 Satz 1 RVG.[59] Teilweise war jedoch die OLG-Rechtsprechung der Auffassung, dass § 48 Abs. 6 Satz 3 RVG auch für bereits vor der Beiordnung hinzu verbundene Verfahren gilt.[60]

44 Da keine Gründe ersichtlich sind, warum das Gericht nach § 48 Abs. 6 Satz 3 die Erstreckungswirkung ausdrücklich anordnen sollte, wenn die anwaltliche Bestellung oder Beiordnung in den bereits schon verbundenen Verfahren erfolgt, stellt der Gesetzgeber in § 48 Abs. 6 Satz 3 dies ausdrücklich klar und beschränkt den Anwendungsbereich auf die Fälle der nach der Beiordnung oder Bestellung erfolgten Verfahrensverbindungen und stellt damit auch indirekt klar, dass die Anordnung einer Erstreckungswirkung bei einer anwaltlichen Bestellung oder Beiordnung nach der Verbindung deshalb nicht erforderlich ist, weil § 48 Abs. 6 Satz 1 RVG unmittelbar gilt.[61]

2. Erhöhung der Prozesskostenhilfevergütung

45 **§ 49 Wertgebühren aus der Staatskasse**

Bestimmen sich die Gebühren nach dem Gegenstandswert, werden bei einem Gegenstandswert von mehr als 4.000 EUR anstelle der Gebühr nach § 13 Absatz 1 folgende Gebühren vergütet:

Gegenstandswert bis … Euro	Gebühr Euro	Gegenstandswert bis … Euro	Gebühr Euro
5 000	*284*	22 000	*399*
6 000	*295*	25 000	*414*
7 000	*306*	30 000	*453*
8 000	*317*	35 000	*492*
9 000	*328*	40 000	*531*
10 000	*339*	45 000	*570*
13 000	*354*	50 000	*609*
16 000	*369*	über 50 000	*659*
19 000	*384*		

58 BT-Drs. 19/23484, 80.
59 Burhoff in Gerold/Schmidt, RVG, 24. Aufl. 2019, § 48 Rn. 205 mwN.
60 Vgl. zB OLG Braunschweig NStZ-RR 2014, 232 mAnm Mayer FD-RVG 2014, 358420; Burhoff in Gerold/Schmidt, RVG, 24. Aufl. 2019, RVG § 48 Rn. 205 mwN.
61 BT-Drs. 19/23484, 80.

Bislang waren die den beigeordneten Rechtsanwältinnen und Rechtsanwälten aus der Staatskasse zu zahlenden Wertgebühren nach der Tabelle des § 49 RVG ab einem Gegenstandswert von 30.000 EUR gedeckelt. Ein höherer Gegenstandswert führte nicht zu einer höheren Gebühr. Diese Wertgrenze beläuft sich bislang auf einheitlich 447 EUR. Die obere Wertgrenze wurde zuletzt im Jahr 2002 von 50.000 DM auf 30.000 EUR angehoben.[62] Dabei wurde allerdings die oberhalb der Wertgrenze anfallende Gebühr nicht erhöht.[63] Davor war die Wertgrenze im Jahre 1987 angehoben worden.[64] 46

Der Gesetzgeber hat daher nunmehr die obere Wertgrenze von 30.000 auf 50.000 EUR angehoben und gleichzeitig die Gebührenbeträge des § 49 RVG im gleichen Umfang wie die Wahlanwaltsvergütung in § 13 RVG mithin um 10 % erhöht.[65] 47

3. Redaktionelle Angleichung bei der Pauschgebühr nach § 51

§ 51 Festsetzung einer Pauschgebühr 48

(1) *In Strafsachen, gerichtlichen Bußgeldsachen, Verfahren nach dem Gesetz über die internationale Rechtshilfe in Strafsachen …*

§ 51 Abs. 1 S. 1 RVG erfuhr nur eine redaktionelle Änderung. In Angleichung an den Wortlaut in § 42 Abs. 1 S. 1 RVG, welche die Pauschgebühr für den Wahlverteidiger regelt, wurde nunmehr bestimmt, dass auch bei im Rahmen des § 51 RVG nicht mehr von „Straf- und Bußgeldsachen" gesprochen wird, sondern von Strafsachen und gerichtlichen Bußgeldsachen.[66] 49

4. Mehrwertsteuer von der Staatskasse trotz Vorsteuerabzugsberechtigung des Mandanten zu erstatten

§ 55 Festsetzung der aus der Staatskasse zu zahlenden Vergütungen und Vorschüsse 50

…

(5) **§ 104 Abs. 2 Satz 1 und 2 der Zivilprozessordnung gilt entsprechend. …**

Bereits im Zuge des ersten Kostenrechtsmodernisierungsgesetzes hatte der Gesetzgeber bei der Vergütungsfestsetzung des Rechtsanwalts gegenüber seinem Mandanten in § 11 Abs. 2 Satz 3 von der Verweisung ausdrücklich § 104 Abs. 2 Satz 3 ZPO ausgenommen. Das RVG beugte damit den unter der Geltung des § 19 Abs. 2 Satz 3 BRAGO entstandenen Missverständnissen vor. Der Rechtsanwalt ist wegen der für seine Vergütung als Auslage nach 51

62 Art. 6 Nr. 22 des Gesetzes zur Umstellung des Kostenrechts und der Steuerberatergebührenverordnung auf Euro vom 27.4.2001, BGBl. 2001 I, S. 751.
63 BT-Drs. 19/23484, 80
64 Art. 3 Abs. 1 Nr. 33 des Gesetzes zur Änderung von Kostengesetzes vom 9.12.1986, BGBl. 1986 I, 2326.
65 BT-Drs. 19/23484, 80.
66 BT-Drs. 19/23484, 80.

VV 7008 RVG geltend zu machenden Umsatzsteuer grundsätzlich nicht vorsteuerabzugsberechtigt.[67] Die einschränkungslose Verweisung hinsichtlich des Verfahrens auf die Vorschriften der jeweiligen Verfahrensordnung über das Kostenfestsetzungsverfahren in § 19 Abs. 2 Satz 3 BRAGO hatte dazu geführt, dass verschiedentlich Gerichte im Rahmen eines Vergütungsfestsetzungsverfahrens die Festsetzung der vom Anwalt zu entrichtenden Vergütung versagt hatten, da keine Versicherung zur Frage der Vorsteuerabzugsberechtigung abgegeben wurde.[68]

52 Bei § 55 RVG, der die Festsetzung der aus der Staatskasse zu zahlenden Vergütung regelt, wurde bislang in § 55 Abs. 5 Satz 1 pauschal auf § 104 Abs. 2 ZPO Bezug genommen. Dies hatte in Teilen der Rechtsprechung zu der Auffassung geführt, dass dem beigeordneten Rechtsanwalt im Vergütungsfestsetzungsverfahren nach den §§ 45 ff. RVG kein Anspruch gegen die Staatskasse auf Erstattung der Umsatzsteuer zusteht, sofern die von ihm vertretene Partei zum Vorsteuerabzug berechtigt ist.[69]

53 Die Bezugnahme in § 55 Abs. 5 Satz 1 RVG auf § 104 Abs. 2 Satz 3 ZPO soll daher nach Auffassung des Gesetzgebers entfallen.[70] Der Gesetzgeber stellt damit klar, dass auch im Rahmen des Vergütungsanspruchs gegen die Staatskasse die Umsatzsteuer von der Beiordnung umfasst ist und es nicht auf eine etwaige Vorsteuerabzugsberechtigung des Mandanten ankommt.

5. Eindeutigere Anrechnungsregelungen

54 **§ 58 Anrechnung von Vorschüssen und Zahlungen**

(1) …

(2) [1]In Angelegenheiten, in denen sich die Gebühren nach Teil 3 des Vergütungsverzeichnisses bestimmen, sind Vorschüsse und Zahlungen, die der Rechtsanwalt vor oder nach der Beiordnung erhalten hat, zunächst auf die Vergütungen anzurechnen, für die ein Anspruch gegen die Staatskasse nicht oder nur unter den Voraussetzungen des § 50 besteht. [2]*Ist eine Gebühr, für die kein Anspruch gegen die Staatskasse besteht, auf eine Gebühr anzurechnen, für die ein Anspruch gegen die Staatskasse besteht, so vermindert sich der Anspruch gegen die Staatskasse nur insoweit, als der Rechtsanwalt durch eine Zahlung auf die anzurechnende Gebühr und den Anspruch auf die ohne Anrechnung ermittelte andere Gebühr insgesamt mehr als den sich aus § 15 a Abs. 1 ergebenden Gesamtbetrag erhalten würde.*

(3) [1]In Angelegenheiten, in denen sich die Gebühren nach den Teilen 4 bis 6 des Vergütungsverzeichnisses bestimmen, sind Vorschüsse und Zahlungen, die der Rechtsanwalt vor oder nach der gerichtlichen Bestellung oder Beiordnung für seine Tätigkeit in einer gebührenrechtlichen Angelegenheit erhalten hat, auf die von der Staatskasse für diese Angelegenheit zu zahlenden Gebühren

67 Mayer in Mayer/Kroiß, RVG, 7. Aufl. 2018, § 11 Rn. 83.
68 BT-Drs. 15/971, 189.
69 OLG Celle BeckRS 2013, 20853 = NJOZ 2014, 954 = AGS 2014, 80; anderer Ansicht OLG Hamburg BeckRS 2013, 12509 = NJOZ 2013, 1616 = AGS 2013, 428 mAnm Mayer FD-RVG 2013, 348932; OLG München BeckRS 2016, 16123 = NJOZ 2017, 191 = AGS 2016, 528 mAnm Mayer FD-RVG 2016, 381534; OLG Braunschweig NJW 2017, 3535 mAnm Mayer FD-RVG 2017, 394005; OLG Frankfurt aM BeckRS 2017, 141340 = NJOZ 2019, 449.
70 BT-Drs. 19/23484, 80.

anzurechnen. [2]Hat der Rechtsanwalt Zahlungen empfangen, nachdem er Gebühren aus der Staatskasse erhalten hat, ist er zur Rückzahlung an die Staatskasse verpflichtet. [3]Die Anrechnung oder Rückzahlung erfolgt nur, soweit der Rechtsanwalt durch die Zahlungen insgesamt mehr als den doppelten Betrag der ihm ohne Berücksichtigung des § 51 aus der Staatskasse zustehenden Gebühren erhalten würde. [4]Sind die dem Rechtsanwalt nach Satz 3 verbleibenden Gebühren höher als die im *Vergütungsverzeichnis vorgesehenen Höchstgebühren* eines Wahlanwalts, ist auch der die Höchstgebühren übersteigende Betrag anzurechnen oder zurückzuzahlen.

§ 58 RVG erfährt an zwei Stellen wichtige Änderungen.

a) Anrechnung von Gebühren nach der Wahlanwaltstabelle

So wird § 58 Abs. 2 mit einem neuen Satz 2 ergänzt, der die Problemlage re- 55
gelt, wenn Gebühren nach der Wahlanwaltstabelle auf Gebühren nach der Prozesskostenhilfetabelle des § 13 RVG anzurechnen sind. So sei in der Rechtsprechung trotz der Regelung des § 15 a Abs. 1 RVG umstritten, ob beispielsweise der Anfall einer vorgerichtlichen Geschäftsgebühr wegen der in Vorbemerkung 3 Abs. 4 RVG normierten Anrechnung stets zu einer Reduzierung der aus der Staatskasse zu zahlenden Verfahrensgebühr führe.[71] Um eine einheitliche Handhabung zu gewährleisten nimmt der Gesetzgeber eine Klarstellung in § 58 Abs. 2 RVG vor.[72] Nach der Neuregelung soll eine Anrechnung einer auf eine vorgerichtliche Geschäftsgebühr erfolgten Zahlung nur dann in Betracht kommen, wenn die Zahlung dazu führt, dass die Differenz zwischen der Wahlanwaltsvergütung und dem insgesamt nach § 49 RVG bestehenden Anspruch völlig beglichen ist.[73] Die Regelung berücksichtige die Interessen der Partei, der eine Rechtsanwältin oder ein Rechtsanwalt beigeordnet worden sei und entspreche der Kernaussage des § 15 a Abs. 1 RVG. Es seien keine Gründe ersichtlich, warum eine Zahlung einer PKH-Partei nach der Beiordnung zunächst auf diejenigen Vergütung anzurechnen sein sollte, für die ein Anspruch gegen die Staatskasse nicht besteht (§ 58 Abs. 2 RVG), während eine Zahlung auf eine vor der Beiordnung entstandene Geschäftsgebühr über die Anrechnungsbestimmung unmittelbar die Vergütung aus der Staatskasse mindern solle.[74] Nach Auffassung des Gesetzgebers ist die Neuregelung so gestaltet, dass sie alle Anrechnungsfälle erfasst und nur zum Tragen kommt, wenn tatsächlich eine Zahlung auf die anzurechnende Gebühr erfolgt ist. Die Regelungen des § 55 Abs. 5 Satz 3 und 4 RVG gewährleisteten, dass dem Gericht im Rahmen der Festsetzung der aus der Staatskasse zu zahlenden Vergütung die zur Umsetzung der Regelung notwendigen Angaben vorliegen.[75]

71 Vgl. zB OLG Bamberg BeckRS 2018, 22733 = AGS 2018, 472 mAnm Mayer FD-RVG 2018, 411315.
72 BT-Drs. 19/23484, 81.
73 BT-Drs. 19/23484, 81.
74 BT-Drs. 19/23484, 81.
75 BT-Drs. 19/23484, 81.

56 § 58 Abs. 2 Satz 2 setzt zunächst voraus, dass eine Gebühr, die sich nach der Wahlanwaltsgebührentabelle des § 49 RVG berechnet, auf eine andere Gebühr anzurechnen ist, die sich nach der Tabelle der Wertgebühren aus der Staatskasse (§ 49 RVG) bemisst. § 58 Abs. 2 Satz 2 bestimmt weiter, dass erst dann eine Minderung des Anspruchs gegen die Staatskasse entsteht, wenn die Summe dieser beiden nach unterschiedlichen Tabellen berechneten Gebühren niedriger ist, als der sich aus § 15 a Abs. 1 RVG ergebende Gesamtbetrag der beiden Gebühren. § 15 a Abs. 1 bestimmt, dass dann, wenn das Gesetz die Anrechnung einer Gebühr auf eine andere Gebühr vorsieht, der Rechtsanwalt beide Gebühren fordern kann, jedoch nicht mehr als den um den Anrechnungsbetrag verminderten Gesamtbetrag der beiden Gebühren. Die konkret angefallenen Gebühren nach der Wahlanwaltstabelle und der Tabelle des § 49 RVG ohne Anrechnung sind einer Vergleichsberechnung nach Maßgabe des § 15 a Abs. 1 RVG gegenüberzustellen, bei der die Anrechnung zwar berücksichtigt wird, aber beide Gebühren aus der Wahlanwaltstabelle entnommen sind.

57 **Beispiel** 1: Außergerichtlich wird eine Forderung in Höhe von 3.000 EUR geltend gemacht. Angefallen ist eine 1,3 Geschäftsgebühr VV 2300 iHv 288,60 EUR, die auch bezahlt worden ist.

Im gerichtlichen Verfahren ist dann eine 1,3 Verfahrensgebühr VV 3100 nach der Tabelle des § 49 RVG angefallen, also ebenfalls iHv 288,60 EUR.

Angefallen sind somit an Geschäfts- und Verfahrensgebühr insgesamt 577,20 EUR.

Sodann ist die Vergleichsberechnung nach § 15 a RVG Abs. 1 vorzunehmen.

Geschäftsgebühr VV 2300	1,3	288,60 EUR
Verfahrensgebühr VV 3100	1,3	288,60 EUR
hiervon anzurechnen gemäß Vorbem. 3 Abs. 4		– 144,30 EUR
Summe:		**432,90 EUR**

Daher ist die Vergütung aus der Staatskasse im vorliegenden Fall um 144,30 EUR (577,20 EUR – 432,90 EUR) zu mindern.

58 **Beispiel** 2: Außergerichtlich ist eine Geschäftsgebühr aus einem Gegenstandswert von 10.000 EUR entstanden, die auch vergütet wurde. An gerichtlichen Verfahren war ebenfalls ein Gegenstand Wert von 10.000 EUR gegeben.

Angefallen sind

1,3 Geschäftsgebühr VV 2300 (§ 13)		798,20 EUR
gerichtliches Verfahren		
Verfahrensgebühr VV 3100 (§ 49)	1,3	440,70 EUR
Summe		**1.238,90 EUR**

Vergleichsberechnung nach § 15 a Satz 1 RVG

1,3 Geschäftsgebühr VV 2300 (§ 13)		798,20 EUR
Verfahrensgebühr VV 3100 (§ 13)	1,3	798,20 EUR
hierauf anzurechnen gem. Vorbem. 3 Abs. 4 RVG		399,10 EUR
verbleiben		**1.197,30 EUR**

Somit sind 41,60 EUR auf die Vergütung aus der Staatskasse anzurechnen (1.238,90 EUR – 1.197,30 EUR).

Beispiel 3 **Abwandlung:** Der Gegenstandswert beträgt 5.000 EUR. 59

Geschäftsgebühr VV 2300 (§ 13)		434,20 EUR
Verfahrensgebühr VV 3100 (§ 49)	1,3	369,20 EUR
Gesamtsumme		**803,40 EUR**

Vergleichsberechnung gem. § 15 a Abs. 1 RVG

Geschäftsgebühr VV 2300 (§ 13)	1,3	434,20 EUR
Verfahrensgebühr VV 3100 (§ 13)	1,3	434,20 EUR
hierauf anzurechnen gem. VV Vorbem. 3 Abs. 4		– 217,10 EUR
verbleiben		**651,30 EUR**

Deshalb sind auf die Vergütung aus der Staatskasse 152,10 EUR (803,40 EUR – 651,30 EUR) anzurechnen.

Beispiel 4 **Abwandlung:** Der Gegenstandswert beträgt 25.000 EUR 60

Geschäftsgebühr VV 2300 (§ 13)	1,3	1.136,20 EUR
Verfahrensgebühr VV 3100 (§ 49)	1,3	538,20 EUR
Gesamtsumme		**1.674,40 EUR**
Vergleichsberechnung nach § 15 a Abs. 1 RVG		
Geschäftsgebühr VV 2300 (§ 13)	1,3	1.136,20 EUR
Verfahrensgebühr VV 3100 (§ 13)	1,3	1.136,20 EUR
hierauf anzurechnen gem. Vorbem. 3 Abs. 4 RVG		568,10 EUR
Gesamtsumme		**1.704,30 EUR**

Eine Anrechnung ist hier auf die aus der Staatskasse zu vergütende Verfahrensgebühr VV 3100 in Höhe von 538,20 EUR nicht vorzunehmen, da der aus § 15 a Abs. 1 sich ergebende Gesamtbetrag höher ist als die Summe der außergerichtlich bezahlten Geschäftsgebühr und der Vergütung der Verfahrensgebühr aus der Staatskasse.

Leider klärt auch der neue § 58 Abs. 2 Satz 2 die Problemlage nicht eindeutig. So haben § 58 Abs. 2 Satz 2 und auch § 15 a Abs. 1 RVG schließlich die aufeinander anzurechnenden Gebühren im Blick. Andererseits aber führt die Gesetzesbegründung aus, dass „nach der vorgeschlagenen Regelung“ eine Anrechnung einer auf eine vorgerichtliche Geschäftsgebühr erfolgten Zahlung nur dann in Betracht kommen soll, wenn die Zahlung dazu führt, dass die Differenz zwischen der Wahlanwaltsvergütung und dem insgesamt nach 61

§ 49 RVG bestehenden Anspruch völlig beglichen ist.[76] Dies ist aber nur dann der Fall, wenn auch die Unterschiede aufgrund der Anwendung der Wahlanwaltstabelle des § 13 RVG und der PKH-Vergütungstabelle des § 49 RVG bei der Termins- und einer eventuellen Einigungsgebühr ausgeglichen sind.[77]

62 Auch das in der Gesetzesbegründung angesprochene Argument, dass keine Gründe ersichtlich seien, warum eine Zahlung einer PKH-Partei nach der Beiordnung zunächst auf diejenige Vergütung anzurechnen sein sollte, für die ein Anspruch gegen die Staatskasse nicht besteht, während eine Zahlung auf eine vor der Beiordnung entstandene Geschäftsgebühr über die Anrechnungsbestimmung unmittelbar die Vergütung aus der Staatskasse mindern solle,[78] führt dazu, dass gute Gründe dafür sprechen, eine Anrechnung auf die Vergütung aus der Staatskasse erst dann vorzunehmen, wenn auch die Differenz zwischen der Wahlanwaltsvergütung und der Vergütung nach § 49 RVG nicht nur bei der Verfahrensgebühr, sondern bei den eventuell weiter angefallenen Gebühren ausgeglichen ist.

63 Die obige Darstellung und die obigen Berechnungsbeispiele gehen jedoch von der konservativen und am Wortlaut des § 58 Abs. 2 Satz 2 orientierten, ausschließlich auf die aufeinander anzurechnenden Gebührentatbestände konzentrierten Auslegung aus.

b) Klarstellung des Begriffs Höchstgebühren

64 Die 2. Änderungen in § 58 betrifft die Zahlungen in Angelegenheiten nach den Teilen 4 bis 6 RVG. Hier war umstritten, was unter dem in § 58 Abs. 3 Satz 4 RVG verwandten Begriff der „Höchstgebühr eines Wahlanwalts" zu verstehen ist.[79] So wird vertreten, dass die im Gebührenverzeichnis vorgesehene obere Rahmengrenze maßgebend ist, zum anderen werden darunter die im Einzelfall konkret entstandenen angemessenen Gebühren eines Wahlverteidigers verstanden.[80] Der Gesetzgeber stellt diese Frage in Richtung der ersten Auffassung klar. Die Regelung erfolgt vor dem Hintergrund, dass es eine dem Einzelfall angemessene „Höchstgebühr" nicht gebe, angemessen sei immer nur eine konkrete, der Höhe nach feststehende Gebühr.[81]

65 Nach Auffassung des Gesetzgebers macht die Klarstellung auch aus praktischen Erwägungen Sinn. Die Ermittlung der im Einzelfall entstandenen Wahlanwaltsgebühren würde das Kostenfestsetzungsverfahren erheblich ver-

76 BT-Drs. 19/23484, 81.
77 Vgl. in diesem Zusammenhang auch Volpert, Geplante Änderungen bei der Anwaltsvergütung durch das Kostenrechtsänderungsgesetz 2021 Teil 1, RVGreport 2020, 362 (368).
78 BT-Drs. 19/23484, 81.
79 Vgl. Burhoff in Gerold/Schmidt, RVG, 24. Aufl. 2019, RVG § 58 Rn. 81.
80 BT-Drs. 19/23484, 81.
81 BT-Drs. 19/23484, 81.

komplizieren und wäre sehr streitanfällig. Zudem seien die für die Ermittlung der Gebühr maßgeblichen Bemessungskriterien des § 14 RVG dem Gericht nicht vollständig bekannt und müssten durch Mitwirkung der Rechtsanwältin oder des Rechtsanwalts aufwendig ermittelt werden. Auch würde hierdurch das in § 14 Abs. 1 Satz 1 RVG den Rechtsanwältinnen und Rechtsanwälten eingeräumte Bestimmungsrecht missachtet werden. Im Übrigen wäre unter Umständen zu prüfen, ob der Rechtsanwältin oder dem Rechtsanwalt eine Pauschgebühr nach § 42 RVG zusteht.[82] Mit der Neuformulierung will der Gesetzgeber erreichen, eine Anrechnung oder Zurückzahlung nur für solche Fälle vorzusehen, in denen die höchste denkbare sich aus dem Vergütungsverzeichnis ergebende Wahlanwaltsvergütung (also ohne Berücksichtigung einer Pauschgebühr nach § 42 RVG) überschritten wird.[83]

V. Änderungen in Abschnitt 9: Übergangs- und Schlussvorschriften; Vereinfachung des Übergangsrechts

§ 60 Übergangsvorschrift 66

(1) [1]*Für die Vergütung ist das bisherige Recht anzuwenden, wenn der unbedingte Auftrag zur Erledigung derselben Angelegenheit vor dem Inkrafttreten einer Gesetzesänderung erteilt worden ist.* [2]*Dies gilt auch für einen Vergütungsanspruch gegen die Staatskasse (§ 45, auch in Verbindung mit § 59 a).* [3]*Steht dem Rechtsanwalt ein Vergütungsanspruch zu, ohne dass ihm zum Zeitpunkt der Beiordnung oder Bestellung ein unbedingter Auftrag desjenigen erteilt worden ist, dem er beigeordnet oder für den er bestellt wurde, so ist für diese Vergütung in derselben Angelegenheit bisheriges Recht anzuwenden, wenn die Beiordnung oder Bestellung des Rechtsanwalts vor dem Inkrafttreten einer Gesetzesänderung wirksam geworden ist.* [4]*Erfasst die Beiordnung oder Bestellung auch eine Angelegenheit, in der der Rechtsanwalt erst nach dem Inkrafttreten einer Gesetzesänderung erstmalig beauftragt oder tätig wird, so ist insoweit für die Vergütung neues Recht anzuwenden.* [5]*Das nach den Sätzen 2 – 4 anzuwendende Recht findet auch auf Ansprüche des beigeordneten oder bestellten Rechtsanwalts Anwendung, die sich nicht gegen die Staatskasse richten.* [6]*Die Sätze 1 – 5 gelten auch, wenn Vorschriften geändert werden, auf die dieses Gesetz verweist.*

(2) …

(3) …

§ 60 Abs. 1 aF war in seiner Struktur nicht völlig stringent.[84] So wurde zwar im § 60 Abs. 1 Satz 1 auf den Grundsatz der Auftragserteilung abgestellt, § 60 Abs. 1 Satz 2 stellt jedoch für die Gebühren des Rechtsmittels nicht auf den Zeitpunkt des Auftrags zur Einlegung des Rechtsmittels, sondern auf den Zeitpunkt der Einlegung des Rechtsmittels ab, dies allerdings nur in persönlicher Hinsicht für den bereits für die Partei im gerichtlichen Verfahren tätigen Rechtsanwalt, also weder für einen bislang noch nicht beauftragten Rechtsanwalt, der mit der Einlegung des Rechtsmittels beauftragt wird, noch 67

82 BT-Drs. 19/23484, 81.
83 BT-Drs. 19/23484, 81.
84 N. Schneider in Schneider/Wolf, 8. Aufl. 2017, § 60 Rn. 14.

für den Rechtsanwalt, der mit der Abwehr des Rechtsmittels vom Gegner beauftragt wird.[85]

68 Nach § 60 Abs. 1 Satz 1 ist nunmehr für die Vergütung das bisherige Recht anzuwenden, wenn der unbedingte Auftrag zur Erledigung derselben Angelegenheit vor Inkrafttreten einer Gesetzesänderung erteilt worden ist. Dass der Zeitpunkt der Auftragserteilung maßgeblich ist, wird mithin festgeschrieben und gilt auch im Rechtsmittelverfahren.[86] Es kommt daher für die Frage des anwendbaren Rechts grundsätzlich in jeder Instanz allein auf den Zeitpunkt der Auftragserteilung an.[87]

69 § 60 Abs. 1 Satz 2–4 wurden gegenüber dem Regierungsentwurf aufgrund einer Empfehlung des Rechtsausschusses[88] klarer strukturiert. § 60 Abs. 1 Satz 2 stellt klar, dass der Grundsatz, dass sich das anwendbare Recht grundsätzlich nach dem Zeitpunkt des unbedingten Auftrags bestimmt, auch für den beigeordneten und bestellten Rechtsanwalt gilt.[89]

70 § 60 Abs. 1 Satz 3 regelt die Beiordnungs- und Bestellungsfälle ohne Auftrag. So bestimmt § 60 Abs. 1 Satz 3, dass, wenn dem Rechtsanwalt ein Vergütungsanspruch zusteht, ohne dass ihm zum Zeitpunkt der Beiordnung oder Bestellung ein unbedingter Auftrag desjenigen erteilt worden ist, dem er beigeordnet oder für den er bestellt wurde, für diese Vergütung in derselben Angelegenheit bisheriges Recht anzuwenden ist, wenn die Beiordnung oder Bestellung des Rechtsanwalts vor dem Inkrafttreten einer Gesetzesänderung wirksam geworden ist. Maßgeblich ist daher grundsätzlich das Wirksamwerden des zugrunde liegenden Beschlusses.[90] Der Regierungsentwurf hatte für diese Fallkonstellationen hingegen auf den frühesten Zeitpunkt des Entstehens einer Gebühr abgestellt.[91]

71 § 60 Abs. 1 Satz 4 regelt den Fall, dass eine Beiordnung oder Bestellung auch für zukünftige weitere Angelegenheiten gilt.[92] So bestimmt § 60 Abs. 1 Satz 4, dass dann, wenn die Beiordnung oder Bestellung auch eine Angelegenheit erfasst, in der der Rechtsanwalt erst nach dem Inkrafttreten einer Gesetzesänderung erstmalig beauftragt oder tätig wird, insoweit für die Vergütung neues Recht anzuwenden ist. Mit der Regelung soll erreicht werden, dass der beigeordnete oder bestellte Rechtsanwalt weitestgehend einem mandatierten Rechtsanwalt gleichgestellt wird, so dass es sachgerecht ist, hier

85 Klees in Mayer/Kroiß, RVG, 7. Aufl. 2018, § 60 Rn. 17.
86 BT-Drs. 19/23484, 82.
87 Burhoff RVGreport 2020, 402 (405).
88 BT-Drs. 19/24740, 92.
89 BT-Drs. 19/24740, 92.
90 BT-Drs. 19/24740, 92.
91 BT-Drs. 19/23484, 80.
92 BT-Drs. 19/24740, 92.

auf das erste Tätigwerden abzustellen.[93] Für den mandatierten Rechtsanwalt ist nach § 60 Abs. 1 Satz 1 der Zeitpunkt der Auftragserteilung maßgeblich, für den bestellten oder beigeordneten Rechtsanwalt der Zeitpunkt des ersten Tätigwerdens.

Neu eingeführt wurde auch § 60 Abs. 1 Satz 5, welcher bestimmt, dass das nach den Sätzen 2 – 4 anzuwendende Recht auch auf die Ansprüche des beigeordneten oder bestellten Rechtsanwalts Anwendung findet, die sich nicht gegen die Staatskasse richten. Mit dieser Regelung will der Gesetzgeber einen Gleichlauf der Ansprüche des beigeordneten oder bestellten Rechtsanwalts gegen die Staatskasse einerseits und gegen sonstige Personen (§§ 52 und 53 RVG) andererseits erreichen.[94] 72

Der bisherige § 60 Abs. 1 Satz 3 wird nunmehr zu § 60 Abs. 1 Satz 5. Er regelt den Fall, wenn sich nicht das RVG ändert, sondern ein anderes Gesetz, auf das eine Vorschrift des RVG verweist. Dies gilt beispielsweise für das GKG.[95] 73

93 BT-Drs. 19/24740, 92.
94 BT-Drs. 19/24740, 92.
95 Klees in Mayer/Kroiß, RVG, 7. Aufl. 2018, § 60 Rn. 20.

§ 2 Änderungen im Vergütungsverzeichnis des RVG durch das Gesetz zur Änderung des Justizkosten- und des Rechtsanwaltsvergütungsrecht (Kostenrechtsänderungsgesetz 2021)

I. Änderungen in Teil 1 des Vergütungsverzeichnisses: Allgemeine Gebühren

1. Einigungsgebühr auch im Beratungsmandat

Vorbemerkung 1: 74

Die Gebühren dieses Teils entstehen neben den in anderen Teilen bestimmten Gebühren *oder einer Gebühr für die Beratung nach § 34 RVG.*

Ob im Rahmen einer Beratungsgebühr eine Einigungsgebühr anfallen kann, 75 ist nach Auffassung mancher zweifelhaft.[96] Der Gesetzgeber greift dies auf. Da die Gebühren für die Beratung ursprünglich in Teil 2 VV RVG geregelt waren und zum 1.7.2006 diese Regelung wegfiel, die Neuregelung in § 34 RVG jedoch aber aufgenommen wurde, will er mit der Ergänzung der Vorbemerkung 1 VV RVG klarstellen, dass die Gebühren des Teils 1 VV RVG grundsätzlich auch neben einer Gebühr für die Beratung entstehen können.[97]

Nach Auffassung des Gesetzgebers seien die Mandanten durch § 49 b Abs. 5 76 BRAO vor einem für sie überraschenden Anfall der Gebühr geschützt, denn die Rechtsanwältinnen und Rechtsanwälte hätten in den wenigen Fällen, in denen sich die zu erhebenden Gebühren nach dem Gegenstandswert richten (wie dies bei der Einigungsgebühr regelmäßig der Fall sein wird), vor der Übernahme des Mandats hierauf hinzuweisen.[98] Da die Ergänzungen in Vorbemerkung 1 nur die Beratung erwähnen, nicht jedoch die in § 34 RVG ebenfalls geregelte Ausarbeitung eines schriftlichen Gutachtens und die Tätigkeit als Mediator, stellt der Gesetzgeber klar, dass eine Anwendung der Vorschriften des Teil 1 VV für diese Gebühren nicht in Betracht kommen soll.[99]

Des Weiteren bezieht der Gesetzgeber im Rahmen der Gesetzesbegründung 77 in diesem Zusammenhang Position in einer Streitfrage. Denn es ist umstritten, ob neben der Beratungsgebühr nach § 34 RVG auch der Mehrvertretungszuschlag nach VV 1008 RVG entstehen kann.[100] Der Gesetzgeber weist in dem Rahmen der Gesetzesbegründung ausdrücklich darauf hin, dass nach dem Gebührentatbestand VV 1008 RVG nur Geschäfts- und Verfahrensge-

---

96 Vgl. Müller-Rabe in Gerold/Schmidt, 24. Aufl. 2019, VV 1000 Rn. 10 f.
97 BT-Drs. 19/23484, 82.
98 BT-Drs. 19/23484, 82.
99 BT-Drs. 19/23484, 82.
100 Bejahend zB Mayer in Gerold/Schmidt, RVG, 24. Aufl. 2019, § 34 Rn. 56 f.; verneinend zB Müller-Rabe in Gerold/Schmidt, RVG, 24. Aufl. 2019, VV 1008 Rn. 13 ff.

bühren erhöhungsfähig seien, hierzu gehöre die Beratungsgebühr nach § 34 nicht.[101]

2. Einigung, Aussöhnung und Erledigungsgebühr bei gerichtlichem Verfahren

78

Nr.	Gebührentatbestand	Gebühr oder Satz der Gebühr nach § 13 RVG
1003	Über den Gegenstand ist ein anderes gerichtliches Verfahren als ein selbstständiges Beweisverfahren anhängig: Die Gebühren 1000 bis 1002 betragen .... (1) Dies gilt auch, wenn ein Verfahren über die Prozesskostenhilfe anhängig ist, soweit nicht lediglich Prozesskostenhilfe für ein selbstständiges Beweisverfahren oder die Protokollierung des Vergleichs beantragt wird oder sich die Beiordnung auf den Abschluss eines Vertrages im Sinne der Nr. 1000 erstreckt (§ 48 *Abs. 1 und 3* RVG) ...	1,0

79 Aufgrund der geänderten Struktur des § 48 RVG musste Anmerkung Abs. 1 Satz 1 zu VV 1003 RVG redaktionell geändert werden.[102]

II. Änderungen in Teil 2 des Vergütungsverzeichnisses

1. Erhöhung der Rahmengebühren in Abschnitt 1 – Prüfung der Erfolgsaussicht eines Rechtsmittels

80

Nr.	Gebührentatbestand	Gebühr oder Satz der Gebühr nach § 13 RVG
2102	Gebühr für die Prüfung der Erfolgsaussicht eines Rechtsmittels in sozialrechtlichen Angelegenheiten, in denen im gerichtlichen Verfahren Betragsrahmengebühren entstehen (§ 3 RVG) und in den Angelegenheiten, für die nach den Teilen 4 bis 6 Betragsrahmengebühren entstehen ... Die Gebühr ist auf eine Gebühr für das Rechtsmittelverfahren anzurechnen.	*36,00 bis 348,00 €*
2103	Die Prüfung der Erfolgsaussicht eines Rechtsmittels ist mit der Ausarbeitung eines schriftlichen Gutachtens verbunden: Die Gebühr 2102 beträgt	*60,00 bis 660,00 €*

81 Bei den Vergütungstatbeständen VV 2102 und 2103 wurden entsprechend dem Anliegen des Gesetzgebers, die Gebühren linear um 10 % zu erhöhen,[103] die Betragsrahmen erhöht. Die Gebühr VV 2102 verfügt nunmehr

101 BT-Drs. 19/23484, 82.
102 BT-Drs. 19/23484, 82.
103 BT-Drs. 19/23484, 82.

über einen Rahmen von 36–384 EUR, Mittelgebühr 210 EUR, die Gebühr VV 2103 über einen Rahmen von 60–660 EUR, Mittelgebühr 360 EUR.

2. Änderung des Anrechnungshöchstbetrages

Vorbemerkung 2.3: 82

(1) Im Verwaltungszwangsverfahren ist Teil 3 Abschnitt 3 Unterabschnitt 3 entsprechend anzuwenden.

(2) Dieser Abschnitt gilt nicht für die in den Teilen 4 bis 6 geregelten Angelegenheiten.

(3) Die Geschäftsgebühr entsteht für das Betreiben des Geschäfts einschließlich der Information und für die Mitwirkung bei der Gestaltung eines Vertrags.

(4) Soweit wegen desselben Gegenstands eine Geschäftsgebühr für eine Tätigkeit im Verwaltungsverfahren entstanden ist, wird diese Gebühr zur Hälfte, bei Wertgebühren jedoch höchstens mit einem Gebührensatz von 0,75, auf eine Geschäftsgebühr für eine Tätigkeit im weiteren Verwaltungsverfahren, das der Nachprüfung des Verwaltungsakts dient, angerechnet. Bei einer Betragsrahmengebühr beträgt der Anrechnungsbetrag *höchstens 207,00 €*. Bei einer Wertgebühr erfolgt die Anrechnung nach dem Wert des Gegenstands, der auch Gegenstand des weiteren Verfahrens ist.

(5) Absatz 4 gilt entsprechend bei einer Tätigkeit im Verfahren nach der Wehrbeschwerdeordnung, wenn darauf eine Tätigkeit im Beschwerdeverfahren oder wenn der Tätigkeit im Beschwerdeverfahren eine Tätigkeit im Verfahren der weiteren Beschwerde vor den Disziplinarvorgesetzten folgt.

(6) Soweit wegen desselben Gegenstands eine Geschäftsgebühr nach Nummer 2300 entstanden ist, wird diese Gebühr zur Hälfte, jedoch höchstens mit einem Gebührensatz von 0,75, auf eine Geschäftsgebühr nach Nummer 2303 angerechnet. Absatz 4 *Satz 3* gilt entsprechend.

Vorbemerkung 2.3 wurde in den Abätzen 4 und 6 geändert. So wird in VV 83 Vorbemerkung 2.3 Abs. 4 Satz 2 der Anrechnungshöchstbetrag entsprechend der allgemeinen Gebührenanhebung von 175 EUR auf 207 EUR angehoben.[104] Die Regelung Vorbemerkung 2.3 Abs. 4 Satz 3 RVG konnte entfallen, da ihr Inhalt nunmehr systematisch in § 14 eingegliedert ist.[105]

Aufgrund des Wegfalls der Regelung VV Vorbemerkung 2.3 Abs. 4 Satz 3 84 wurde auch die Verweisung in VV Vorbemerkung 2.3 Abs. 6 Satz 2 entsprechend geändert.

104 BT-Drs. 19/23484, 83.
105 BT-Drs. 19/23484, 83.

3. Geschäftsgebühr VV 2302 RVG

85

Nr.	Gebührentatbestand	Gebühr oder Satz der Gebühr nach § 13 RVG
2302	Geschäftsgebühr in 1. sozialrechtlichen Angelegenheiten, in denen im gerichtlichen Verfahren Betragsrahmengebühren entstehen (§ 3 RVG) und 2. Verfahren nach der Wehrbeschwerdeordnung, wenn im gerichtlichen Verfahren das Verfahren vor dem Truppendienstgericht oder vor dem Bundesverwaltungsgericht an die Stelle des Verwaltungsrechtswegs gemäß § 82 SG tritt. .... Eine Gebühr von mehr als *359,00 €* kann nur gefordert werden, wenn die Tätigkeit umfangreich oder schwierig war.	*60,00 bis 768,00 €*

86 In Umsetzung der Absicht, die Gebühren um rund 10 % linear zu erhöhen sowie einen Bereich sozialrechtlicher Mandate um weitere 10 %,[106] wurde der Betragsrahmen von VV 2302 auf 60 – 768 EUR erhöht, die Mittelgebühr beträgt nunmehr 414 EUR. Der Schwellenwert wurde von 300 auf 359 EUR erhöht.

4. Abschnitt 5: Beratungshilfe

87

Nr.	Gebührentatbestand	Gebühr oder Satz der Gebühr nach § 13 RVG
2500	Beratungshilfegebühr .... Neben der Gebühr werden keine Auslagen erhoben. Die Gebühr kann erlassen werden.	15,00 €
2501	Beratungsgebühr .... (1) Die Gebühr entsteht für eine Beratung, wenn die Beratung nicht mit einer anderen gebührenpflichtigen Tätigkeit zusammenhängt. (2) Die Gebühr ist auf eine Gebühr für eine sonstige Tätigkeit anzurechnen, die mit der Beratung zusammenhängt.	*38,50 €*
2502	Beratungstätigkeit mit dem Ziel einer außergerichtlichen Einigung mit den Gläubigern über die Schuldenbereinigung auf der Grundlage eines Plans (§ 305 Abs. 1 Nr. 1 InsO): Die Gebühr 2501 beträgt	*77,00 €*
2503	Geschäftsgebühr .... (1) Die Gebühr entsteht für das Betreiben des Geschäfts einschließlich der Information oder die Mitwirkung bei der Gestaltung eines Vertrags. (2) Auf die Gebühren für ein anschließendes gerichtliches oder behördliches Verfahren ist diese Gebühr zur Hälfte anzurechnen. Auf die Gebühren für ein Verfahren auf Vollstreckbarerklärung eines Vergleichs nach den §§ 796 a, 796 b und 796 c Abs. 2 Satz 2 ZPO ist die Gebühr zu einem Viertel anzurechnen.	*93,50 €*

106 BT-Drs. 19/23484, 44.

Nr.	Gebührentatbestand	Gebühr oder Satz der Gebühr nach § 13 RVG
2504	Tätigkeit mit dem Ziel einer außergerichtlichen Einigung mit den Gläubigern über die Schuldenbereinigung auf der Grundlage eines Plans (§ 305 Abs. 1 Nr. 1 InsO): Die Gebühr 2503 beträgt bei bis zu 5 Gläubigern	*297,00 €*
2505	Es sind 6 bis 10 Gläubiger vorhanden: Die Gebühr 2503 beträgt	*446,00 €*
2506	Es sind 11 bis 15 Gläubiger vorhanden: Die Gebühr 2503 beträgt	*594,00 €*
2507	Es sind mehr als 15 Gläubiger vorhanden: Die Gebühr 2503 beträgt	*743,00 €*
2508	Einigungs- und Erledigungsgebühr .... (1) Die Anmerkungen zu Nummern 1000 und 1002 sind anzuwenden. (2) Die Gebühr entsteht auch für die Mitwirkung bei einer außergerichtlichen Einigung mit den Gläubigern über die Schuldenbereinigung auf der Grundlage eines Plans (§ 305 Abs. 1 Nr. 1 InsO).	*165,00 €*

Bis auf die Beratungshilfegebühr VV 2500 RVG wurden die bei Beratungshilfe anfallenden Vergütungstatbestände VV 2501 – 2508 RVG angehoben. Die Gebühr VV 2508 RVG blieb mit 15 EUR unverändert, es handelt sich dabei um die von dem rechtsuchenden Bürger zu tragende Gebühr. So wurde die Beratungsgebühr VV 2501 auf 38,50 EUR, der Vergütungstatbestand VV 2502 auf 77 EUR, die Geschäftsgebühr VV 2503 RVG auf 93,50 EUR und die Vergütungstatbestände VV 2504 – 2508 auf 297 EUR, 446 EUR, 594 EUR, 743 EUR, 165 EUR angehoben. Da bei den Vergütungstatbeständen VV 2501 und 2503 RVG die angestrebte Zielgröße des Erholungsvolumens deutlich übertroffen würde, wenn die gegenüber dem geltenden Recht um 10 % erhöhten Gebührenbeträge auf volle Euro gerundet würden und weil diese Gebühren von ganz erheblicher Bedeutung für die Belastung der Länderhaushalte sind, hat der Gesetzgeber hier von einer Rundung abgesehen.[107] 88

III. Änderungen in Teil 3 VV

1. Änderungen in Vorbemerkung 3

Vorbemerkung 3: 89

(1) ...

(2) ...

107 BT-Drs. 19/23484, 83.

(3) ...

(4) Soweit wegen desselben Gegenstands eine Geschäftsgebühr nach Teil 2 entsteht, wird diese Gebühr zur Hälfte, bei Wertgebühren jedoch höchstens mit einem Gebührensatz von 0,75, auf die Verfahrensgebühr des gerichtlichen Verfahrens angerechnet. Bei Betragsrahmengebühren beträgt der Anrechnungsbetrag höchstens *207,00 €*. Sind mehrere Gebühren entstanden, ist für die Anrechnung die zuletzt entstandene Gebühr maßgebend. Bei einer wertabhängigen Gebühr erfolgt die Anrechnung nach dem Wert des Gegenstands, der auch Gegenstand des gerichtlichen Verfahrens ist.

(5) ...

(6) ...

(7) Die Verfahrensgebühr für einen Urkunden- oder Wechselprozess wird auf die Verfahrensgebühr für das ordentliche Verfahren angerechnet, wenn dieses nach Abstandnahme vom Urkunden- oder Wechselprozess oder nach einem Vorbehaltsurteil anhängig bleibt (§§ 569 und 600 ZPO).

(8) Die Vorschriften dieses Teils sind nicht anzuwenden, soweit Teil 6 besondere Vorschriften enthält.

90 Vormerkung 3 wurde an drei Stellen geändert. So wurde in Vorbemerkung 3 Abs. 4 Satz 2 der Anrechnungsbetrag von 175 EUR bei Betragsrahmengebühren auf 207 EUR erhöht. Die Erhöhung ist die Umsetzung der linearen Erhöhung mit einem Anpassungsvolumen von 10 % sowie für den Bereich sozialrechtlicher Mandate um zusätzlich weitere 10 %.[108] Hieraus erklärt sich dann die Erhöhung der Anrechnungsgrenze um gut 18 %.

91 Vorbemerkung 3 Abs. 4 S. 4 konnte entfallen, weil entsprechende Regelung nunmehr systematisch richtig in § 14 RVG eingeordnet wurde.

92 Neu eingeführt wurde Vorbemerkung 3 Abs. 7, wonach die Verfahrensgebühr für einen Urkunden- oder Wechselprozess auf die Verfahrensgebühr für das ordentliche Verfahren angerechnet wird, wenn dieses nach Abstandnahme vom Urkunden- oder Wechselprozess oder nach einem Vorbehaltsurteil anhängig bleibt (§§ 596 und 600 ZPO). Der bisherige Abs. 7 wurde zu Abs. 8.

93 Der Gesetzgeber überführte die bisherige Anmerkung 2 zu VV 3100 in einen eigenen Absatz in Vorbemerkung 3, so dass die Regelung mithin für alle Vergütungstatbestände des Teils 3 gilt. Hintergrund dieser Änderung war, dass die bisherige gesetzliche Regelung zur Anrechnung der Verfahrensgebühr nach einem Urkunden-, Scheck- oder Wechselprozess unvollständig war. Nimmt nämlich die klagende Partei vom Urkundenprozess Abstand, geht der Rechtsstreit in das ordentliche Verfahren über. Gebührenrechtlich ist das nachfolgende ordentliche Verfahren eine neue Angelegenheit (§ 17 Nr. 5 RVG). Bislang war lediglich in Abs. 2 der Anmerkung zu VV 3100 geregelt, dass die Verfahrensgebühr des erstinstanzlichen Urkundenverfahrens auf die nachfolgende Gebühr des ordentlichen Verfahrens anzurechnen ist.[109] Da

108 BT-Drs. 19/23484, 44.
109 BT-Drs. 19/23484, 82.

aber nach der Rechtsprechung des BGH[110] auch in der Berufungsinstanz eine Abstandnahme vom Urkundenprozess möglich war, mit der Folge, dass das Verfahren in zweiter Instanz anhängig bleibt, allerdings jetzt im ordentlichen Verfahren, führte der Gesetzgeber nunmehr auch für das Berufungsverfahren die Anrechnung ein, indem die entsprechende Vorschrift in die Vorbemerkung 3 Abs. 7 eingestellt wurde. Ein ähnlicher Regelungsmechanismus findet sich bereits in Vorbemerkung 3 Abs. 5 für das selbstständige Beweisverfahren.[111]

2. Änderung bei Vorbemerkung 3.1

Vorbemerkung 3.1: 94

Die Gebühren dieses Abschnitts entstehen in allen Verfahren, für die in den folgenden Abschnitten dieses Teils keine Gebühren bestimmt sind.

Abs. 2 von Vorbemerkung 3.1 wurde aufgehoben. Stattdessen wird in Vorbemerkung 3.2.2 Nr. 1 der Gliederungspunkt c. eingeführt und auch auf Rechtsbeschwerden nach § 1065 ZPO an dieser Stelle verwiesen. 95

Hintergrund der Änderung ist im Kern eine Nachwehe der Überführung der Regelungen der BRAGO in das RVG. Denn bei der Einführung einer Gebühr für das Rechtsbeschwerdeverfahren nach § 1065 ZPO in § 46 II BRAGO orientierte sich der Gesetzgeber an § 47 Abs. 2 BRAGO, der Beschwerdeverfahren im Zusammenhang mit der Vollstreckbarerklärung ausländischer Titel betraf. In beiden Fällen fielen nach der BRAGO die gleichen Gebühren wie im ersten Rechtszug an. Für das Rechtsbeschwerdeverfahren nach § 1065 ZPO war diese Regelung bislang ohne inhaltliche Änderung beibehalten worden (VV Vorbemerkung 3.1 Abs. 2 RVG).[112] Im Kostenrechtsmodernisierungsgesetz vom 5.5.2004[113] wurde in Vorbemerkung 3.2.1 Nr. 3 bestimmt, dass für die früher in § 47 Abs. 2 BRAGO geregelten Beschwerdeverfahren einschließlich der Rechtsbeschwerdeverfahren die erhöhten Gebühren nach Teil 3 Abschnitt 2 Unterabschnitt 2 RVG anfallen.[114] Zur Begründung wurde auf den erhöhten Arbeitsaufwand für die erneute Prüfung des Sachverhalts und die Bewertung der Rechtslage verwiesen.[115] Durch das 2. KostRMoG wurde eine weitere Differenzierung zwischen Beschwerde- und Rechtsbeschwerdeverfahren vorgenommen, mit der Folge, dass nach VV Vorbemerkung 3.2.2 Nr. 1 a in Rechtsbeschwerdeverfahren vor dem BGH die (zusätzlich) erhöhten Gebühren nach Teil 3 Abschnitt 2 Unterabschnitt 2 96

110 BGH NJW 2011, 2796; NJW 2012, 2662.
111 BT-Drs. 19/23484, 83 f.
112 BT-Drs. 19/23484, 85.
113 BGBl. 2004 I, S. 718.
114 BT-Drs. 19/23484, 85.
115 BT-Drs. 15/971, 213.

VV RVG anfallen.[116] Da dem Gesetzgeber die unterschiedliche Entwicklung der Gebühren des früheren § 46 Abs. 2 BRAO und des § 47 Abs. 2 BRAGO sachlich nicht gerechtfertigt erscheint, hat er nunmehr entschieden im Hinblick auf die Bedeutung und Schwierigkeit der Rechtsbeschwerdeverfahren nach § 1065 ZPO die anwaltliche Tätigkeit in diesen Verfahren mit dem erhöhten Gebührensatz nach Teil 3 Abschnitt 2 Unterabschnitt 2 VV RVG zu vergüten,[117] so dass Vorbemerkung 3.1 Abs. 2 entfallen konnte und stattdessen VV Vorbemerkung 3.2.2 Nr. 1 um Rechtsbeschwerde nach § 1050 ZPO ergänzt wurde.

3. Verfahrensgebühr VV 3100

97

Nr.	Gebührentatbestand	Gebühr oder Satz der Gebühr nach § 13 RVG
3100	Verfahrensgebühr, soweit in Nummer 3102 nichts anderes bestimmt ist .... (1) Die Verfahrensgebühr für ein vereinfachtes Verfahren über den Unterhalt Minderjähriger wird auf die Verfahrensgebühr angerechnet, die in dem nachfolgenden Rechtsstreit entsteht (§ 255 FamFG). *(2)* Die Verfahrensgebühr für ein Vermittlungsverfahren nach § 165 FamFG wird auf die Verfahrensgebühr für ein sich anschließendes Verfahren angerechnet.	1,3

98 Die bisherige Anmerkung 2 konnte entfallen, da die Anrechnung der Verfahrensgebühr nach Abstandnahme vom Urkunden- oder Wechselprozess oder nach einem Vorurteil nunmehr von der Instanz unabhängig in VV Vorbemerkung 3 Abs. 7 RVG geregelt wird. Die bisherige Anmerkung 3 wurde daher nunmehr zu Anmerkung 2.

116 BT-Drs. 19/23484, 85
117 BT-Drs. 19/23484, 85.

4. Beschränkte Verfahrensgebühr VV 3101 RVG

99

Nr.	Gebührentatbestand	Gebühr oder Satz der Gebühr nach § 13 RVG
3101	1. Endigt der Auftrag, bevor der Rechtsanwalt die Klage, den ein Verfahren einleitenden Antrag oder einen Schriftsatz, der Sachanträge, Sachvortrag, die Zurücknahme der Klage oder die Zurücknahme des Antrags enthält, eingereicht oder bevor er einen gerichtlichen Termin wahrgenommen hat; 2. soweit Verhandlungen vor Gericht zur Einigung der Parteien oder der Beteiligten oder mit Dritten über in diesem Verfahren nicht rechtshängige Ansprüche geführt werden; der Verhandlung über solche Ansprüche steht es gleich, wenn beantragt ist, eine Einigung zu Protokoll zu nehmen oder das Zustandekommen einer Einigung festzustellen (§ 278 Abs. 6 ZPO), *oder wenn eine Einigung dadurch erfolgt, dass die Beteiligten eine in der Form eines Beschlusses ergangenen Vorschlag schriftlich oder durch Erklärung zu Protokoll in der mündlichen Verhandlung gegenüber dem Gericht annehmen (§ 101 Abs. 1 Satz 2 SGG, § 106 Satz 2 VwGO)* 3. soweit in einer Familiensache, die nur die Erteilung einer Genehmigung oder die Zustimmung des Familiengerichts zum Gegenstand hat, oder in einem Verfahren der freiwilligen Gerichtsbarkeit lediglich ein Antrag gestellt und eine Entscheidung entgegengenommen wird, beträgt die Gebühr 3100 .... (1) Soweit in den Fällen der Nummer 2 der sich nach § 15 Abs. 3 RVG ergebende Gesamtbetrag der Verfahrensgebühren die Gebühr 3100 übersteigt, wird der übersteigende Betrag auf eine Verfahrensgebühr angerechnet, die wegen desselben Gegenstands in einer anderen Angelegenheit entsteht. (2) Nummer 3 ist in streitigen Verfahren der freiwilligen Gerichtsbarkeit, insbesondere in Verfahren nach dem Gesetz über das gerichtliche Verfahren in Landwirtschaftssachen, nicht anzuwenden.	0,8

Durch Art. 7 Nr. 9 des BUK Neuorganisationsgesetzes vom 19.10.2013[118] 100
wurde dem § 101 SGG ein Satz angefügt, wonach ein gerichtlicher Vergleich auch dadurch geschlossen werden kann, dass die Beteiligten ein in der Form eines Beschlusses ergangenen Vorschlag des Gerichts, des Vorsitzenden oder des Berichterstatters schriftlich oder durch Erklärung zu Protokoll in der mündlichen Verhandlung gegenüber dem Gericht annehmen. Eine gleiche Regelung enthält § 106 Satz 2 VwGO.[119] Nach VV 3101 Nr. 2 RVG steht es einer mündlichen Verhandlung über nicht rechtshängige Ansprüche gleich, wenn beantragt wird, eine Einigung zu Protokoll zu nehmen oder das Zustandekommen einer Einigung festzustellen (§ 278 Abs. 6 ZPO). Da die Regelung des SGG und der VwGO vergleichbare Fallgestaltungen betreffen, stellte der Gesetzgeber sie nunmehr dem Fall des § 278 Abs. 6 ZPO gleich.[120]

118 BGBl. 2013 I, S. 3836.
119 BT-Drs. 19/23484, 84.
120 BT-Drs. 19/23484, 84.

101 Eine dem Vergütungstatbestand VV 3101 Nr. 2 wörtlich entsprechende Regelung findet sich in VV 3201 Anmerkung Abs. 1 Satz 1 Nr. 2 RVG. Allerdings hat der Gesetzgeber dort anders als bei VV 3101 Nr. 2 RVG eine Ergänzung für den Fall, dass eine Einigung dadurch erfolgt, dass die Beteiligten einen in Form eines Beschlusses ergangenen Vorschlag schriftlich oder durch Erklärung zu Protokoll in der mündlichen Verhandlung gegenüber dem Gericht annehmen (§ 101 Abs. 1 Satz 2 SGG, § 106 Satz 2 VwGO) nicht vorgenommen. § 106 Satz 2 VwGO ist jedoch auch im Berufungsverfahren anwendbar.[121] § 101 SGG ist ebenfalls in der Rechtsmittelinstanz anwendbar.[122] Da kein Grund ersichtlich ist, weshalb die Regelungen von § 106 Satz 2 VwGO und § 101 Abs. 1 Satz 1 SGG nicht auch in der Berufungsinstanz der Feststellung des Zustandekommens einer Einigung gemäß § 278 VI ZPO gleichzustellen sind, ist VV 3201 Anmerkung Abs. 1 Satz 1 Nr. 2 erweiternd auszulegen.

5. Verfahrensgebühr für Verfahren vor den Sozialgerichten, in denen Betragsrahmengebühren entstehen (§ 3 RVG, VV 3102)

102

Nr.	Gebührentatbestand	Gebühr oder Satz der Gebühr nach § 13 RVG
3102	Verfahrensgebühr für Verfahren vor den Sozialgerichten, in denen Betragsrahmengebühren entstehen (§ 3 RVG)	*60,00 bis 660,00 €*

103 In Umsetzung der Zielvorgabe, die Gebühren linear um 10 % zu erhöhen und im Bereich der sozialrechtlichen Mandate um weitere 10 %, wurden bei der Verfahrensgebühr die Rahmen auf 60 – 660 EUR erhöht, Mittelgebühr nunmehr 360 EUR.[123]

121 OVG Münster Beschl. v. 31.7.2017 – 19 A 2368/15 = BeckRS 2017, 120447; Seibert in Sodan/Ziekow, VwGO, 5. Aufl. 2018, VwGO § 125 Rn. 33.
122 B. Schmidt in Meyer/Ladewig/Keller/Leitherer/Schmidt, SGG 13. Aufl. 2020, SGG § 101 Rn. 5.
123 BT-Drs. 19/23484, 44.

6. Fiktive Terminsgebühr für jede Art von Einigung

Nr.	Gebührentatbestand	Gebühr oder Satz der Gebühr nach § 13 RVG
3104	Terminsgebühr, soweit in Nummer 3106 nichts anderes bestimmt ist .... (1) Die Gebühr entsteht auch, wenn 1. in einem Verfahren, für das mündliche Verhandlung vorgeschrieben ist, im Einverständnis mit den Parteien oder Beteiligten oder gemäß § 307 oder § 495 a ZPO ohne mündliche Verhandlung entschieden oder in einem solchen Verfahren *mit oder ohne Mitwirkung des Gerichts ein Vertrag im Sinne der Nr. 1000 geschlossen wird oder eine Erledigung der Rechtssache im Sinne der Nr. 1002 eingetreten ist,* 2. nach § 84 Abs. 1 Satz 1 VwGO oder § 105 Abs. 1 Satz 1 SGG durch Gerichtsbescheid entschieden wird und eine mündliche Verhandlung beantragt werden kann oder 3. das Verfahren vor dem Sozialgericht, für das mündliche Verhandlung vorgeschrieben ist, nach angenommenem Anerkenntnis ohne mündliche Verhandlung endet. (2) ... (3) ... (4) ...	1,2

104

Mit der Ergänzung in Abs. 1 Nr. 1 der Anmerkung zu VV 3104 korrigiert der Gesetzgeber eine Fehlentwicklung in der Rechtsprechung. So fällt in einem Verfahren, für das mündliche Verhandlung vorgeschrieben ist, eine fiktive Terminsgebühr auch dann an, wenn in einem solchen Verfahren ein schriftlicher Vergleich geschlossen wird. Dabei ist in der Rechtsprechung der ordentlichen Gerichtsbarkeit anerkannt, dass insoweit ein privatschriftlicher Vergleich genügt und eine gerichtliche Protokollierung oder Feststellung nach § 278 Abs. 6 ZPO nicht erforderlich ist.[124] 105

Insbesondere in der Sozialgerichtsbarkeit[125] aber auch in der Verwaltungsgerichtsbarkeit[126] wird die Auffassung vertreten, dass eine fiktive Terminsgebühr in dieser Konstellation nur dann entstehen kann, wenn der Vergleich (nach § 101 Abs. 1 Satz 2 SGG oder § 106 Satz 2 VwGO) unter Mitwirkung oder Veranlassung des Gerichts geschlossen wird. 106

Durch die Änderung, dass nunmehr die Gebühr auch dann entsteht, wenn mit oder ohne Mitwirkung des Gerichts ein Vertrag im Sinne der Nr. 1000 geschlossen wird oder eine Erledigung der Rechtssache im Sinn der Nr. 1002 eingetreten ist, stellt der Gesetzgeber klar, dass in allen Fällen, in denen dem 107

---

124 BT-Drs. 19/23484, 84; BGH BeckRS 2020, 14129 mAnm Mayer FD-RVG 2020, 43038; BGH NJW 2006, 157.

125 LSG NRW BeckRS 2018, 6500 mAnm Mayer FD-RVG 2018, 405438; BayLSG BeckRS 2016, 74678 = AGS 2017, 114 mAnm Mayer FD-RVG 2017, 384749; SächsLSG BeckRS 2017, 119807 mAnm Mayer FD-RVG 2017, 394326.

126 OVG Bln-Bbg BeckRS 2017, 131830 mAnm Mayer FD-RVG 2017, 398568.

Rechtsanwalt eine Einigungs- und Erledigungsgebühr zusteht, also auch bei einem privatschriftlichen Vergleich, die fiktive Terminsgebühr entsteht, wenn diese Einigung und Erledigung in einem Verfahren erfolgt, für das mündliche Verhandlung vorgeschrieben ist.[127] Der Gesetzgeber greift in diesem Zusammenhang nicht mehr auf den Begriff „Vergleich" zurück, sondern nimmt auf einen Vertrag nach VV 1000 RVG Bezug, so dass die Regelung gewährleistet, dass nur eine solche Einigung eine fiktive Terminsgebühr auslöst, die auch den Gebührentatbestand der Nummer VV 1000 RVG erfüllt.[128] Nach Auffassung des Gesetzgebers entspricht die Regelung auch einem dem anwaltlichen Vergütungsrecht zugrunde liegenden Grundgedanken, Rechtsanwältinnen und Rechtsanwälten gebührenrechtliche Anreize dafür zu gewähren, dass sie zur Vermeidung oder Erledigung von Rechtsstreitigkeiten beitragen und damit dem Gericht Aufwand ersparen. Eine Beschränkung des Anfalls der fiktiven Terminsgebühr auf die Fälle des gerichtlichen Vergleichs läuft dieser Zielsetzung zuwider. Sie bietet vielmehr einen Anreiz, einen schriftlichen Vergleich nur vor Gericht abzuschließen und verursacht damit dem Gericht letztlich Mehrarbeit.[129]

7. Erhöhung der Terminsgebühr VV 3106

108

Nr.	Gebührentatbestand	Gebühr oder Satz der Gebühr nach § 13 RVG
3106	Terminsgebühr in Verfahren vor den Sozialgerichten, in denen Betragsrahmengebühren entstehen (§ 3 RVG) .... Die Gebühr entsteht auch, wenn 1. in einem Verfahren, für das mündliche Verhandlung vorgeschrieben ist, im Einverständnis mit den Parteien ohne mündliche Verhandlung entschieden oder in einem solchen Verfahren *mit oder ohne Mitwirkung des Gerichts ein Vertrag im Sinne der Nr. 1000 geschlossen wird oder eine Erledigung der Rechtssache im Sinne der Nr. 1002 eingetreten ist* 2. nach § 105 Abs. 1 Satz 1 SGG durch Gerichtsbescheid entschieden wird und eine mündliche Verhandlung beantragt werden kann oder 3. das Verfahren, für das mündliche Verhandlung vorgeschrieben ist, nach angenommener Anerkenntnis ohne mündliche Verhandlung endet. In den Fällen des Satzes 1 beträgt die Gebühr 90 % der in derselben Angelegenheit dem Rechtsanwalt zustehenden Verfahrensgebühr ohne Berücksichtigung einer Erhöhung nach Nummer 1008.	*60,00 bis 610,00 €*

109 Entsprechend der Zielsetzung, die Gebühren im Bereich der sozialrechtlichen Mandate um 20 % anzuheben, wurden die Betragsrahmen auf 60–610 EUR,

127 BT-Drs. 19/23484, 84.
128 BT-Drs. 19/23484, 84 f.
129 BT-Drs. 19/23484, 85.

Mittelgebühr 335 EUR angehoben. Ebenso wurde in der Anmerkung Satz 1 Nr. 1 die Klarstellung aufgenommen, dass die fiktive Terminsgebühr stets dann anfällt, wenn eine Einigung im Sinne der Nr. 1000 VV oder eine Erledigung im Sinne der Nr. 1002 VV RVG gegeben ist und es nicht darauf ankommt, dass eine gerichtliche Protokollierung oder Mitwirkung stattgefunden hat.[130]

8. Änderungen in Abschnitt 2 von Teil 3 VV

a) Vorbemerkung und Unterabschnitt 1

Vorbemerkung 3.2: 110

(1) Dieser Abschnitt ist auch in Verfahren vor dem Rechtsmittelgericht über die Zulassung des Rechtsmittels anzuwenden.

(2) Wenn im Verfahren auf Anordnung eines Arrests, zur Erwirkung eines Europäischen Beschlusses zur vorläufigen Kontenpfändung oder auf Erlass einer einstweiligen Verfügung sowie im Verfahren über die Aufhebung, der Widerruf oder die Abänderung der genannten Entscheidungen das Rechtsmittelgericht als Gericht der Hauptsache anzusehen ist (§ 943, auch i.V.m. § 946 Abs. 1 Satz 2 ZPO), bestimmen sich die Gebühren nach den für die erste Instanz geltenden Vorschriften. Dies gilt entsprechend im Verfahren der einstweiligen Anordnung und im Verfahren auf Anordnung oder Wiederherstellung der aufschiebenden Wirkung, auf Aussetzung oder Aufhebung der Vollziehung oder Anordnung der sofortigen Vollziehung eines Verwaltungsakts. Satz 1 gilt ferner entsprechend in Verfahren über einen Antrag nach § 169 *Abs.* 2 Satz 5 und 6, § 173 *Abs.* 1 Satz 3 oder nach § 176 GWB.

Nr.	Gebührentatbestand	Gebühr oder Satz der Gebühr nach § 13 RVG
3204	Verfahrensgebühr für Verfahren vor den Landessozialgerichten, in denen Betragsrahmengebühren entstehen (§ 3 RVG)	*72,00 bis 816,00 €*
3205	Terminsgebühr in Verfahren vor den Landessozialgerichten, in denen Betragsrahmengebühren entstehen (§ 3 RVG) .... Satz 1 Nr. 1 und 3 der Anmerkung zu Nummer 3106 gilt entsprechend. In den Fällen des Satzes 1 beträgt die Gebühr 75 % der in derselben Angelegenheit dem Rechtsanwalt zustehenden Verfahrensgebühr ohne Berücksichtigung einer Erhöhung nach Nummer 1008.	*60,00 bis 610,00 €*

Teil 3 Abschnitt 2 RVG war nur von wenigen Änderungen betroffen.

In Vorbemerkung 3.2 Abs. 2 Satz 3 wurde die Schreibweise der üblichen Abgrenzungsmethodik des Vergütungsverzeichnisses angepasst.[131] Bei der Verfahrensgebühr VV 3204 für Verfahren vor dem Landessozialgericht, in denen Betragsrahmengebühren entstehen, erhöhte sich der Rahmen auf 72–816 EUR, Mittelgebühr 444 EUR. Bei der Terminsgebühr VV 3205 RVG in Verfahren vor dem Landessozialgericht, in den Betragsrahmengebühren entstehen, erhöhte sich der Rahmen auf 60–610 EUR, Mittelgebühr 335 EUR. 111

130 Siehe oben Rn. 105 ff.
131 BT-Drs. 19/23484, 85.

b) Änderungen in Unterabschnitt 2

112 *Vorbemerkung 3.2.2:*

Dieser Unterabschnitt ist auch anzuwenden in Verfahren

1. über Rechtsbeschwerden

a) in den in der Vorbemerkung 3.2.1 Nr. 2 genannten Fällen,

b) nach § 20 KapMuG *und*

c) nach § 1065 ZPO,

2. vor dem Bundesgerichtshof über Berufungen, Beschwerden oder Rechtsbeschwerden gegen Entscheidungen des Bundespatentgerichts und

3. vor dem Bundesfinanzhof über Beschwerden nach § 128 Abs. 3 FGO.

113 In Vorbemerkung 3.2.2 Nr. 1 wurde die Rechtsbeschwerde nach § 1065 ZPO Nummer eingestellt. Auf die Erläuterungen unter → Rn. 96 wird Bezug genommen.

114

Nr.	Gebührentatbestand	Gebühr oder Satz der Gebühr nach § 13 RVG
3212	Verfahrensgebühr für Verfahren vor dem Bundessozialgericht, in denen Betragsrahmengebühren entstehen (§ 3 RVG)	*96,00 bis 1.056,00 €*
3213	Terminsgebühr in Verfahren vor dem Bundessozialgericht, in denen Betragsrahmengebühren entstehen (§ 3 RVG) .... Satz 1 Nr. 1 und 3 sowie Satz 2 der Anmerkung zu Nummer 3106 gelten entsprechend.	*96,00 bis 990,00 €*

115 Bei der Verfahrensgebühr für Verfahren vor dem Bundessozialgericht, in denen Betragsrahmengebühren entstehen, VV 3212 RVG, wurde der Rahmen auf 96 – 1.056 EUR, Mittelgebühr 576 EUR erhöht, bei der Terminsgebühr in Verfahren vor dem Bundessozialgericht, VV 3213 gilt der neue Rahmen, 96 – 990 EUR, Mittelgebühr 543 EUR.

c) Änderungen in Unterabschnitt 6

116

Nr.	Gebührentatbestand	Gebühr oder Satz der Gebühr nach § 13 RVG
3325	Verfahrensgebühr für Verfahren nach § 148 Abs. 1 und 2, *nach § 246 a des Aktiengesetzes (auch i. V. m. § 20 Abs. 3 S. 4 SchVG), nach § 319 Abs. 6 des Aktiengesetzes (auch i. V. m. § 327 e Abs. 2 des Aktiengesetzes)* oder nach § 16 Abs. 3 UmwG.	0,75

Nr.	Gebührentatbestand	Gebühr oder Satz der Gebühr nach § 13 RVG
3330	Verfahrensgebühr für Verfahren über eine Rüge wegen Verletzung des Anspruchs auf rechtliches Gehör	in Höhe der Verfahrensgebühr für das Verfahren, in dem die Rüge erhoben wird, höchstens 0,5, bei Betragsrahmengebühren höchstens *260,00 €*
3331	Terminsgebühr in Verfahren über eine Rüge wegen Verletzung des Anspruchs auf rechtliches Gehör	in Höhe der Terminsgebühr für das Verfahren, in dem die Rüge erhoben wird, höchstens 0,5, bei Betragsrahmengebühren höchstens *260,00 €*
3335	Verfahrensgebühr für das Verfahren über die Prozesskostenhilfe ...	in Höhe der Verfahrensgebühr für das Verfahren, für das die Prozesskostenhilfe beantragt wird, höchstens 1,0, bei Betragsrahmengebühren höchstens *500,00 €*

In Unterabschnitt 6 wurde der Anwendungsbereich des Vergütungstatbestandes VV 3325 RVG erweitert. Durch die Änderung in VV 3325 RVG wird die Anwendung der Gebührenregelung auf die Verfahren nach dem Schuldverschreibungsgesetz ausdrücklich geregelt. So sollen nach dem Willen des Gesetzgebers in Verfahren nach § 20 Abs. 3 Satz 4 SchVG Rechtsanwältinnen und Rechtsanwälten die gleichen Gebühren zustehen wie in Verfahren nach § 246 a des Aktiengesetzes, da diese Vorschrift in den vorgenannten Verfahren nach dem Schuldverschreibungsgesetz weitestgehend entsprechend gilt.[132] 117

Im Zusammenhang mit der Erhöhung der Gebühren für die sozialrechtlichen Mandate wurden bei VV 3330 der Anrechnungshöchstbetrag auf 260 EUR, bei der Terminsgebühr VV 3331 ebenfalls auf 260 EUR und bei der Verfahrensgebühr VV 3335 auf 500 EUR erhöht.[133] 118

132 BT-Drs. 19/23484, 85 f.
133 BT-Drs. 19/23484, 86.

9. Änderungen in Abschnitten 4 und 5

119

Nr.	Gebührentatbestand	Gebühr oder Satz der Gebühr nach § 13 RVG
3400	Der Auftrag beschränkt sich auf die Führung des Verkehrs der Partei oder des Beteiligten mit dem Verfahrensbevollmächtigten: Verfahrensgebühr	in Höhe der dem Verfahrensbevollmächtigten zustehenden Verfahrensgebühr, höchstens 1,0, bei Betragsrahmengebühren höchstens *500,00 €*
3405	Endet der Auftrag 1. im Fall der Nummer 3400, bevor der Verfahrensbevollmächtigte beauftragt oder der Rechtsanwalt gegenüber dem Verfahrensbevollmächtigten tätig geworden ist, 2. im Fall der Nummer 3401, bevor der Termin begonnen hat: Die Gebühren 3400 und 3401 betragen .... Im Fall der Nummer 3403 gilt die Vorschrift entsprechend.	höchstens 0,5, bei Betragsrahmengebühren höchstens *250,00 €*
3406	Verfahrensgebühr für sonstige Einzeltätigkeiten in Verfahren vor Gerichten der Sozialgerichtsbarkeit, wenn Betragsrahmengebühren entstehen (§ 3 RVG) .... Die Anmerkung zu Nummer 3403 gilt entsprechend.	*36,00 bis 408,00 €*
3501	Verfahrensgebühr für Verfahren vor den Gerichten der Sozialgerichtsbarkeit über die Beschwerde und die Erinnerung, wenn in den Verfahren Betragsrahmengebühren entstehen (§ 3 RVG), soweit in diesem Abschnitt keine besonderen Gebühren bestimmt sind	*24,00 bis 250,00 €*
3511	Verfahrensgebühr für das Verfahren über die Beschwerde gegen die Nichtzulassung der Berufung vor dem Landessozialgericht, wenn Betragsrahmengebühren entstehen (§ 3 RVG) .... Die Gebühr wird auf die Verfahrensgebühr für ein nachfolgendes Berufungsverfahren angerechnet.	*72,00 bis 816,00 €*
3512	Verfahrensgebühr für das Verfahren über die Beschwerde gegen die Nichtzulassung der Revision vor dem Bundessozialgericht, wenn Betragsrahmengebühren entstehen (§ 3 RVG) .... Die Gebühr wird auf die Verfahrensgebühr für ein nachfolgendes Revisionsverfahren angerechnet.	*96,00 bis 1.056,00 €*
3515	Terminsgebühr in den in Nummer 3501 genannten Verfahren	*24,00 bis 250,00 €*
3517	Terminsgebühr in den in Nummer 3511 genannten Verfahren	*60,00 bis 610,00 €*
3518	Terminsgebühr in den in Nummer 3512 genannten Verfahren	*72,00 bis 792,00 €*

120 Die Abschnitte 4 und 5 von Teil 3 waren lediglich von den Gebührenerhöhungen der Betragsrahmengebühren und in zwei Fällen mit der Gebührenerhöhung in Zusammenhang stehenden Anpassung der Höchstwerte betroffen.

So wurde bei VV 3400 der Höchstwert von 420 auf 500 EUR, bei VV 3405 von 210 auf 250 erhöht.

- Für die Verfahrensgebühr VV 3406 RVG gilt nunmehr ein Rahmen von 36–408 EUR, Mittelgebühr 222 EUR,
- für die Verfahrensgebühr VV 3501 ein Rahmen von 24–250 EUR Mittelgebühr 137 EUR,
- für die Verfahrensgebühr VV 3511 ein Rahmen von 72–816 EUR, Mittelgebühr 444 EUR,
- für die Verfahrensgebühr VV 3512 RVG ein Rahmen von 96–1.056 EUR, Mittelgebühr 576 EUR,
- für die Terminsgebühr VV 3515 ein Rahmen von 24–250 EUR, Mittelgebühr 137 EUR,
- für die Terminsgebühr VV 3517 ein Rahmen von 60–610 EUR, Mittelgebühr 335 EUR und
- für die Terminsgebühr VV 3518 ein Rahmen von 72–792 EUR, Mittelgebühr 432 EUR.

IV. Änderungen in Teil 4 VV

1. Redaktionelle Änderungen in Vorbemerkung 4

Vorbemerkung 4: 121

(1) Für die Tätigkeit als Beistand oder Vertreter eines Privatklägers, eines Nebenklägers, eines Einziehungs- oder Nebenbeteiligten, eines Verletzten, eines Zeugen oder Sachverständigen und im Verfahren nach dem Strafrechtlichen Rehabilitierungsgesetz sind die Vorschriften *dieses Teils* entsprechend anzuwenden.

Der Gesetzgeber nahm in Vorbemerkung 4 Abs. 1 mit der Ergänzung der Worte „dieses Teils" eine rein redaktionelle Änderung vor und schlug damit die Verbindung zu der in VV Vorbemerkung 5 Abs. 1 RVG vorgenommenen Änderung (näher → Rn. 138 ff.).[134] 122

2. Berücksichtigung von Pausen und Unterbrechungen bei der Berechnung des Längenzuschlags

Vorbemerkung 4.1: 123

(1) Dieser Abschnitt ist auch anzuwenden auf die Tätigkeit im Verfahren über die im Urteil vorbehaltene Sicherungsverwahrung und im Verfahren über die nachträgliche Anordnung der Sicherungsverwahrung.

134 BT-Drs. 19/23484, 86.

(2) Durch die Gebühren wird die gesamte Tätigkeit als Verteidiger entgolten. Hierzu gehören auch Tätigkeiten im Rahmen des Täter-Opfer-Ausgleichs, soweit der Gegenstand nicht vermögensrechtlich ist.

(3) *Kommt es für eine Gebühr auf die Dauer der Teilnahme an der Hauptverhandlung an, so sind auch Wartezeiten und Unterbrechungen an einem Hauptverhandlungstag als Teilnahme zu berücksichtigen. Dies gilt nicht für Wartezeiten und Unterbrechungen, die der Rechtsanwalt zu vertreten hat, sowie für Unterbrechungen von jeweils mindestens einer Stunde, soweit diese unter Angabe einer konkreten Dauer der Unterbrechung oder eines Zeitpunkts der Fortsetzung der Hauptverhandlung angeordnet wurden.*

124 Mit der Ergänzung von Vorbemerkung 4.1 um Abs. 3 bereinigt der Gesetzgeber ein Anwendungsproblem des Längenzuschlags, welches in der Rechtsprechung zu zahlreichen, auch unterschiedlichen Entscheidungen geführt hatte. So erhalten gerichtlich bestellte oder beigeordnete Rechtsanwältinnen und Rechtsanwälte, wenn sie an einem Verhandlungstag mehr als fünf oder acht Stunden an der Hauptverhandlung teilnehmen, neben der Terminsgebühr eine zusätzliche Gebühr (den sogenannten Längenzuschlag nach den Nr. 4110, 4111, 4116, 4117, 4122, 4123, 4128, 4129, 4134 und 4135 RVG). Bei der Berechnung der für den Längenzuschlag maßgebenden Dauer der Hauptverhandlung gibt es zahlreiche Zweifelsfragen und umfangreiche zum Teil kleinteilige Rechtsprechung.[135]

125 Nach der Neuregelung gilt, dass grundsätzlich die Zeit der Unterbrechung am Hauptverhandlungstag als Teilnahme zu berücksichtigen ist, wenn es für eine Gebühr auf die Dauer der Teilnahme der Hauptverhandlung ankommt. Dies gilt jedoch nicht für Wartezeiten und Unterbrechungen, die der Rechtsanwalt zu vertreten hat, sowie für Unterbrechungen von jeweils mindestens einer Stunde, soweit diese unter Angabe einer konkreten Dauer der Unterbrechung oder eines Zeitpunkts der Fortsetzung der Hauptverhandlung angeordnet wurden.

126 Dabei ließ sich der Gesetzgeber von der Erwägung leiten, dass weitgehende Einigkeit darüber bestehe, dass es für den Beginn der Hauptverhandlung nicht auf deren tatsächlichen, unter Umständen verzögerten Beginn ankommt, sondern auf den Zeitpunkt, zu dem die Rechtsanwältin oder der Rechtsanwalt geladen und tatsächlich erschienen ist.[136]

127 Ob Sitzungspausen abzuziehen seien, werde nicht einheitlich beantwortet. Einigkeit bestehe, dass kurze Unterbrechungen der Hauptverhandlung nicht abgezogen werden. Müsse sich die Rechtsanwältin oder der Rechtsanwalt in Bereitschaft halten, unterbreche etwa das Gericht die Hauptverhandlung für eine Beratung über einen Antrag, wird auch diese Zeit als Hauptverhandlungsdauer anerkannt, auch wenn formal während der Unterbrechung eine

135 BT-Drs. 19/23484, 86; siehe zur Kasuistik näher Burhoff in Gerold/Schmidt, RVG, 24. Aufl. 2019, VV 4108 Rn. 28 mit zahlreichen Nachweisen.

136 BT-Drs. 19/23484, 86.

Hauptverhandlung nicht stattfinde. Bezüglich derjenigen Fälle, in denen die Sitzung für eine Pause unterbrochen werde, in der sich die Beteiligten regelmäßig aus dem Gerichtssaal entfernten und daher nicht mehr zur Verfügung stünden, bestehe Uneinigkeit, unter welchen Voraussetzungen diese Pausen zur Sitzungsdauer zählen. Von der wohl überwiegenden Zahl der Oberlandesgerichte werde eine Sitzungspause abgezogen, wenn die Rechtsanwältin oder der Rechtsanwalt sie sinnvoll nutzen könne, dabei brächten einige Gerichte grundsätzlich Sitzungspausen ab einer Stunde Dauer in Abzug.[137]

Auf dieser Grundlage schlägt der Gesetzgeber eine generalisierende Regelung vor, die eine einfache Feststellung ermöglichen soll, ob der Tatbestand erfüllt ist. Grundsätzlich sollen Wartezeiten und Unterbrechungen während eines Hauptverhandlungstags als Teilnahme an der Hauptverhandlung berücksichtigt werden. Dies soll nur dann nicht gelten, wenn die Rechtsanwältin oder der Rechtsanwalt die Wartezeit oder die Unterbrechung zu vertreten hat oder wenn die Unterbrechung mindestens eine Stunde dauert.[138] 128

Nach Auffassung des Gesetzgebers ist die Berücksichtigung von Wartezeiten, die Rechtsanwältinnen und Rechtsanwälte nicht zu vertreten haben, schon deshalb folgerichtig, weil nach Vorbemerkung 4 Abs. 3 Satz 2 RVG die Terminsgebühr auch entsteht, wenn Rechtsanwältinnen und Rechtsanwälte zu einem anberaumten Termin erscheinen, der Termin aber aus von ihnen nicht zu vertretenden Gründen nicht stattfindet.[139] 129

Hinsichtlich der Unterbrechungen am Verhandlungstag erschien dem Gesetzgeber eine Nichtberücksichtigung einer Dauer von einer Stunde sachgerecht. Dabei solle es jeweils auf die Dauer der einzelnen Unterbrechung, nicht auf die Gesamtdauer der Unterbrechungen an einem Verhandlungstag ankommen. Die Bewertung, ob eine Rechtsanwältin oder ein Rechtsanwalt eine Unterbrechung (etwa die Mittagspause) sinnvoll nutzen könne, sei weder dem Urkundsbeamten der Geschäftsstelle, noch dem Gericht möglich. Es solle daher nicht darauf ankommen, ob die Rechtsanwältin oder der Rechtsanwalt die Pause im konkreten Einzelfall sinnvoll genutzt hat oder überhaupt nutzen konnte. Eine sinnvolle Nutzung einer Unterbrechung sei indes nur möglich, wenn die Rechtsanwältin oder der Rechtsanwalt bei der Anordnung der Unterbrechung den Zeitraum kenne.[140] Die Nichtberücksichtigung einer mindestens einstündigen Unterbrechung solle daher dann nicht erfolgen, wenn der oder die Vorsitzende die Hauptverhandlung für unbestimmte Zeit unterbreche. Nur der angekündigte Zeitraum der Unterbre- 130

137 BT-Drs. 19/23484, 86.
138 BT-Drs. 19/23484, 86.
139 BT-Drs. 19/23484, 86.
140 BT-Drs. 19/23484, 86.

chung solle nicht als Teilnahme an der Hauptverhandlung berücksichtigt werden. Werde eine Unterbrechung von 90 Minuten angeordnet, erfolge die Fortsetzung der Verhandlung aber – aus von der Rechtsanwältin oder dem Rechtsanwalt nicht zu vertretenden Gründen – erst nach zwei Stunden, so sollten lediglich 90 Minuten als nicht berücksichtigungsfähig gelten. Über die restlichen 30 Minuten könne die Rechtsanwältin oder der Rechtsanwalt regelmäßig nicht mehr frei verfügen, sondern müsse sich für die Fortsetzung der Hauptverhandlung bereithalten. Diese Situation sei vergleichbar mit einer Wartezeit aufgrund eines verspäteten Sitzungsbeginns.[141]

131 **Beispiel:** Der Vorsitzende unterbricht die Hauptverhandlung um 12:00 Uhr bis 13:00 Uhr.

Der Hauptverhandlung wird aber erst um 13:30 Uhr fortgesetzt.

Die Zeit von 13:00 bis 13:30 Uhr zählt daher für die Berechnung des Längenzuschlags mit.

Nicht geregelt hat der Gesetzgeber die Fallgestaltung, wie der Längenzuschlag zu berechnen ist, wenn beispielsweise der Verteidiger die von 12:00 bis 13:00 Uhr angeordnete Mittagspause dazu genutzt hat, einen Befangenheitsantrag zu erstellen. Sinn und Zweck des Längenzuschlags dürfte dann dafür sprechen auch diese Zeit bei der Berechnung des Längenzuschlags einzuberechnen.[142]

132 Unterbrechungen sollen nach Auffassung des Gesetzgebers indes nicht als Teilnahme an der Hauptverhandlung zu berücksichtigen sein, wenn die Rechtsanwältin oder der Rechtsanwalt die Unterbrechung zu vertreten habe. Werde beispielsweise die Sitzung auf Antrag der Rechtsanwältin oder des Rechtsanwalts nur unterbrochen, weil eine Besprechung mit dem Mandanten erforderlich sei, handle es sich insoweit um einen Vorbereitungsaufwand für den (fortzusetzenden) Termin, der bereits über die Grundterminsgebühr (ohne Längszuschlag) abgegolten werde.[143]

3. Erhöhung der Betragsrahmengebühren in Teil 4 VV – Strafsachen

133

Nr.	Gebührentatbestand	Gebühr oder Satz der Gebühr nach § 13 oder § 49 RVG	
		Wahlanwalt	gerichtlich bestellter oder beigeordneter Rechtsanwalt
4100	Grundgebühr .... (1) Die Gebühr entsteht neben der Verfahrensgebühr für die erstmalige Einarbeitung in den Rechtsfall nur einmal, unabhängig davon, in welchem Verfahrensabschnitt sie erfolgt.	*44,00 bis 396,00 €*	*176,00 €*

141 BT-Drs. 19/23484, 86 f.
142 Siehe hierzu näher Burhoff in Gerold/Schmidt, RVG, 24. Aufl. 2019, VV 4108 – 4111 RVG, Rn. 26.
143 BT-Drs. 19/23484, 87.

Nr.	Gebührentatbestand	Gebühr oder Satz der Gebühr nach § 13 oder § 49 RVG	
		Wahlanwalt	gerichtlich bestellter oder beigeordneter Rechtsanwalt
	(2) Eine wegen derselben Tat oder Handlung bereits entstandene Gebühr 5100 ist anzurechnen.		
4101	Gebühr 4100 mit Zuschlag	*44,00 bis 495,00 €*	*216,00 €*
4102	Terminsgebühr für die Teilnahme an 1. richterlichen Vernehmungen und Augenscheinseinnahmen, 2. Vernehmungen durch die Staatsanwaltschaft oder eine andere Strafverfolgungsbehörde, 3. Terminen außerhalb der Hauptverhandlung, in denen über die Anordnung oder Fortdauer der Untersuchungshaft oder der einstweiligen Unterbringung verhandelt wird, 4. Verhandlungen im Rahmen des Täter-Opfer-Ausgleichs sowie 5. Sühneterminen nach § 380 StPO .... Mehrere Termine an einem Tag gelten als ein Termin. Die Gebühr entsteht im vorbereitenden Verfahren und in jedem Rechtszug für die Teilnahme an jeweils bis zu drei Terminen einmal.	*44,00 bis 330,00 €*	*150,00 €*
4103	Gebühr 4102 mit Zuschlag	*44,00 bis 413,00 €*	*183,00 €*

Unterabschnitt 2. Vorbereitendes Verfahren

Vorbemerkung 4.1.2:

Die Vorbereitung der Privatklage steht der Tätigkeit im vorbereitenden Verfahren gleich.

4104	Verfahrensgebühr .... Die Gebühr entsteht für eine Tätigkeit in dem Verfahren bis zum Eingang der Anklageschrift, des Antrags auf Erlass eines Strafbefehls bei Gericht oder im beschleunigten Verfahren bis zum Vortrag der Anklage, wenn diese nur mündlich erhoben wird.	*44,00 bis 319,00 €*	*145,00 €*
4105	Gebühr 4104 mit Zuschlag	*44,00 bis 399,00 €*	*177,00 €*

Unterabschnitt 3. Gerichtliches Verfahren

Erster Rechtszug

4106	Verfahrensgebühr für den ersten Rechtszug vor dem Amtsgericht	*44,00 bis 319,00 €*	*145,00 €*

Nr.	Gebührentatbestand	Gebühr oder Satz der Gebühr nach § 13 oder § 49 RVG	
		Wahlanwalt	gerichtlich bestellter oder beigeordneter Rechtsanwalt
4107	Gebühr 4106 mit Zuschlag	*44,00 bis 399,00 €*	*177,00 €*
4108	Terminsgebühr je Hauptverhandlungstag in den in Nummer 4106 genannten Verfahren	*77,00 bis 528,00 €*	*242,00 €*
4109	Gebühr 4108 mit Zuschlag	*77,00 bis 660,00 €*	*295,00 €*
4110	Der gerichtlich bestellte oder beigeordnete Rechtsanwalt nimmt mehr als 5 und bis 8 Stunden an der Hauptverhandlung teil: Zusätzliche Gebühr neben der Gebühr 4108 oder 4109		*121,00 €*
4111	Der gerichtlich bestellte oder beigeordnete Rechtsanwalt nimmt mehr als 8 Stunden an der Hauptverhandlung teil: Zusätzliche Gebühr neben der Gebühr 4108 oder 4109		*242,00 €*
4112	Verfahrensgebühr für den ersten Rechtszug vor der Strafkammer .... Die Gebühr entsteht auch für Verfahren 1. vor der Jugendkammer, soweit sich die Gebühr nicht nach Nummer 4118 bestimmt, 2. im Rehabilitierungsverfahren nach Abschnitt 2 StrRehaG.	*55,00 bis 352,00 €*	*163,00 €*
4113	Gebühr 4112 mit Zuschlag	*55,00 bis 440,00 €*	*198,00 €*
4114	Terminsgebühr je Hauptverhandlungstag in den in Nummer 4112 genannten Verfahren	*88,00 bis 616,00 €*	*282,00 €*
4115	Gebühr 4114 mit Zuschlag	*88,00 bis 770,00 €*	*343,00 €*
4116	Der gerichtlich bestellte oder beigeordnete Rechtsanwalt nimmt mehr als 5 und bis 8 Stunden an der Hauptverhandlung teil: Zusätzliche Gebühr neben der Gebühr 4114 oder 4115		*141,00 €*
4117	Der gerichtlich bestellte oder beigeordnete Rechtsanwalt nimmt mehr als 8 Stunden an der Hauptverhandlung teil: Zusätzliche Gebühr neben der Gebühr 4114 oder 4115		*282,00 €*

Nr.	Gebührentatbestand	Gebühr oder Satz der Gebühr nach § 13 oder § 49 RVG	
		Wahlanwalt	gerichtlich bestellter oder beigeordneter Rechtsanwalt
4118	Verfahrensgebühr für den ersten Rechtszug vor dem Oberlandesgericht, dem Schwurgericht oder der Strafkammer nach den §§ 74 a und 74 c GVG .... Die Gebühr entsteht auch für Verfahren vor der Jugendkammer, soweit diese in Sachen entscheidet, die nach den allgemeinen Vorschriften zur Zuständigkeit des Schwurgerichts gehören.	*110,00 bis 759,00 €*	*348,00 €*
4119	Gebühr 4118 mit Zuschlag	*110,00 bis 949,00 €*	*424,00 €*
4120	Terminsgebühr je Hauptverhandlungstag in den in Nummer 4118 genannten Verfahren	*143,00 bis 1.023,00 €*	*466,00 €*
4121	Gebühr 4120 mit Zuschlag	*143,00 bis 1.279,00 €*	*569,00 €*
4122	Der gerichtlich bestellte oder beigeordnete Rechtsanwalt nimmt mehr als 5 und bis 8 Stunden an der Hauptverhandlung teil: Zusätzliche Gebühr neben der Gebühr 4120 oder 4121		*233,00 €*
4123	Der gerichtlich bestellte oder beigeordnete Rechtsanwalt nimmt mehr als 8 Stunden an der Hauptverhandlung teil: Zusätzliche Gebühr neben der Gebühr 4120 oder 4121		*466,00 €*
Berufung			
4124	Verfahrensgebühr für das Berufungsverfahren .... Die Gebühr entsteht auch für Beschwerdeverfahren nach § 13 StrRehaG.	*88,00 bis 616,00 €*	*282,00 €*
4125	Gebühr 4124 mit Zuschlag	*88,00 bis 770,00 €*	*343,00 €*
4126	Terminsgebühr je Hauptverhandlungstag im Berufungsverfahren .... Die Gebühr entsteht auch für Beschwerdeverfahren nach § 13 StrRehaG.	*88,00 bis 616,00 €*	*282,00 €*
4127	Gebühr 4126 mit Zuschlag	*88,00 bis 770,00 €*	*343,00 €*
4128	Der gerichtlich bestellte oder beigeordnete Rechtsanwalt nimmt mehr als 5 und bis 8 Stunden an der Hauptverhandlung teil: Zusätzliche Gebühr neben der Gebühr 4126 oder 4127		*141,00 €*

Nr.	Gebührentatbestand	Gebühr oder Satz der Gebühr nach § 13 oder § 49 RVG	
		Wahlanwalt	gerichtlich bestellter oder beigeordneter Rechtsanwalt
4129	Der gerichtlich bestellte oder beigeordnete Rechtsanwalt nimmt mehr als 8 Stunden an der Hauptverhandlung teil: Zusätzliche Gebühr neben der Gebühr 4126 oder 4127		*282,00 €*
Revision			
4130	Verfahrensgebühr für das Revisionsverfahren	*132,00 bis 1.221,00 €*	*541,00 €*
4131	Gebühr 4130 mit Zuschlag	*132,00 bis 1.526,00 €*	*663,00 €*
4132	Terminsgebühr je Hauptverhandlungstag im Revisionsverfahren	*132,00 bis 616,00 €*	*300,00 €*
4133	Gebühr 4132 mit Zuschlag	*132,00 bis 770,00 €*	*361,00 €*
4134	Der gerichtlich bestellte oder beigeordnete Rechtsanwalt nimmt mehr als 5 und bis 8 Stunden an der Hauptverhandlung teil: Zusätzliche Gebühr neben der Gebühr 4132 oder 4133		*150,00 €*
4135	Der gerichtlich bestellte oder beigeordnete Rechtsanwalt nimmt mehr als 8 Stunden an der Hauptverhandlung teil: Zusätzliche Gebühr neben der Gebühr 4132 oder 4133		*300,00 €*
4200	Verfahrensgebühr als Verteidiger für ein Verfahren über 1. die Erledigung oder Aussetzung der Maßregel der Unterbringung a) in der Sicherungsverwahrung, b) in einem psychiatrischen Krankenhaus oder c) in einer Entziehungsanstalt, 2. die Aussetzung des Restes einer zeitigen Freiheitsstrafe oder einer lebenslangen Freiheitsstrafe oder 3. den Widerruf einer Strafaussetzung zur Bewährung oder den Widerruf der Aussetzung einer Maßregel der Besserung und Sicherung zur Bewährung	*66,00 bis 737,00 €*	*321,00 €*
4201	Gebühr 4200 mit Zuschlag	*66,00 bis 921,00 €*	*395,00 €*

Nr.	Gebührentatbestand	Gebühr oder Satz der Gebühr nach § 13 oder § 49 RVG	
		Wahlanwalt	gerichtlich bestellter oder beigeordneter Rechtsanwalt
4202	Terminsgebühr in den in Nummer 4200 genannten Verfahren	*66,00 bis 330,00 €*	*158,00 €*
4203	Gebühr 4202 mit Zuschlag	*66,00 bis 413,00 €*	*192,00 €*
4204	Verfahrensgebühr für sonstige Verfahren in der Strafvollstreckung	*33,00 bis 330,00 €*	*145,00 €*
4205	Gebühr 4204 mit Zuschlag	*33,00 bis 413,00 €*	*178,00 €*
4206	Terminsgebühr für sonstige Verfahren	*33,00 bis 330,00 €*	*145,00 €*
4207	Gebühr 4206 mit Zuschlag	*33,00 bis 413,00 €*	*178,00 €*
4300	Verfahrensgebühr für die Anfertigung oder Unterzeichnung einer Schrift 1. zur Begründung der Revision, 2. zur Erklärung auf die von dem Staatsanwalt, Privatkläger oder Nebenkläger eingelegte Revision oder 3. in Verfahren nach den §§ 57 a und 67 e StGB .... Neben der Gebühr für die Begründung der Revision entsteht für die Einlegung der Revision keine besondere Gebühr.	*66,00 bis 737,00 €*	*321,00 €*
4301	Verfahrensgebühr für 1. die Anfertigung oder Unterzeichnung einer Privatklage, 2. die Anfertigung oder Unterzeichnung einer Schrift zur Rechtfertigung der Berufung oder zur Beantwortung der von dem Staatsanwalt, Privatkläger oder Nebenkläger eingelegten Berufung, 3. die Führung des Verkehrs mit dem Verteidiger, 4. die Beistandsleistung für den Beschuldigten bei einer richterlichen Vernehmung, einer Vernehmung durch die Staatsanwaltschaft oder eine andere Strafverfolgungsbehörde oder in einer Hauptverhandlung, einer mündlichen Anhörung oder bei einer Augenscheinseinnahme, 5. die Beistandsleistung im Verfahren zur gerichtlichen Erzwingung der Anklage (§ 172 Abs. 2 bis 4, § 173 StPO) oder		

Nr.	Gebührentatbestand	Gebühr oder Satz der Gebühr nach § 13 oder § 49 RVG	
		Wahlanwalt	gerichtlich bestellter oder beigeordneter Rechtsanwalt
	6. sonstige Tätigkeiten in der Strafvollstreckung	*44,00 bis 506,00 €*	*220,00 €*
	Neben der Gebühr für die Rechtfertigung der Berufung entsteht für die Einlegung der Berufung keine besondere Gebühr.		
4302	Verfahrensgebühr für 1. die Einlegung eines Rechtsmittels, 2. die Anfertigung oder Unterzeichnung anderer Anträge, Gesuche oder Erklärungen oder 3. eine andere nicht in Nummern 4300 oder 4301 erwähnte Beistandsleistung	*33,00 bis 319,00 €*	*141,00 €*
4303	Verfahrensgebühr für die Vertretung in einer Gnadensache	*30,00 bis 300,00 €*	
	Der Rechtsanwalt erhält die Gebühr auch, wenn ihm die Verteidigung übertragen war.		
4304	Gebühr für den als Kontaktperson beigeordneten Rechtsanwalt (§ 34 a EGGVG)		*3.850,00 €*

134 Die Betragsrahmengebühren in Teil 4 VV – Strafsachen – wurden entsprechend der allgemeinen Absicht, grundsätzlich alle Gebühren um rund 10 % linear zu erhöhen, entsprechend angehoben.

135 Die neuen Mittelgebühren betragen:

VV 4100	220,00 EUR
VV 4101	269,50 EUR
VV 4102	187,00 EUR
VV 4103	228,50 EUR
VV 4104	181,50 EUR
VV 4105	221,50 EUR
VV 4106	181,50 EUR
VV 4107	221,50 EUR
VV 4108	302,50 EUR
VV 4109	368,50 EUR
VV 4112	203,50 EUR
VV 4113	247,50 EUR
VV 4114	352,00 EUR
VV 4115	429,00 EUR
VV 4118	434,50 EUR
VV 4119	529,50 EUR
VV 4120	583,00 EUR
VV 4121	711,00 EUR

VV 4124	352,00 EUR
VV 4125	429,00 EUR
VV 4126	352,00 EUR
VV 4127	429,00 EUR
VV 4130	676,50 EUR
VV 4131	829,00 EUR
VV 4132	374,00 EUR
VV 4133	451,00 EUR
VV 4200	401,50 EUR
VV 4201	493,50 EUR
VV 4202	198,00 EUR
VV 4203	239,50 EUR
VV 4204	181,50 EUR
VV 4205	223,00 EUR
VV 4206	181,50 EUR
VV 4207	223,00 EUR
VV 4300	401,50 EUR
VV 4301	275,00 EUR
VV 4302	176,00 EUR
VV 4303	181,50 EUR

Die Längenzuschläge wurden wie folgt erhöht: 136

VV 4110	121,00 EUR
VV 4111	242,00 EUR
VV 4116	141,00 EUR
VV 4117	282,00 EUR
VV 4122	233,00 EUR
VV 4123	466,00 EUR
VV 4128	141,00 EUR
VV 4129	282,00 EUR
VV 4134	150,00 EUR
VV 4135	300,00 EUR

V. Änderungen in Teil 5 VV Bußgeldsachen

1. Zeugenbeistand

Vorbemerkung 5: 137

(1) Für die Tätigkeit als Beistand oder Vertreter eines Einziehungs- oder Nebenbeteiligten, eines Zeugen oder eines Sachverständigen *sind die Vorschriften dieses Teils entsprechend anzuwenden.*

(2) Die Verfahrensgebühr entsteht für das Betreiben des Geschäfts einschließlich der Information.

(3) Die Terminsgebühr entsteht für die Teilnahme an gerichtlichen Terminen, soweit nichts anderes bestimmt ist. Der Rechtsanwalt erhält die Terminsgebühr auch, wenn er zu einem anberaumten Termin erscheint, dieser aber aus Gründen, die er nicht zu vertreten hat, nicht stattfindet. Dies gilt nicht, wenn er rechtzeitig von der Aufhebung oder Verlegung des Termins in Kenntnis gesetzt worden ist.

(4) Für folgende Tätigkeiten entstehen Gebühren nach den Vorschriften des Teils 3:

1. **für das Verfahren über die Erinnerung oder die Beschwerde gegen einen Kostenfestsetzungsbeschluss, für das Verfahren über die Erinnerung gegen den Kostenansatz, für das Verfahren über die Beschwerde gegen die Entscheidung über diese Erinnerung und für Verfahren über den Antrag auf gerichtliche Entscheidung gegen einen Kostenfestsetzungsbescheid und den Ansatz der Gebühren und Auslagen (§ 108 OWiG). Dabei steht das Verfahren über den Antrag auf gerichtliche Entscheidung dem Verfahren über die Erinnerung oder die Beschwerde gegen einen Kostenfestsetzungsbeschluss gleich,**
2. **in der Zwangsvollstreckung aus Entscheidungen, die über die Erstattung von Kosten ergangen sind, und für das Beschwerdeverfahren gegen die gerichtliche Entscheidung nach Nummer 1.**

138 In der Änderung von Vorbemerkung 5 Abs. 1 RVG liegt erhebliche Brisanz, denn der Gesetzgeber versucht auf diese Weise einen Meinungsstreit, der die Tätigkeit des Verteidigers in Strafsachen als Zeugenbeistand betrifft, zu entscheiden. Nach Vorbemerkung 4 Abs. 1 RVG sind für die Tätigkeit als Beistand oder Vertreter eines Privatklägers, eines Nebenklägers, eines Einziehungs- oder Nebenbeteiligten, eines Verletzten, eines Zeugen oder Sachverständigen und im Verfahren nach dem strafrechtlichen Rehabilitierungsgesetz die Vorschriften des Teils 4 entsprechend anzuwenden. VV Vorbemerkung 5 Abs. 1 aF bestimmte, dass für die Tätigkeit als Beistand oder Vertreter eines Einziehungs- oder Nebenbeteiligten, eines Zeugen oder Sachverständigen in einem Verfahren, für das sich die Gebühren nach diesem Teil bestimmen, die gleichen Gebühren wie für einen Verteidiger in diesem Verfahren entstehen. Bei Vorbemerkung 4 Abs. 1 ist umstritten, ob für die Tätigkeit als Zeugenbeistand die Vergütungsvorschriften VV Teil 4 Abschnitt 1 oder Abschnitt 3 RVG anzuwenden ist.[144] Bei diesem Meinungsstreit wird auch die Auffassung vertreten, dass die Regelung Vorbemerkung 5 Abs. 1 RVG aF für das Bußgeldverfahren, nämlich „wie für einen Verteidiger" so lauten würde, wie Vorbemerkung 4 Abs. 1 RVG klarstellend lauten sollte, denn ein Grund für eine unterschiedliche Behandlung des Zeugenbeistandes im Strafverfahren zu dem im Bußgeldverfahren lasse sich den Gesetzesmaterialien nicht entnehmen.[145]

139 Dieses Argument nimmt der Gesetzgeber zum Anlass, nunmehr nicht Vorbemerkung 4.1, für den man eigentlich die Klarstellung erreichen möchte, sondern Vorbemerkung 5.1 zu ändern. Im Rahmen der Gesetzesbegründung stellt sich der Gesetzgeber auf den Standpunkt, da der Zeugenbeistand nach § 68 b Abs. 2 StPO nur für die Dauer der Vernehmung beigeordnet werde, behandele die herrschende Meinung den beigeordneten Zeugenbeistand vergütungsrechtlich nicht wie Verteidigerinnen und Verteidiger nach Teil 4 Abschnitt 1 VV RVG, sondern wie Rechtsanwältinnen und Rechtsanwälte, die in einem Strafverfahren eine Einzeltätigkeit ausüben (Teil 4 Abschnitt 3 VV

---

144 Siehe zum Streitstand Burhoff in Gerold/Schmidt, Einleitung Vorbem. 4.1 Rn. 6.
145 Burhoff in Gerold/Schmidt, Einleitung Vorbem. 4.1, Rn. 6.

RVG). Da die geltende Regelung für das Bußgeldverfahren (Vorbemerkung 5 Abs. 1 VV RVG) in der Formulierung hiervon abweiche, dort sei bestimmt, dass für die Tätigkeit als Zeugenbeistand in einem Verfahren, für das sich die Gebühr nach Teil 5 VV RVG bestimmt, die gleichen Gebühren wie für eine Verteidigerin oder einen Verteidiger in diesem Verfahren entstehen, mithin nach dem Wortlaut für diesen Zeugenbeistand, ausschließlich die Gebührenregelungen für Verteidigerinnen und Verteidiger nach Teil 5 Abschnitt 1 VV RVG gelten würden und diese abweichende Formulierung von einem Teil der Rechtsprechung als Beleg dafür angesehen werde, dass auch im Strafverfahren der beigeordnete Zeugenbeistand die Verteidigerin oder der Verteidiger zu vergüten sei,[146] glich der Gesetzgeber die Regelungen in Vorbemerkung 4 Abs. 1 RVG und Vorbemerkung 5 Abs. 1 RVG an. Im Hinblick darauf, dass die Beiordnung durch § 68 b Abs. 2 StPO ausdrücklich auf die Dauer der Vernehmung beschränkt sei, erscheine es sachgerecht, den Zeugenbeistand wie Rechtsanwältinnen und Rechtsanwälte zu vergüten, die keine Verteidiger sind und nur eine Einzeltätigkeit ausüben.[147]

Damit fällt das Argument weg, dass Vorbemerkung 5 Abs. 1 RVG als Beleg für die „richtige“ Abrechnung des Zeugenbeistands im Strafverfahren nach Teil 4 Abschnitt 1 RVG angeführt werden kann, so dass zu erwarten ist, dass die Auffassung, die sich für die Abrechnung nach Teil 4 Abschnitt 1 RVG ausspricht, weiter zurückgehen wird.[148] 140

2. Erhöhung der Rahmengebühren

141

Nr.	Gebührentatbestand	Gebühr oder Satz der Gebühr nach § 13 oder § 49 RVG	
		Wahlanwalt	gerichtlich bestellter oder beigeordneter Rechtsanwalt
5100	Grundgebühr .... (1) Die Gebühr entsteht neben der Verfahrensgebühr für die erstmalige Einarbeitung in den Rechtsfall nur einmal, unabhängig davon, in welchem Verfahrensabschnitt sie erfolgt. (2) Die Gebühr entsteht nicht, wenn in einem vorangegangenen Strafverfahren für dieselbe Handlung oder Tat die Gebühr 4100 entstanden ist.	*33,00 bis 187,00 €*	*88,00 €*

146 BT-Drs. 19/23484, 87.
147 BT-Drs. 19/23484, 87.
148 Siehe in diesem Zusammenhang auch Burhoff, Geplante Änderungen bei der Anwaltsvergütung durch das Kostenrechtsänderungsgesetz 2021 Teil 2, RVGreport 2020, 402 (407).

Nr.	Gebührentatbestand	Gebühr oder Satz der Gebühr nach § 13 oder § 49 RVG	
		Wahlanwalt	gerichtlich bestellter oder beigeordneter Rechtsanwalt
5101	Verfahrensgebühr bei einer Geldbuße von weniger als 60,00 EUR	*22,00 bis 121,00 €*	*57,00 €*
5102	Terminsgebühr für jeden Tag, an dem ein Termin in den in Nummer 5101 genannten Verfahren stattfindet	*22,00 bis 121,00 €*	*57,00 €*
5103	Verfahrensgebühr bei einer Geldbuße von 60,00 EUR bis 5 000,00 EUR	*33,00 bis 319,00 €*	*141,00 €*
5104	Terminsgebühr für jeden Tag, an dem ein Termin in den in Nummer 5103 genannten Verfahren stattfindet	*33,00 bis 319,00 €*	*141,00 €*
5105	Verfahrensgebühr bei einer Geldbuße von mehr als 5 000,00 EUR	*44,00 bis 330,00 €*	*150,00 €*
5106	Terminsgebühr für jeden Tag, an dem ein Termin in den in Nummer 5105 genannten Verfahren stattfindet	*44,00 bis 330,00 €*	*150,00 €*
5107	Verfahrensgebühr bei einer Geldbuße von weniger als 60,00 EUR	*22,00 bis 121,00 €*	*57,00 €*
5108	Terminsgebühr je Hauptverhandlungstag in den in Nummer 5107 genannten Verfahren	*22,00 bis 264,00 €*	*114,00 €*
5109	Verfahrensgebühr bei einer Geldbuße von 60,00 EUR bis 5 000,00 EUR	*33,00 bis 319,00 €*	*141,00 €*
5110	Terminsgebühr je Hauptverhandlungstag in den in Nummer 5109 genannten Verfahren	*44,00 bis 517,00 €*	*224,00 €*
5111	Verfahrensgebühr bei einer Geldbuße von mehr als 5 000,00 EUR	*55,00 bis 385,00 €*	*176,00 €*
5112	Terminsgebühr je Hauptverhandlungstag in den in Nummer 5111 genannten Verfahren	*88,00 bis 616,00 €*	*282,00 €*
Unterabschnitt 4. Verfahren über die Rechtsbeschwerde			
5113	Verfahrensgebühr	*88,00 bis 616,00 €*	*282,00 €*
5114	Terminsgebühr je Hauptverhandlungstag	*88,00 bis 816,00 €*	*282,00 €*

Nr.	Gebührentatbestand	Gebühr oder Satz der Gebühr nach § 13 oder § 49 RVG	
		Wahlanwalt	gerichtlich bestellter oder beigeordneter Rechtsanwalt
5200	Verfahrensgebühr .... (1) Die Gebühr entsteht für einzelne Tätigkeiten, ohne dass dem Rechtsanwalt sonst die Verteidigung übertragen ist. (2) Die Gebühr entsteht für jede Tätigkeit gesondert, soweit nichts anderes bestimmt ist. § 15 RVG bleibt unberührt. (3) Wird dem Rechtsanwalt die Verteidigung für das Verfahren übertragen, werden die nach dieser Nummer entstandenen Gebühren auf die für die Verteidigung entstehenden Gebühren angerechnet. (4) Der Rechtsanwalt erhält die Gebühr für die Vertretung in der Vollstreckung und in einer Gnadensache auch, wenn ihm die Verteidigung übertragen war.	*22,00 bis 121,00 €*	*57,00 €*

Auch die Rahmengebühren in Bußgeldsachen wurden jeweils um ca. 10 % erhöht.[149] 142

Die neuen Mittelgebühren betragen: 143

VV 5100	110,00 EUR
VV 5101	71,50 EUR
VV 5102	71,50 EUR
VV 5103	176,00 EUR
VV 5104	176,00 EUR
VV 5105	187,00 EUR
VV 5106	187,00 EUR
VV 5107	71,50 EUR
VV 5108	143,00 EUR
VV 5109	176,00 EUR
VV 5110	280,50 EUR
VV 5111	220,00 EUR
VV 5112	352,00 EUR
VV 5113	352,00 EUR
VV 5114	352,00 EUR
VV 5200	71,50 EUR

149 BT-Drs. 19/23484, 87.

VI. Änderungen in Teil 6: Sonstige Verfahren

1. Berücksichtigung von Wartezeiten und Unterbrechungen

144 *Vorbemerkung 6.2.3:*

(1) Die nachfolgenden Gebühren entstehen für das Wiederaufnahmeverfahren einschließlich seiner Vorbereitung gesondert.

(2) Kommt es für eine Gebühr auf die Dauer der Teilnahme an der Hauptverhandlung an, sind auch Wartezeiten und Unterbrechungen an einem Hauptverhandlungstag als Teilnahme zu berücksichtigen. Dies gilt nicht für Wartezeiten und Unterbrechungen, die der Rechtsanwalt zu vertreten hat, sowie für Unterbrechungen von jeweils mindestens einer Stunde, soweit diese unter Angabe einer konkreten Dauer der Unterbrechung oder eines Zeitpunkts der Fortsetzung der Hauptverhandlung angeordnet wurden.

145 Auch in Teil 6 des Vergütungsverfahrensverzeichnisses sind Längenzuschläge für den gerichtlich bestellten Rechtsanwalt vorgesehen, so in VV 6205, 6206, 6209, 6210, 6213, 6214 RVG. Entsprechend der Regelung in VV Vorbemerkung 4.1 Abs. 3 wird nunmehr auch für die sonstigen Verfahren geregelt, dass bei der Bemessung von Längenzuschlägen auch Wartezeiten und Unterbrechungen an einem Hauptverhandlungstag als Teilnahme zu berücksichtigen sind. Dies gilt jedoch nicht für Wartezeiten und Unterbrechungen, die der Rechtsanwalt selbst zu vertreten hat, sowie für Unterbrechungen von jeweils mindestens 1 Stunde, soweit diese unter Angabe einer konkreten Dauer der Unterbrechung oder eines Zeitpunkts der Fortsetzung der Hauptverhandlung angeordnet wurde.[150]

2. Gerichtliche Verfahren nach der Wehrbeschwerdeordnung

146 *Vorbemerkung 6.4:*

(1) Die Gebühren nach diesem Abschnitt entstehen in Verfahren auf gerichtliche Entscheidung nach der WBO, auch i.V.m. § 42 WDO, wenn das Verfahren vor dem Truppendienstgericht oder vor dem Bundesverwaltungsgericht an die Stelle des Verwaltungsrechtswegs gemäß § 82 SG tritt.

(2) Soweit wegen desselben Gegenstands eine Geschäftsgebühr nach Nummer 2302 für eine Tätigkeit im Verfahren über die Beschwerde oder über die weitere Beschwerde vor einem Disziplinarvorgesetzten entstanden ist, wird diese Gebühr zur Hälfte, höchstens jedoch mit einem Betrag von *207,00 €*, auf die Verfahrensgebühr des gerichtlichen Verfahrens vor dem Truppendienstgericht oder dem Bundesverwaltungsgericht angerechnet. Sind mehrere Gebühren entstanden, ist für die Anrechnung die zuletzt entstandene Gebühr maßgebend.

147 Vorbemerkung 6.4 Abs. 2 RVG ist von zwei Änderungen betroffen. So wird zum einen die Anrechnungsgrenze von 175 EUR auf 207 EUR angehoben, so wie es bereits ebenfalls bei Vorbemerkung 2.3 Abs. 4 S. 2 und Vorbemerkung 3 Abs. 4 Satz 2 erfolgt ist.[151]

150 Siehe hierzu näher die Erläuterung zu Rn. 124 ff.
151 BT-Drs. 19/24740, 92.

Aufgrund des neu eingeführten Abs. 2 bei § 14 RVG konnte zum anderen auch die Regelung in VV Vorbemerkung 6.4 Abs. 2 Satz 3 entfallen.[152] 148

3. Anhebung der Betragsrahmengebühren

149

Nr.	Gebührentatbestand	Gebühr	
		Wahlverteidiger oder Verfahrensbevollmächtigter	gerichtlich bestellter oder beigeordneter Rechtsanwalt
6100	Verfahrensgebühr	*55,00 bis 374,00 €*	*172,00 €*
Unterabschnitt 2. Gerichtliches Verfahren			
6101	Verfahrensgebühr	*110,00 bis 759,00 €*	*348,00 €*
6102	Terminsgebühr je Verhandlungstag	*143,00 bis 1.023,00 €*	*466,00 €*
6200	Grundgebühr	*44,00 bis 385,00 €*	*172,00 €*
	Die Gebühr entsteht neben der Verfahrensgebühr für die erstmalige Einarbeitung in den Rechtsfall nur einmal, unabhängig davon, in welchem Verfahrensabschnitt sie erfolgt.		
6201	Terminsgebühr für jeden Tag, an dem ein Termin stattfindet	*44,00 bis 407,00 €*	*180,00 €*
	Die Gebühr entsteht für die Teilnahme an außergerichtlichen Anhörungsterminen und außergerichtlichen Terminen zur Beweiserhebung.		
Unterabschnitt 2. Außergerichtliches Verfahren			
6202	Verfahrensgebühr	*44,00 bis 319,00 €*	*145,00 €*
	(1) Die Gebühr entsteht gesondert für eine Tätigkeit in einem dem gerichtlichen Verfahren vorausgehenden und der Überprüfung der Verwaltungsentscheidung dienenden weiteren außergerichtlichen Verfahren. (2) Die Gebühr entsteht für eine Tätigkeit in dem Verfahren bis zum Eingang des Antrags oder der Anschuldigungsschrift bei Gericht.		
6203	Verfahrensgebühr	*55,00 bis 352,00 €*	*163,00 €*
6204	Terminsgebühr je Verhandlungstag	*88,00 bis 616,00 €*	*282,00 €*

152 BT-Drs. 19/2740, 92.

Nr.	Gebührentatbestand	Gebühr	
		Wahlverteidiger oder Verfahrensbevollmächtigter	gerichtlich bestellter oder beigeordneter Rechtsanwalt
6205	Der gerichtlich bestellte Rechtsanwalt nimmt mehr als 5 und bis 8 Stunden an der Hauptverhandlung teil: Zusätzliche Gebühr neben der Gebühr 6204		*141,00 €*
6206	Der gerichtlich bestellte Rechtsanwalt nimmt mehr als 8 Stunden an der Hauptverhandlung teil: Zusätzliche Gebühr neben der Gebühr 6204		*282,00 €*
Zweiter Rechtszug			
6207	Verfahrensgebühr	*88,00 bis 616,00 €*	*282,00 €*
6208	Terminsgebühr je Verhandlungstag	*88,00 bis 616,00 €*	*282,00 €*
6209	Der gerichtlich bestellte Rechtsanwalt nimmt mehr als 5 und bis 8 Stunden an der Hauptverhandlung teil: Zusätzliche Gebühr neben der Gebühr 6208		*141,00 €*
6210	Der gerichtlich bestellte Rechtsanwalt nimmt mehr als 8 Stunden an der Hauptverhandlung teil: Zusätzliche Gebühr neben der Gebühr 6208		*282,00 €*
Dritter Rechtszug			
6211	Verfahrensgebühr	*132,00 bis 1.221,00 €*	*541,00 €*
6212	Terminsgebühr je Verhandlungstag	*132,00 bis 605,00 €*	*294,00 €*
6213	Der gerichtlich bestellte Rechtsanwalt nimmt mehr als 5 und bis 8 Stunden an der Hauptverhandlung teil: Zusätzliche Gebühr neben der Gebühr 6212		*147,00 €*
6214	Der gerichtlich bestellte Rechtsanwalt nimmt mehr als 8 Stunden an der Hauptverhandlung teil: Zusätzliche Gebühr neben der Gebühr 6212		*294,00 €*
6215	Verfahrensgebühr für das Verfahren über die Beschwerde gegen die Nichtzulassung der Revision Die Gebühr wird auf die Verfahrensgebühr für ein nachfolgendes Revisionsverfahren angerechnet.	*77,00 bis 1.221,00 €*	*519,00 €*

Nr.	Gebührentatbestand	Gebühr	
		Wahlverteidiger oder Verfahrensbevollmächtigter	gerichtlich bestellter oder beigeordneter Rechtsanwalt
Abschnitt 3. Gerichtliche Verfahren bei Freiheitsentziehung, bei Unterbringung und bei sonstigen Zwangsmaßnahmen			
6300	Verfahrensgebühr in Freiheitsentziehungssachen nach § 415 FamFG, in Unterbringungssachen nach § 312 FamFG und in Verfahren nach § 151 Nr. 6 und 7 FamFG	*44,00 bis 517,00 €*	*224,00 €*
	Die Gebühr entsteht für jeden Rechtszug.		
6301	Terminsgebühr in den Fällen der Nummer 6300	*44,00 bis 517,00 €*	*224,00 €*
	Die Gebühr entsteht für die Teilnahme an gerichtlichen Terminen.		
6302	Verfahrensgebühr in sonstigen Fällen ...	*22,00 bis 330,00 €*	*141,00 €*
	Die Gebühr entsteht für jeden Rechtszug des Verfahrens über die Verlängerung oder Aufhebung einer Freiheitsentziehung nach den §§ 425 und 426 FamFG oder einer Unterbringungsmaßnahme nach den §§ 329 und 330 FamFG.		
6303	Terminsgebühr in den Fällen der Nummer 6302	*22,00 bis 330,00 €*	*141,00 €*
	Die Gebühr entsteht für die Teilnahme an gerichtlichen Terminen.		
6400	Verfahrensgebühr für das Verfahren auf gerichtliche Entscheidung vor dem Truppendienstgericht	*88,00 bis 748,00 €*	
6401	Terminsgebühr je Verhandlungstag in den in Nummer 6400 genannten Verfahren	*88,00 bis 748,00 €*	
6402	Verfahrensgebühr für das Verfahren auf gerichtliche Entscheidung vor dem Bundesverwaltungsgericht, im Verfahren über die Rechtsbeschwerde oder im Verfahren über die Beschwerde gegen die Nichtzulassung der Rechtsbeschwerde ..	*110,00 bis 869,00 €*	
	Die Gebühr für ein Verfahren über die Beschwerde gegen die Nichtzulassung der Rechtsbeschwerde wird auf die Gebühr für ein nachfolgendes Verfahren über die Rechtsbeschwerde angerechnet.		
6403	Terminsgebühr je Verhandlungstag in den in Nummer 6402 genannten Verfahren	*110,00 bis 869,00 €*	

Nr.	Gebührentatbestand	Gebühr	
		Wahlverteidiger oder Verfahrensbevollmächtigter	gerichtlich bestellter oder beigeordneter Rechtsanwalt
Abschnitt 5. Einzeltätigkeiten und Verfahren auf Aufhebung oder Änderung einer Disziplinarmaßnahme			
6500	Verfahrensgebühr .... (1) Für eine Einzeltätigkeit entsteht die Gebühr, wenn dem Rechtsanwalt nicht die Verteidigung oder Vertretung übertragen ist. (2) Die Gebühr entsteht für jede einzelne Tätigkeit gesondert, soweit nichts anderes bestimmt ist. § 15 RVG bleibt unberührt. (3) Wird dem Rechtsanwalt die Verteidigung oder Vertretung für das Verfahren übertragen, werden die nach dieser Nummer entstandenen Gebühren auf die für die Verteidigung oder Vertretung entstehenden Gebühren angerechnet. (4) Eine Gebühr nach dieser Vorschrift entsteht jeweils auch für das Verfahren nach der WDO vor einem Disziplinarvorgesetzten auf Aufhebung oder Änderung einer Disziplinarmaßnahme und im gerichtlichen Verfahren vor dem Wehrdienstgericht.	*22,00 bis 330,00 €*	*141,00 €*

150 Entsprechend der Vorgabe, die Gebühren linear um 10 % zu erhöhen,[153] wurden auch die Vergütungstatbestände 6100 bis 6500 VV angehoben.

151 Die Mittelgebühren betragen nunmehr:

VV 6100	214,50 EUR
VV 6101	434,50 EUR
VV 6102	583,00 EUR
VV 6200	214,50 EUR
VV 6201	225,50 EUR
VV 6202	181,50 EUR
VV 6203	203,50 EUR
VV 6204	352,00 EUR
VV 6207	352,00 EUR
VV 6208	352,00 EUR
VV 6211	676,50 EUR
VV 6212	368,50 EUR
VV 6215	649,00 EUR
VV 6300	280,50 EUR
VV 6301	280,50 EUR

153 BT-Drs. 19/23484, 44.

VV 6302	176,00 EUR
VV 6303	176,00 EUR
VV 6400	418,00 EUR
VV 6401	418,00 EUR
VV 6402	489,50 EUR
VV 6403	489,50 EUR
VV 6500	176,00 EUR

Die neuen Längenzuschläge betragen nunmehr: 152

VV 6205	141,00 EUR
VV 6206	282,00 EUR
VV 6209	141,00 EUR
VV 6210	282,00 EUR
VV 6213	147,00 EUR
VV 6214	294,00 EUR

VII. Änderungen in Teil 7 VV: Auslagen

1. Erhöhung der Kilometerpauschale

153

Nr.	Auslagentatbestand	Höhe
7003	Fahrtkosten für eine Geschäftsreise bei Benutzung eines eigenen Kraftfahrzeugs für jeden gefahrenen Kilometer .... Mit den Fahrtkosten sind die Anschaffungs-, Unterhaltungs- und Betriebskosten sowie die Abnutzung des Kraftfahrzeugs abgegolten.	*0,42 €*

Die Erhöhung der Kilometerpauschale war auch Gegenstand des Forderungskatalogs von BRAK und DAV von März 2018. Zur Begründung wurde nicht nur auf die gestiegenen Kosten, sondern auch darauf hingewiesen, dass durch zahlreiche Gerichtsschließungen die Anfahrtswege für die Anwaltschaft immer länger werden und es auch deshalb erforderlich ist, die Kilometerpauschale an die tatsächlichen Kosten anzupassen, um den Zugang zum Recht und die Vertretung vor Gericht durch einen Rechtsanwalt auch in der Fläche weiterhin zu gewährleisten.[154] Der Gesetzgeber hat diese Forderung nunmehr aufgegriffen. Um die gestiegenen Anschaffungs- und Betriebskosten für Kraftfahrzeuge zumindest teilweise zu kompensieren hebt er nunmehr den Fahrtkostenansatz für Rechtsanwältinnen und Rechtsanwälte bei Benutzung des eigenen Kraftfahrzeugs maßvoll an, in Anlehnung an § 18 Abs. 2 Nr. 1 der StBVV auf 0,42 EUR für jeden gefahrenen Kilometer.[155] 154

154 https://anwaltverein.de/files/anwaltverein.de/downloads/newsroom/pressemitteilungen/rechtspolitik/2018/forderungskatalog-brak-dav_anpassung-rvg-2018_maerz_18-final.pdf, S. 16.
155 BT-Drs. 19/23484, 88.

2. Erhöhung von Tage- und Abwesenheitsgeld

155

Nr.	Auslagentatbestand	Höhe
7005	Tage- und Abwesenheitsgeld bei einer Geschäftsreise	
	1. von nicht mehr als 4 Stunden	*30,00 €*
	2. von mehr als 4 bis 8 Stunden	*50,00 €*
	3. von mehr als 8 Stunden	*80,00 €*
	Bei Auslandsreisen kann zu diesen Beträgen ein Zuschlag von 50 % berechnet werden.	

156 Die Tage- und Abwesenheitsgelder bei einer Geschäftsreise von nicht mehr als 4 Stunden werden von 25 auf 30 EUR, von mehr als 4–8 Stunden von 40 auf 50 EUR und von mehr als 8 Stunden von 70 auf 80 EUR angehoben. Die Änderungen dienen der Anpassung der Tage- und Abwesenheitsgelder bei einer Geschäftsreise an die wirtschaftliche Entwicklung.[156] Im Rahmen der Gesetzesbegründung wird ausdrücklich darauf hingewiesen, dass die Tatsache, dass die Beträge deutlich höher sind als die vergleichbaren Pauschalen des Bundesreisekostengesetzes und der Reisekostengesetze der Länder insbesondere darin begründet liegt, dass das Abwesenheitsgeld auch als Entschädigung dafür dient, dass aufgrund der Reise eine Ausübung der sonstigen anwaltlichen Geschäfte regelmäßig nicht oder nur eingeschränkt möglich ist.[157]

156 BT-Drs. 19/23484, 88.
157 BT-Drs. 19/23484, 88.

§ 3 Änderungen bei den Streitwertvorschriften durch das Kostenrechtsänderungsgesetz 2021

I. GKG § 41: Miet-, Pacht- und ähnliche Nutzungsverhältnisse

(1) … 157

(2) …

(3) …

(4) …

(5) [1]Bei Ansprüchen auf Erhöhung der Miete von Wohnraum ist der Jahresbetrag der zusätzlich *geforderten Miete, bei der Feststellung einer Minderung der Miete für Wohnraum der Jahresbetrag der Mietminderung*, bei Ansprüchen des Mieters auf Durchführung von Instandsetzungsmaßnahmen der Jahresbetrag einer angemessene Mietminderung und bei Ansprüchen des Vermieters auf Duldung einer Durchführung von Modernisierung- und Erhaltungsmaßnahmen der Jahresbetrag einer möglichen Mieterhöhung, in Ermangelung dessen einer sonst möglichen Mietminderung durch den Mieter maßgebend. [2]Endet das Mietverhältnis vor Ablauf eines Jahres, ist ein entsprechend niedriger Betrag maßgebend.

158 Die jetzt vorgenommene Änderung in § 41 Abs. 5 Satz 1 ist eine Reaktion des Gesetzgebers auf die Rechtsprechung des BGH. Dieser hatte entschieden, dass bei einer Klage eines Mieters auf Feststellung eine Mietminderung Streitwert der 3 ½-fache Jahresbetrag der geltend gemachten Mietminderung ist.[158]

159 § 41 GKG treffe Regelungen hinsichtlich des Streitwerts bei Miet-, Pacht- und ähnlichen Nutzungsverhältnissen und begrenze den Gebührenstreitwert aus sozialpolitischen Erwägungen. Es gehe dabei – insbesondere in Abs. 5 – darum, die Kosten für Streitigkeiten über Wohnraum zu dämpfen, wobei die Vorschrift diese Kostenbegrenzung nicht nur unmittelbar hinsichtlich der Gerichtsgebühren bewirke, sondern durch Bezugnahme in § 23 Abs. 1 RVG auf die Wertvorschriften des GKG auch hinsichtlich der Rechtsanwaltsgebühren.[159]

160 Ohne die jetzt vorgenommene Änderung würde sich der Gebührenstreitwert aufgrund der Verweisung in § 48 Abs. 1 Satz 1 GKG nach den Zuständigkeitsstreitwert der ZPO bemessen. Unterschiedliche Wertbemessungsgrundlagen bei Mieterhöhung und Mietminderung erscheinen nach Auffassung des Gesetzgebers, vor allem aus dem Blickwinkel betroffener Mieterinnen und Mieter, nicht nachvollziehbar, da sich deren Kostenrisiko mit der Anwendung des § 9 ZPO deutlich erhöhe. § 41 Abs. 5 Satz 1 GKG wurde daher um den Fall der Minderung der Miete ergänzt.[160]

---

158 NJW-RR 2017, 204 mAnm Mayer FD-RVG 2016, 380766.
159 BT-Drs. 19/23484, 53.
160 BT-Drs. 19/23484, 53.

161 Bei Feststellung der Minderung der Miete für Wohnraum soll der Jahresbetrag der Mietminderung Grundlage für die Wertberechnung sein. Da die Regelungen hauptsächlich Fälle erfasse, in denen der Klageantrag einen bezifferten Mietminderungsbetrag enthalte, werde, anders als in dem weiter in der Vorschrift geregelten Fall des Anspruchs des Mieters auf Durchführung von Instandsetzungsmaßnahmen, nicht auf eine „ angemessene“ Mietminderung abgestellt.[161]

162 Zur Bewertung von Ansprüchen auf Durchführung von Instandsetzungsmaßnahmen müsse nämlich der nicht feststehende Jahresbetrag der sich aus dem Instandsetzungsrückstand ergebenden angemessenen Mietminderung immer ermittelt werden.[162]

II. FamGKG § 45: Kindschaftssachen

163 **(1) In einer Kindschaftssache, die**

1. die Übertragung oder Entziehung der elterlichen Sorge oder eines Teils der elterlichen Sorge,

2. das Umgangsrecht einschließlich der Umgangspflegschaft,

3. das Recht auf Auskunft über die persönlichen Verhältnisse des Kindes oder

4. die Kindesherausgabe

betrifft, beträgt der Verfahrenswert *4.000* Euro.

164 Der Wert des Regelverfahrens in § 45 Abs. 1 FamGKG wird von 3.000 auf 4.000 EUR erhöht. Der Gesetzgeber sah insoweit einen Nachholbedarf. Durch das zweite Kostenrechtsmodernisierungsgesetz[163] seien zahlreiche Auffangregelwerte in den Justizkostengesetzen angehoben worden. Nicht angepasst worden sei jedoch der Regelverfahrenswert für die in § 45 Abs. 1 FamGKG genannten Kindschaftssachen.[164]

165 Deshalb wurde der Wert um 1/3 auf 4.000 EUR erhöht.[165]

166 Im Zusammenhang mit der Bewertung von Kindschaftssachen wurde auf Vorschlag des Rechtsausschusses auch in § 44 Abs. 2 Satz 1 FamGKG der Höchstbetrag von 3.000 auf 4.000 EUR angehoben.[166]

161 BT-Drs. 19/23484, 53.
162 BT-Drs. 19/23484, 53.
163 BGBl. 2013 I, 2586.
164 BT-Drs. 19/23484, 56.
165 BT-Drs. 19/23484, 56.
166 BT-Drs. 19/24740, 91.

Synopse

Gesetz über die Vergütung der Rechtsanwältinnen und Rechtsanwälte (Rechtsanwaltsvergütungsgesetz – RVG)

Vom 5. Mai 2004 (BGBl. I S. 718, 788)
(FNA 368-3)
zuletzt geändert durch Art. 2 Abs. 5 G zur Änd. des EG-VerbraucherschutzdurchsetzungsG sowie des G über die Errichtung des Bundesamts für Justiz vom 25. Juni 2020 (BGBl. I S. 1474)

Anm. d. Red.: Diese Synopse gibt aus Gründen der Transparenz lediglich den Inhalt betreffende Änderungen wieder. Anpassungen rein grammatikalischer Natur wurden hierbei nicht berücksichtigt.

RVG alt	RVG neu

Abschnitt 1 Allgemeine Vorschriften

§ 1 Geltungsbereich

(1) [1]Die Vergütung (Gebühren und Auslagen) für anwaltliche Tätigkeiten der Rechtsanwältinnen und Rechtsanwälte bemisst sich nach diesem Gesetz. [2]Dies gilt auch für eine Tätigkeit als Prozesspfleger nach den §§ 57 und 58 der Zivilprozessordnung. [3]Andere Mitglieder einer Rechtsanwaltskammer, Partnerschaftsgesellschaften und sonstige Gesellschaften stehen einem Rechtsanwalt im Sinne dieses Gesetzes gleich.

(2) [1]Dieses Gesetz gilt nicht für eine Tätigkeit als Syndikusrechtsanwalt (§ 46 Absatz 2 der Bundesrechtsanwaltsordnung). [2]Es gilt ferner nicht für eine Tätigkeit als Vormund, Betreuer, Pfleger, Verfahrenspfleger, Verfahrensbeistand, Testamentsvollstrecker, Insolvenzverwalter, Sachwalter, Mitglied des Gläubigerausschusses, Nachlassverwalter, Zwangsverwalter, Treuhänder oder Schiedsrichter oder für eine ähnliche Tätigkeit. [3]§ 1835 Abs. 3 des Bürgerlichen Gesetzbuchs bleibt unberührt.

(3) Die Vorschriften dieses Gesetzes über die Erinnerung und die Beschwerde gehen den Regelungen der für das zugrunde liegende Verfahren geltenden Verfahrensvorschriften vor.

§ 2 Höhe der Vergütung

(1) Die Gebühren werden, soweit dieses Gesetz nichts anderes bestimmt, nach dem Wert berechnet, den der Gegenstand der anwaltlichen Tätigkeit hat (Gegenstandswert).

(2) [1]Die Höhe der Vergütung bestimmt sich nach dem Vergütungsverzeichnis der Anlage 1 zu diesem Gesetz. [2]Gebühren werden auf den nächstliegenden Cent auf- oder abgerundet; 0,5 Cent werden aufgerundet.

§ 3 Gebühren in sozialrechtlichen Angelegenheiten

(1) [1]In Verfahren vor den Gerichten der Sozialgerichtsbarkeit, in denen das Gerichtskostengesetz nicht anzuwenden ist, entstehen Betragsrahmengebühren. [2]In sonstigen Verfahren werden die Gebühren nach dem Gegenstandswert berechnet, wenn der Auftraggeber nicht zu den in § 183 des Sozialgerichtsgesetzes genannten Personen gehört; im Verfahren nach § 201 Absatz 1 des Sozialgerichtsgesetzes werden die Gebühren immer nach dem Gegenstandswert berechnet. [3]In Verfahren wegen überlanger Gerichtsverfahren (§ 202 Satz 2 des Sozialgerichtsgesetzes) werden die Gebühren nach dem Gegenstandswert berechnet.

(2) Absatz 1 gilt entsprechend für eine Tätigkeit außerhalb eines gerichtlichen Verfahrens.

§ 3 a Vergütungsvereinbarung

(1) [1]Eine Vereinbarung über die Vergütung bedarf der Textform. [2]Sie muss als Vergütungsvereinbarung oder in vergleichbarer Weise bezeichnet werden, von anderen Vereinbarungen mit Ausnahme der Auftragserteilung deutlich abgesetzt sein und darf nicht in der Vollmacht enthalten sein. [3]Sie hat einen Hinweis darauf zu enthalten, dass die gegnerische Partei, ein Verfahrensbeteiligter oder die Staatskasse im Falle der Kostenerstattung regelmäßig nicht mehr als die gesetzliche Vergütung erstatten muss. [4]Die Sätze 1 und 2 gelten nicht für eine Gebührenvereinbarung nach § 34.

(2) [1]Ist eine vereinbarte, eine nach § 4 Abs. 3 Satz 1 von dem Vorstand der Rechtsanwaltskammer festgesetzte oder eine nach § 4 a für den Erfolgsfall vereinbarte Vergütung unter Berücksichtigung aller Umstände unangemessen hoch, kann sie im Rechtsstreit auf den angemessenen Betrag bis zur Höhe der gesetzlichen Vergütung herabgesetzt werden. [2]Vor der Herabsetzung hat das Gericht ein Gutachten des Vorstands

RVG alt	RVG neu

der Rechtsanwaltskammer einzuholen; dies gilt nicht, wenn der Vorstand der Rechtsanwaltskammer die Vergütung nach § 4 Abs. 3 Satz 1 festgesetzt hat. [3]Das Gutachten ist kostenlos zu erstatten.

(3) [1]Eine Vereinbarung, nach der ein im Wege der Prozesskostenhilfe beigeordneter Rechtsanwalt für die von der Beiordnung erfasste Tätigkeit eine höhere als die gesetzliche Vergütung erhalten soll, ist nichtig. [2]Die Vorschriften des bürgerlichen Rechts über die ungerechtfertigte Bereicherung bleiben unberührt.

§ 4 Erfolgsunabhängige Vergütung

(1) [1]In außergerichtlichen Angelegenheiten kann eine niedrigere als die gesetzliche Vergütung vereinbart werden. [2]Sie muss in einem angemessenen Verhältnis zu Leistung, Verantwortung und Haftungsrisiko des Rechtsanwalts stehen. [3]Liegen die Voraussetzungen für die Bewilligung von Beratungshilfe vor, kann der Rechtsanwalt ganz auf eine Vergütung verzichten. [4]§ 9 des Beratungshilfegesetzes bleibt unberührt.

(2) [1]Der Rechtsanwalt kann sich für gerichtliche Mahnverfahren und Zwangsvollstreckungsverfahren nach den §§ 802 a bis 863 und 882 b bis 882 f der Zivilprozessordnung verpflichten, dass er, wenn der Anspruch des Auftraggebers auf Erstattung der gesetzlichen Vergütung nicht beigetrieben werden kann, einen Teil des Erstattungsanspruchs an Erfüllungs statt annehmen werde. [2]Der nicht durch Abtretung zu erfüllende Teil der gesetzlichen Vergütung muss in einem angemessenen Verhältnis zu Leistung, Verantwortung und Haftungsrisiko des Rechtsanwalts stehen.

(3) [1]In der Vereinbarung kann es dem Vorstand der Rechtsanwaltskammer überlassen werden, die Vergütung nach billigem Ermessen festzusetzen. [2]Ist die Festsetzung der Vergütung dem Ermessen eines Vertragsteils überlassen, gilt die gesetzliche Vergütung als vereinbart.

§ 4 a Erfolgshonorar

(1) [1]Ein Erfolgshonorar (§ 49 b Abs. 2 Satz 1 der Bundesrechtsanwaltsordnung) darf nur für den Einzelfall und nur dann vereinbart werden, wenn der Auftraggeber aufgrund seiner wirtschaftlichen Verhältnisse bei verständiger Betrachtung ohne die Vereinbarung eines Erfolgshonorars von der Rechtsverfolgung abgehalten würde. [2]In einem gerichtlichen Verfahren darf dabei für den Fall des Misserfolgs vereinbart werden, dass keine oder eine geringere als die gesetzliche Vergütung zu zahlen ist, wenn für den Erfolgsfall ein angemessener Zuschlag auf die gesetzliche Vergütung vereinbart wird. [3]Für die Beurteilung nach Satz 1 bleibt die Möglichkeit, Beratungs- oder Prozesskostenhilfe in Anspruch zu nehmen, außer Betracht.

(2) Die Vereinbarung muss enthalten:

1. die voraussichtliche gesetzliche Vergütung und gegebenenfalls die erfolgsunabhängige vertragliche Vergütung, zu der der Rechtsanwalt bereit wäre, den Auftrag zu übernehmen, sowie
2. die Angabe, welche Vergütung bei Eintritt welcher Bedingungen verdient sein soll.

(3) [1]In der Vereinbarung sind außerdem die wesentlichen Gründe anzugeben, die für die Bemessung des Erfolgshonorars bestimmend sind. [2]Ferner ist ein Hinweis aufzunehmen, dass die Vereinbarung keinen Einfluss auf die gegebenenfalls vom Auftraggeber zu zahlenden Gerichtskosten, Verwaltungskosten und die von ihm zu erstattenden Kosten anderer Beteiligter hat.

§ 4 b Fehlerhafte Vergütungsvereinbarung

[1]Aus einer Vergütungsvereinbarung, die nicht den Anforderungen des § 3 a Abs. 1 Satz 1 und 2 oder des § 4 a Abs. 1 und 2 entspricht, kann der Rechtsanwalt keine höhere als die gesetzliche Vergütung fordern. [2]Die Vorschriften des bürgerlichen Rechts über die ungerechtfertigte Bereicherung bleiben unberührt.

§ 5 Vergütung für Tätigkeiten von Vertretern des Rechtsanwalts

Die Vergütung für eine Tätigkeit, die der Rechtsanwalt nicht persönlich vornimmt, wird nach diesem Gesetz bemessen, wenn der Rechtsanwalt durch einen Rechtsanwalt, den allgemeinen Vertreter, einen Assessor bei einem Rechtsanwalt oder einen zur Ausbildung zugewiesenen Referendar vertreten wird.

§ 6 Mehrere Rechtsanwälte

Ist der Auftrag mehreren Rechtsanwälten zur gemeinschaftlichen Erledigung übertragen, erhält jeder Rechtsanwalt für seine Tätigkeit die volle Vergütung.

§ 7 Mehrere Auftraggeber

(1) Wird der Rechtsanwalt in derselben Angelegenheit für mehrere Auftraggeber tätig, erhält er die Gebühren nur einmal.

(2) [1]Jeder der Auftraggeber schuldet die Gebühren und Auslagen, die er schulden würde, wenn der Rechtsanwalt nur in seinem Auftrag tätig geworden wäre; die Dokumentenpauschale nach Nummer 7000 des Vergütungsverzeichnisses schuldet er auch insoweit, wie diese nur durch die Unterrichtung mehrerer Auf-

RVG alt	RVG neu

traggeber entstanden ist. [2]Der Rechtsanwalt kann aber insgesamt nicht mehr als die nach Absatz 1 berechneten Gebühren und die insgesamt entstandenen Auslagen fordern.

§ 8 Fälligkeit, Hemmung der Verjährung

(1) [1]Die Vergütung wird fällig, wenn der Auftrag erledigt oder die Angelegenheit beendet ist. [2]Ist der Rechtsanwalt in einem gerichtlichen Verfahren tätig, wird die Vergütung auch fällig, wenn eine Kostenentscheidung ergangen oder der Rechtszug beendet ist oder wenn das Verfahren länger als drei Monate ruht.

(2) [1]Die Verjährung der Vergütung für eine Tätigkeit in einem gerichtlichen Verfahren wird gehemmt, solange das Verfahren anhängig ist. [2]Die Hemmung endet mit der rechtskräftigen Entscheidung oder anderweitigen Beendigung des Verfahrens. [3]Ruht das Verfahren, endet die Hemmung drei Monate nach Eintritt der Fälligkeit. [4]Die Hemmung beginnt erneut, wenn das Verfahren weiter betrieben wird.

§ 9 Vorschuss

Der Rechtsanwalt kann von seinem Auftraggeber für die entstandenen und die voraussichtlich entstehenden Gebühren und Auslagen einen angemessenen Vorschuss fordern.

§ 10 Berechnung

(1) [1]Der Rechtsanwalt kann die Vergütung nur aufgrund einer von ihm unterzeichneten und dem Auftraggeber mitgeteilten Berechnung einfordern. [2]Der Lauf der Verjährungsfrist ist von der Mitteilung der Berechnung nicht abhängig.

(2) [1]In der Berechnung sind die Beträge der einzelnen Gebühren und Auslagen, Vorschüsse, eine kurze Bezeichnung des jeweiligen Gebührentatbestands, die Bezeichnung der Auslagen sowie die angewandten Nummern des Vergütungsverzeichnisses und bei Gebühren, die nach dem Gegenstandswert berechnet sind, auch dieser anzugeben. [2]Bei Entgelten für Post- und Telekommunikationsdienstleistungen genügt die Angabe des Gesamtbetrags.

(3) Hat der Auftraggeber die Vergütung gezahlt, ohne die Berechnung erhalten zu haben, kann er die Mitteilung der Berechnung noch fordern, solange der Rechtsanwalt zur Aufbewahrung der Handakten verpflichtet ist.

§ 11 Festsetzung der Vergütung

(1) [1]Soweit die gesetzliche Vergütung, eine nach § 42 festgestellte Pauschgebühr und die zu ersetzenden Aufwendungen (§ 670 des Bürgerlichen Gesetzbuchs) zu den Kosten des gerichtlichen Verfahrens gehören, werden sie auf Antrag des Rechtsanwalts oder des Auftraggebers durch das Gericht des ersten Rechtszugs festgesetzt. [2]Getilgte Beträge sind abzusetzen.

(2) [1]Der Antrag ist erst zulässig, wenn die Vergütung fällig ist. [2]Vor der Festsetzung sind die Beteiligten zu hören. [3]Die Vorschriften der jeweiligen Verfahrensordnung über das Kostenfestsetzungsverfahren mit Ausnahme des § 104 Abs. 2 Satz 3 der Zivilprozessordnung und die Vorschriften der Zivilprozessordnung über die Zwangsvollstreckung aus Kostenfestsetzungsbeschlüssen gelten entsprechend. [4]Das Verfahren vor dem Gericht des ersten Rechtszugs ist gebührenfrei. [5]In den Vergütungsfestsetzungsbeschluss sind die von dem Rechtsanwalt gezahlten Auslagen für die Zustellung des Beschlusses aufzunehmen. [6]Im Übrigen findet eine Kostenerstattung nicht statt; dies gilt auch im Verfahren über Beschwerden.

(3) [1]Im Verfahren vor den Gerichten der Verwaltungsgerichtsbarkeit, der Finanzgerichtsbarkeit und der Sozialgerichtsbarkeit wird die Vergütung vom Urkundsbeamten der Geschäftsstelle festgesetzt. [2]Die für die jeweilige Gerichtsbarkeit geltenden Vorschriften über die Erinnerung im Kostenfestsetzungsverfahren gelten entsprechend.

(4) Wird der vom Rechtsanwalt angegebene Gegenstandswert von einem Beteiligten bestritten, ist das Verfahren auszusetzen, bis das Gericht hierüber entschieden hat (§§ 32, 33 und 38 Abs. 1).

(5) [1]Die Festsetzung ist abzulehnen, soweit der Antragsgegner Einwendungen oder Einreden erhebt, die nicht im Gebührenrecht ihren Grund haben. [2]Hat der Auftraggeber bereits dem Rechtsanwalt gegenüber derartige Einwendungen oder Einreden erhoben, ist die Erhebung der Klage nicht von der vorherigen Einleitung des Festsetzungsverfahrens abhängig.

(6) [1]Anträge und Erklärungen können ohne Mitwirkung eines Bevollmächtigten schriftlich eingereicht oder zu Protokoll der Geschäftsstelle abgegeben werden. [2]§ 129 a der Zivilprozessordnung gilt entsprechend. [3]Für die Bevollmächtigung gelten die Regelungen der für das zugrunde liegende Verfahren geltenden Verfahrensordnung entsprechend.

(7) Durch den Antrag auf Festsetzung der Vergütung wird die Verjährung wie durch Klageerhebung gehemmt.

RVG alt	RVG neu

(8) [1]Die Absätze 1 bis 7 gelten bei Rahmengebühren nur, wenn die Mindestgebühren geltend gemacht werden oder der Auftraggeber der Höhe der Gebühren ausdrücklich zugestimmt hat. [2]Die Festsetzung auf Antrag des Rechtsanwalts ist abzulehnen, wenn er die Zustimmungserklärung des Auftraggebers nicht mit dem Antrag vorlegt.

RVG alt	RVG neu
§ 12 Anwendung von Vorschriften für die Prozesskostenhilfe	**§ 12 Anwendung von Vorschriften über die Prozesskostenhilfe**

[1]Die Vorschriften dieses Gesetzes für im Wege der Prozesskostenhilfe beigeordnete Rechtsanwälte und für Verfahren über die Prozesskostenhilfe sind bei Verfahrenskostenhilfe und im Fall des § 4 a der Insolvenzordnung entsprechend anzuwenden. [2]Der Bewilligung von Prozesskostenhilfe steht die Stundung nach § 4 a der Insolvenzordnung gleich.

§ 12 a Abhilfe bei Verletzung des Anspruchs auf rechtliches Gehör

(1) Auf die Rüge eines durch die Entscheidung nach diesem Gesetz beschwerten Beteiligten ist das Verfahren fortzuführen, wenn

1. ein Rechtsmittel oder ein anderer Rechtsbehelf gegen die Entscheidung nicht gegeben ist und
2. das Gericht den Anspruch dieses Beteiligten auf rechtliches Gehör in entscheidungserheblicher Weise verletzt hat.

(2) [1]Die Rüge ist innerhalb von zwei Wochen nach Kenntnis von der Verletzung des rechtlichen Gehörs zu erheben; der Zeitpunkt der Kenntniserlangung ist glaubhaft zu machen. [2]Nach Ablauf eines Jahres seit Bekanntmachung der angegriffenen Entscheidung kann die Rüge nicht mehr erhoben werden. [3]Formlos mitgeteilte Entscheidungen gelten mit dem dritten Tage nach Aufgabe zur Post als bekannt gemacht. [4]Die Rüge ist bei dem Gericht zu erheben, dessen Entscheidung angegriffen wird; § 33 Abs. 7 Satz 1 und 2 gilt entsprechend. [5]Die Rüge muss die angegriffene Entscheidung bezeichnen und das Vorliegen der in Absatz 1 Nr. 2 genannten Voraussetzungen darlegen.

(3) Den übrigen Beteiligten ist, soweit erforderlich, Gelegenheit zur Stellungnahme zu geben.

(4) [1]Das Gericht hat von Amts wegen zu prüfen, ob die Rüge an sich statthaft und ob sie in der gesetzlichen Form und Frist erhoben ist. [2]Mangelt es an einem dieser Erfordernisse, so ist die Rüge als unzulässig zu verwerfen. [3]Ist die Rüge unbegründet, weist das Gericht sie zurück. [4]Die Entscheidung ergeht durch unanfechtbaren Beschluss. [5]Der Beschluss soll kurz begründet werden.

(5) Ist die Rüge begründet, so hilft ihr das Gericht ab, indem es das Verfahren fortführt, soweit dies aufgrund der Rüge geboten ist.

(6) Kosten werden nicht erstattet.

§ 12 b Elektronische Akte, elektronisches Dokument

[1]In Verfahren nach diesem Gesetz sind die verfahrensrechtlichen Vorschriften über die elektronische Akte und über das elektronische Dokument für das Verfahren anzuwenden, in dem der Rechtsanwalt die Vergütung erhält. [2]Im Fall der Beratungshilfe sind die entsprechenden Vorschriften des Gesetzes über das Verfahren in Familiensachen und in den Angelegenheiten der freiwilligen Gerichtsbarkeit anzuwenden.

§ 12 c Rechtsbehelfsbelehrung

Jede anfechtbare Entscheidung hat eine Belehrung über den statthaften Rechtsbehelf sowie über das Gericht, bei dem dieser Rechtsbehelf einzulegen ist, über dessen Sitz und über die einzuhaltende Form und Frist zu enthalten.

Abschnitt 2 Gebührenvorschriften

§ 13 Wertgebühren

RVG alt	RVG neu
(1) [1]Wenn sich die Gebühren nach dem Gegenstandswert richten, beträgt die Gebühr bei einem Gegenstandswert bis 500 Euro 45 Euro. [2]Die Gebühr erhöht sich bei einem	(1) [1]Wenn sich die Gebühren nach dem Gegenstandswert richten, beträgt bei einem Gegenstandswert bis 500 Euro die Gebühr 49 Euro. [2]Die Gebühr erhöht sich bei einem

RVG alt	RVG neu

RVG alt

Gegenstandswert bis ... Euro	für jeden angefangenen Betrag von weiteren ... Euro	um ... Euro
2 000	500	35
10 000	1 000	51
25 000	3 000	46
50 000	5 000	75
200 000	15 000	85
500 000	30 000	120
über 500 000	50 000	150

[3]Eine Gebührentabelle für Gegenstandswerte bis 500 000 Euro ist diesem Gesetz als Anlage 2 beigefügt.

(2) Der Mindestbetrag einer Gebühr ist 15 Euro.

RVG neu

Gegenstandswert bis ... Euro	für jeden angefangenen Betrag von weiteren ... Euro	um ... Euro
2 000	500	39
10 000	1 000	56
25 000	3 000	52
50 000	5 000	81
200 000	15 000	94
500 000	30 000	132
über 500 000	50 000	165

[3]Eine Gebührentabelle für Gegenstandswerte bis 500 000 Euro ist diesem Gesetz als Anlage 2 beigefügt.

(2) Der Mindestbetrag einer Gebühr ist 15 Euro.

§ 14 Rahmengebühren

(1) [1]Bei Rahmengebühren bestimmt der Rechtsanwalt die Gebühr im Einzelfall unter Berücksichtigung aller Umstände, vor allem des Umfangs und der Schwierigkeit der anwaltlichen Tätigkeit, der Bedeutung der Angelegenheit sowie der Einkommens- und Vermögensverhältnisse des Auftraggebers, nach billigem Ermessen. [2]Ein besonderes Haftungsrisiko des Rechtsanwalts kann bei der Bemessung herangezogen werden. [3]Bei Rahmengebühren, die sich nicht nach dem Gegenstandswert richten, ist das Haftungsrisiko zu berücksichtigen. [4]Ist die Gebühr von einem Dritten zu ersetzen, ist die von dem Rechtsanwalt getroffene Bestimmung nicht verbindlich, wenn sie unbillig ist.

RVG alt	RVG neu
(2) [1]Im Rechtsstreit hat das Gericht ein Gutachten des Vorstands der Rechtsanwaltskammer einzuholen, soweit die Höhe der Gebühr streitig ist; dies gilt auch im Verfahren nach § 495 a der Zivilprozessordnung. [2]Das Gutachten ist kostenlos zu erstatten.	(2) Ist eine Rahmengebühr auf eine andere Rahmengebühr anzurechnen, ist die Gebühr, auf die angerechnet wird, so zu bestimmen, als sei der Rechtsanwalt zuvor nicht tätig gewesen. (3) [1]Im Rechtsstreit hat das Gericht ein Gutachten des Vorstands der Rechtsanwaltskammer einzuholen, soweit die Höhe der Gebühr streitig ist; dies gilt auch im Verfahren nach § 495 a der Zivilprozessordnung. [2]Das Gutachten ist kostenlos zu erstatten.

§ 15 Abgeltungsbereich der Gebühren

(1) Die Gebühren entgelten, soweit dieses Gesetz nichts anderes bestimmt, die gesamte Tätigkeit des Rechtsanwalts vom Auftrag bis zur Erledigung der Angelegenheit.

(2) Der Rechtsanwalt kann die Gebühren in derselben Angelegenheit nur einmal fordern.

(3) Sind für Teile des Gegenstands verschiedene Gebührensätze anzuwenden, entstehen für die Teile gesondert berechnete Gebühren, jedoch nicht mehr als die aus dem Gesamtbetrag der Wertteile nach dem höchsten Gebührensatz berechnete Gebühr.

(4) Auf bereits entstandene Gebühren ist es, soweit dieses Gesetz nichts anderes bestimmt, ohne Einfluss, wenn sich die Angelegenheit vorzeitig erledigt oder der Auftrag endigt, bevor die Angelegenheit erledigt ist.

(5) [1]Wird der Rechtsanwalt, nachdem er in einer Angelegenheit tätig geworden ist, beauftragt, in derselben Angelegenheit weiter tätig zu werden, erhält er nicht mehr an Gebühren, als er erhalten würde, wenn er von vornherein hiermit beauftragt worden wäre. [2]Ist der frühere Auftrag seit mehr als zwei Kalenderjahren erledigt, gilt die weitere Tätigkeit als neue Angelegenheit und in diesem Gesetz bestimmte Anrechnungen

<table>
<tr><th>RVG alt</th><th>RVG neu</th></tr>
<tr><td colspan="2">von Gebühren entfallen. [3]Satz 2 gilt entsprechend, wenn ein Vergleich mehr als zwei Kalenderjahre nach seinem Abschluss angefochten wird oder wenn mehr als zwei Kalenderjahre nach Zustellung eines Beschlusses nach § 23 Absatz 3 Satz 1 des Kapitalanleger-Musterverfahrensgesetzes der Kläger einen Antrag nach § 23 Absatz 4 des Kapitalanleger-Musterverfahrensgesetzes auf Wiedereröffnung des Verfahrens stellt.
(6) Ist der Rechtsanwalt nur mit einzelnen Handlungen oder mit Tätigkeiten, die nach § 19 zum Rechtszug oder zum Verfahren gehören, beauftragt, erhält er nicht mehr an Gebühren als der mit der gesamten Angelegenheit beauftragte Rechtsanwalt für die gleiche Tätigkeit erhalten würde.</td></tr>
<tr><td colspan="2">§ 15 a Anrechnung einer Gebühr
(1) Sieht dieses Gesetz die Anrechnung einer Gebühr auf eine andere Gebühr vor, kann der Rechtsanwalt beide Gebühren fordern, jedoch nicht mehr als den um den Anrechnungsbetrag verminderten Gesamtbetrag der beiden Gebühren.</td></tr>
<tr><td>(2) Ein Dritter kann sich auf die Anrechnung nur berufen, soweit er den Anspruch auf eine der beiden Gebühren erfüllt hat, wegen eines dieser Ansprüche gegen ihn ein Vollstreckungstitel besteht oder beide Gebühren in demselben Verfahren gegen ihn geltend gemacht werden.</td><td>(2) [1]Sind mehrere Gebühren teilweise auf dieselbe Gebühr anzurechnen, so ist der anzurechnende Betrag für jede anzurechnende Gebühr gesondert zu ermitteln. [2]Bei Wertgebühren darf der Gesamtbetrag der Anrechnung jedoch denjenigen Anrechnungsbetrag nicht übersteigen, der sich ergeben würde, wenn eine Gebühr anzurechnen wäre, die sich aus dem Gesamtbetrag der betroffenen Wertteile nach dem höchsten für die Anrechnungen einschlägigen Gebührensatz berechnet. [3]Bei Betragsrahmengebühren darf der Gesamtbetrag der Anrechnung den für die Anrechnung bestimmten Höchstbetrag nicht übersteigen.
(3) Ein Dritter kann sich auf die Anrechnung nur berufen, soweit er den Anspruch auf eine der beiden Gebühren erfüllt hat, wegen eines dieser Ansprüche gegen ihn ein Vollstreckungstitel besteht oder beide Gebühren in demselben Verfahren gegen ihn geltend gemacht werden.</td></tr>
<tr><td colspan="2">Abschnitt 3 Angelegenheit</td></tr>
<tr><td colspan="2">§ 16 Dieselbe Angelegenheit
Dieselbe Angelegenheit sind
1. das Verwaltungsverfahren auf Aussetzung oder Anordnung der sofortigen Vollziehung sowie über einstweilige Maßnahmen zur Sicherung der Rechte Dritter und jedes Verwaltungsverfahren auf Abänderung oder Aufhebung in den genannten Fällen;
2. das Verfahren über die Prozesskostenhilfe und das Verfahren, für das die Prozesskostenhilfe beantragt worden ist;
3. mehrere Verfahren über die Prozesskostenhilfe in demselben Rechtszug;
3a. das Verfahren zur Bestimmung des zuständigen Gerichts und das Verfahren, für das der Gerichtsstand bestimmt werden soll; dies gilt auch dann, wenn das Verfahren zur Bestimmung des zuständigen Gerichts vor Klageerhebung oder Antragstellung endet, ohne dass das zuständige Gericht bestimmt worden ist;
4. eine Scheidungssache oder ein Verfahren über die Aufhebung einer Lebenspartnerschaft und die Folgesachen;
5. das Verfahren über die Anordnung eines Arrests, zur Erwirkung eines Europäischen Beschlusses zur vorläufigen Kontenpfändung, über den Erlass einer einstweiligen Verfügung oder einstweiligen Anordnung, über die Anordnung oder Wiederherstellung der aufschiebenden Wirkung, über die Aufhebung der Vollziehung oder die Anordnung der sofortigen Vollziehung eines Verwaltungsakts und jedes Verfahren über deren Abänderung, Aufhebung oder Widerruf;
6. das Verfahren nach § 3 Abs. 1 des Gesetzes zur Ausführung des Vertrages zwischen der Bundesrepublik Deutschland und der Republik Österreich vom 6. Juni 1959 über die gegenseitige Anerkennung und Vollstreckung von gerichtlichen Entscheidungen, Vergleichen und öffentlichen Urkunden in Zivil-</td></tr>
</table>

RVG alt	RVG neu

und Handelssachen in der im Bundesgesetzblatt Teil III, Gliederungsnummer 319-12, veröffentlichten bereinigten Fassung, das zuletzt durch Artikel 23 des Gesetzes vom 27. Juli 2001 (BGBl. I S. 1887) geändert worden ist, und das Verfahren nach § 3 Abs. 2 des genannten Gesetzes;

7. das Verfahren über die Zulassung der Vollziehung einer vorläufigen oder sichernden Maßnahme und das Verfahren über einen Antrag auf Aufhebung oder Änderung einer Entscheidung über die Zulassung der Vollziehung (§ 1041 der Zivilprozessordnung);
8. das schiedsrichterliche Verfahren und das gerichtliche Verfahren bei der Bestellung eines Schiedsrichters oder Ersatzschiedsrichters, über die Ablehnung eines Schiedsrichters oder über die Beendigung des Schiedsrichteramts, zur Unterstützung bei der Beweisaufnahme oder bei der Vornahme sonstiger richterlicher Handlungen;
9. das Verfahren vor dem Schiedsgericht und die gerichtlichen Verfahren über die Bestimmung einer Frist (§ 102 Abs. 3 des Arbeitsgerichtsgesetzes), die Ablehnung eines Schiedsrichters (§ 103 Abs. 3 des Arbeitsgerichtsgesetzes) oder die Vornahme einer Beweisaufnahme oder einer Vereidigung (§ 106 Abs. 2 des Arbeitsgerichtsgesetzes);
10. im Kostenfestsetzungsverfahren und im Verfahren über den Antrag auf gerichtliche Entscheidung gegen einen Kostenfestsetzungsbescheid (§ 108 des Gesetzes über Ordnungswidrigkeiten) einerseits und im Kostenansatzverfahren sowie im Verfahren über den Antrag auf gerichtliche Entscheidung gegen den Ansatz der Gebühren und Auslagen (§ 108 des Gesetzes über Ordnungswidrigkeiten) andererseits jeweils mehrere Verfahren über
   a) die Erinnerung,
   b) den Antrag auf gerichtliche Entscheidung,
   c) die Beschwerde in demselben Beschwerderechtszug;
11. das Rechtsmittelverfahren und das Verfahren über die Zulassung des Rechtsmittels; dies gilt nicht für das Verfahren über die Beschwerde gegen die Nichtzulassung eines Rechtsmittels;
12. das Verfahren über die Privatklage und die Widerklage und zwar auch im Fall des § 388 Abs. 2 der Strafprozessordnung und
13. das erstinstanzliche Prozessverfahren und der erste Rechtszug des Musterverfahrens nach dem Kapitalanleger-Musterverfahrensgesetz.

§ 17 Verschiedene Angelegenheiten

Verschiedene Angelegenheiten sind

RVG alt	RVG neu
1. das Verfahren über ein Rechtsmittel und der vorausgegangene Rechtszug,	1. das Verfahren über ein Rechtsmittel und der vorausgegangene Rechtszug, soweit sich aus § 19 Abs. 1 S. 2 Nr. 10 a nichts anderes ergibt.

1a. jeweils das Verwaltungsverfahren, das einem gerichtlichen Verfahren vorausgehende und der Nachprüfung des Verwaltungsakts dienende weitere Verwaltungsverfahren (Vorverfahren, Einspruchsverfahren, Beschwerdeverfahren, Abhilfeverfahren), das Verfahren über die Beschwerde und die weitere Beschwerde nach der Wehrbeschwerdeordnung, das Verwaltungsverfahren auf Aussetzung oder Anordnung der sofortigen Vollziehung sowie über einstweilige Maßnahmen zur Sicherung der Rechte Dritter und ein gerichtliches Verfahren,

2. das Mahnverfahren und das streitige Verfahren,
3. das vereinfachte Verfahren über den Unterhalt Minderjähriger und das streitige Verfahren,
4. das Verfahren in der Hauptsache und ein Verfahren
   a) auf Anordnung eines Arrests oder zur Erwirkung eines Europäischen Beschlusses zur vorläufigen Kontenpfändung,
   b) auf Erlass einer einstweiligen Verfügung oder einer einstweiligen Anordnung,
   c) über die Anordnung oder Wiederherstellung der aufschiebenden Wirkung, über die Aufhebung der Vollziehung oder über die Anordnung der sofortigen Vollziehung eines Verwaltungsakts sowie
   d) über die Abänderung, die Aufhebung oder den Widerruf einer in einem Verfahren nach den Buchstaben a bis c ergangenen Entscheidung,
5. der Urkunden- oder Wechselprozess und das ordentliche Verfahren, das nach Abstandnahme vom Urkunden- oder Wechselprozess oder nach einem Vorbehaltsurteil anhängig bleibt (§§ 596, 600 der Zivilprozessordnung),

RVG alt	RVG neu

6. das Schiedsverfahren und das Verfahren über die Zulassung der Vollziehung einer vorläufigen oder sichernden Maßnahme sowie das Verfahren über einen Antrag auf Aufhebung oder Änderung einer Entscheidung über die Zulassung der Vollziehung (§ 1041 der Zivilprozessordnung),
7. das gerichtliche Verfahren und ein vorausgegangenes
a) Güteverfahren vor einer durch die Landesjustizverwaltung eingerichteten oder anerkannten Gütestelle (§ 794 Abs. 1 Nr. 1 der Zivilprozessordnung) oder, wenn die Parteien den Einigungsversuch einvernehmlich unternehmen, vor einer Gütestelle, die Streitbeilegung betreibt (§ 15 a Abs. 3 des Einführungsgesetzes zur Zivilprozessordnung),
b) Verfahren vor einem Ausschuss der in § 111 Abs. 2 des Arbeitsgerichtsgesetzes bezeichneten Art,
c) Verfahren vor dem Seemannsamt zur vorläufigen Entscheidung von Arbeitssachen und
d) Verfahren vor sonstigen gesetzlich eingerichteten Einigungsstellen, Gütestellen oder Schiedsstellen,
8. das Vermittlungsverfahren nach § 165 des Gesetzes über das Verfahren in Familiensachen und in den Angelegenheiten der freiwilligen Gerichtsbarkeit und ein sich anschließendes gerichtliches Verfahren,
9. das Verfahren über ein Rechtsmittel und das Verfahren über die Beschwerde gegen die Nichtzulassung des Rechtsmittels,
10. das strafrechtliche Ermittlungsverfahren und
a) ein nachfolgendes gerichtliches Verfahren und
b) ein sich nach Einstellung des Ermittlungsverfahrens anschließendes Bußgeldverfahren,
11. das Bußgeldverfahren vor der Verwaltungsbehörde und das nachfolgende gerichtliche Verfahren,
12. das Strafverfahren und das Verfahren über die im Urteil vorbehaltene Sicherungsverwahrung und
13. das Wiederaufnahmeverfahren und das wiederaufgenommene Verfahren, wenn sich die Gebühren nach Teil 4 oder 5 des Vergütungsverzeichnisses richten.

§ 18 Besondere Angelegenheiten

(1) Besondere Angelegenheiten sind

1. jede Vollstreckungsmaßnahme zusammen mit den durch diese vorbereiteten weiteren Vollstreckungshandlungen bis zur Befriedigung des Gläubigers; dies gilt entsprechend im Verwaltungszwangsverfahren (Verwaltungsvollstreckungsverfahren);
2. jede Vollziehungsmaßnahme bei der Vollziehung eines Arrests oder einer einstweiligen Verfügung (§§ 928 bis 934 und 936 der Zivilprozessordnung), die sich nicht auf die Zustellung beschränkt;
3. solche Angelegenheiten, in denen sich die Gebühren nach Teil 3 des Vergütungsverzeichnisses richten, jedes Beschwerdeverfahren, jedes Verfahren über eine Erinnerung gegen einen Kostenfestsetzungsbeschluss und jedes sonstige Verfahren über eine Erinnerung gegen eine Entscheidung des Rechtspflegers, soweit sich aus § 16 Nummer 10 nichts anderes ergibt;
4. das Verfahren über Einwendungen gegen die Erteilung der Vollstreckungsklausel, auf das § 732 der Zivilprozessordnung anzuwenden ist;
5. das Verfahren auf Erteilung einer weiteren vollstreckbaren Ausfertigung;
6. jedes Verfahren über Anträge nach den §§ 765 a, 851 a oder 851 b der Zivilprozessordnung und jedes Verfahren über Anträge auf Änderung oder Aufhebung der getroffenen Anordnungen, jedes Verfahren über Anträge nach § 1084 Absatz 1, § 1096 oder § 1109 der Zivilprozessordnung und über Anträge nach § 31 des Auslandsunterhaltsgesetzes;
7. das Verfahren auf Zulassung der Austauschpfändung (§ 811 a der Zivilprozessordnung);
8. das Verfahren über einen Antrag nach § 825 der Zivilprozessordnung;
9. die Ausführung der Zwangsvollstreckung in ein gepfändetes Vermögensrecht durch Verwaltung (§ 857 Abs. 4 der Zivilprozessordnung);
10. das Verteilungsverfahren (§ 858 Abs. 5, §§ 872 bis 877, 882 der Zivilprozessordnung);
11. das Verfahren auf Eintragung einer Zwangshypothek (§§ 867, 870 a der Zivilprozessordnung);
12. die Vollstreckung der Entscheidung, durch die der Schuldner zur Vorauszahlung der Kosten, die durch die Vornahme einer Handlung entstehen, verurteilt wird (§ 887 Abs. 2 der Zivilprozessordnung);
13. das Verfahren zur Ausführung der Zwangsvollstreckung auf Vornahme einer Handlung durch Zwangsmittel (§ 888 der Zivilprozessordnung);
14. jede Verurteilung zu einem Ordnungsgeld gemäß § 890 Abs. 1 der Zivilprozessordnung;
15. die Verurteilung zur Bestellung einer Sicherheit im Fall des § 890 Abs. 3 der Zivilprozessordnung;
16. das Verfahren zur Abnahme der Vermögensauskunft (§§ 802 f und 802 g der Zivilprozessordnung);

<table>
<tr><th>RVG alt</th><th>RVG neu</th></tr>
<tr><td colspan="2">17. das Verfahren auf Löschung der Eintragung im Schuldnerverzeichnis (§ 882 e der Zivilprozessordnung);</td></tr>
<tr><td colspan="2">18. das Ausüben der Veröffentlichungsbefugnis;</td></tr>
<tr><td>19. das Verfahren über Anträge auf Zulassung der Zwangsvollsteckung nach § 17 Abs. 4 der Schifffahrtsrechtlichen Verteilungsordnung;</td><td>19. das Verfahren über Anträge auf Zulassung der Zwangsvollstreckung nach § 17 Abs. 4 der Schifffahrtsrechtlichen Verteilungsordnung;</td></tr>
<tr><td colspan="2">20. das Verfahren über Anträge auf Aufhebung von Vollstreckungsmaßregeln (§ 8 Abs. 5 und § 41 der Schifffahrtsrechtlichen Verteilungsordnung) und</td></tr>
<tr><td colspan="2">21. das Verfahren zur Anordnung von Zwangsmaßnahmen durch Beschluss nach § 35 des Gesetzes über das Verfahren in Familiensachen und in den Angelegenheiten der freiwilligen Gerichtsbarkeit.</td></tr>
<tr><td colspan="2">(2) Absatz 1 gilt entsprechend für
1. die Vollziehung eines Arrestes und
2. die Vollstreckung
nach den Vorschriften des Gesetzes über das Verfahren in Familiensachen und in den Angelegenheiten der freiwilligen Gerichtsbarkeit.</td></tr>
<tr><td colspan="2">§ 19 Rechtszug; Tätigkeiten, die mit dem Verfahren zusammenhängen</td></tr>
<tr><td colspan="2">(1) [1]Zu dem Rechtszug oder dem Verfahren gehören auch alle Vorbereitungs-, Neben- und Abwicklungstätigkeiten und solche Verfahren, die mit dem Rechtszug oder Verfahren zusammenhängen, wenn die Tätigkeit nicht nach § 18 eine besondere Angelegenheit ist. [2]Hierzu gehören insbesondere</td></tr>
<tr><td colspan="2">1. die Vorbereitung der Klage, des Antrags oder der Rechtsverteidigung, soweit kein besonderes gerichtliches oder behördliches Verfahren stattfindet;</td></tr>
<tr><td colspan="2">1a. die Einreichung von Schutzschriften und die Anmeldung von Ansprüchen oder Rechtsverhältnissen zum Klageregister für Musterfeststellungsklagen sowie die Rücknahme der Anmeldung;</td></tr>
<tr><td></td><td>1b. die Verkündung des Streits (§ 72 der Zivilprozessordnung)</td></tr>
<tr><td colspan="2">2. außergerichtliche Verhandlungen;</td></tr>
<tr><td colspan="2">3. Zwischenstreite, die Bestellung von Vertretern durch das in der Hauptsache zuständige Gericht, die Ablehnung von Richtern, Rechtspflegern, Urkundsbeamten der Geschäftsstelle oder Sachverständigen, die Entscheidung über einen Antrag betreffend eine Sicherungsanordnung, die Wertfestsetzung, die Beschleunigungsrüge nach § 155 b des Gesetzes über das Verfahren in Familiensachen und in den Angelegenheiten der freiwilligen Gerichtsbarkeit;</td></tr>
<tr><td colspan="2">4. das Verfahren vor dem beauftragten oder ersuchten Richter;</td></tr>
<tr><td colspan="2">5. das Verfahren
a) über die Erinnerung (§ 573 der Zivilprozessordnung),
b) über die Rüge wegen Verletzung des Anspruchs auf rechtliches Gehör,
c) nach Artikel 18 der Verordnung (EG) Nr. 861/2007 des Europäischen Parlaments und des Rates vom 13. Juni 2007 zur Einführung eines europäischen Verfahrens für geringfügige Forderungen,
d) nach Artikel 20 der Verordnung (EG) Nr. 1896/2006 des Europäischen Parlaments und des Rates vom 12. Dezember 2006 zur Einführung eines Europäischen Mahnverfahrens und
e) nach Artikel 19 der Verordnung (EG) Nr. 4/2009 über die Zuständigkeit, das anwendbare Recht, die Anerkennung und Vollstreckung von Entscheidungen und die Zusammenarbeit in Unterhaltssachen;</td></tr>
<tr><td colspan="2">6. die Berichtigung und Ergänzung der Entscheidung oder ihres Tatbestands;</td></tr>
<tr><td colspan="2">7. die Mitwirkung bei der Erbringung der Sicherheitsleistung und das Verfahren wegen deren Rückgabe;</td></tr>
<tr><td colspan="2">8. die für die Geltendmachung im Ausland vorgesehene Vervollständigung der Entscheidung und die Bezifferung eines dynamisierten Unterhaltstitels;</td></tr>
<tr><td colspan="2">9. die Zustellung oder Empfangnahme von Entscheidungen oder Rechtsmittelschriften und ihre Mitteilung an den Auftraggeber, die Einwilligung zur Einlegung der Sprungrevision oder Sprungrechtsbeschwerde, der Antrag auf Entscheidung über die Verpflichtung, die Kosten zu tragen, die nachträgliche Vollstreckbarerklärung eines Urteils auf besonderen Antrag, die Erteilung des Notfrist- und des Rechtskraftzeugnisses;</td></tr>
<tr><td colspan="2">9a. die Ausstellung von Bescheinigungen, Bestätigungen oder Formblättern einschließlich deren Berichtigung, Aufhebung oder Widerruf nach</td></tr>
</table>

RVG alt	RVG neu
a) § 1079 oder § 1110 der Zivilprozessordnung, b) § 48 des Internationalen Familienrechtsverfahrensgesetzes, c) § 57 oder § 58 des Anerkennungs- und Vollstreckungsausführungsgesetzes, d) § 14 des EU-Gewaltschutzverfahrensgesetzes, e) § 71 Absatz 1 des Auslandsunterhaltsgesetzes, f) § 27 des Internationalen Erbrechtsverfahrensgesetzes und g) § 27 des Internationalen Güterrechtsverfahrensgesetzes; 10. die Einlegung von Rechtsmitteln bei dem Gericht desselben Rechtszugs in Verfahren, in denen sich die Gebühren nach Teil 4, 5 oder 6 des Vergütungsverzeichnisses richten; die Einlegung des Rechtsmittels durch einen neuen Verteidiger gehört zum Rechtszug des Rechtsmittels; 10a. Beschwerdeverfahren, wenn sich die Gebühren nach Teil 4, 5 oder 6 des Vergütungsverzeichnisses richten und dort nichts anderes bestimmt ist oder keine besonderen Gebührentatbestände vorgesehen sind; 11. die vorläufige Einstellung, Beschränkung oder Aufhebung der Zwangsvollstreckung, wenn nicht eine abgesonderte mündliche Verhandlung hierüber stattfindet; 12. die einstweilige Einstellung oder Beschränkung der Vollstreckung und die Anordnung, dass Vollstreckungsmaßnahmen aufzuheben sind (§ 93 Abs. 1 des Gesetzes über das Verfahren in Familiensachen und in den Angelegenheiten der freiwilligen Gerichtsbarkeit), wenn nicht ein besonderer gerichtlicher Termin hierüber stattfindet; 13. die erstmalige Erteilung der Vollstreckungsklausel, wenn deswegen keine Klage erhoben wird; 14. die Kostenfestsetzung und die Einforderung der Vergütung; 15. *[aufgehoben]* 16. die Zustellung eines Vollstreckungstitels, der Vollstreckungsklausel und der sonstigen in § 750 der Zivilprozessordnung genannten Urkunden und 17. die Herausgabe der Handakten oder ihre Übersendung an einen anderen Rechtsanwalt. (2) Zu den in § 18 Abs. 1 Nr. 1 und 2 genannten Verfahren gehören ferner insbesondere 1. gerichtliche Anordnungen nach § 758 a der Zivilprozessordnung sowie Beschlüsse nach den §§ 90 und 91 Abs. 1 des Gesetzes über das Verfahren in Familiensachen und in den Angelegenheiten der freiwilligen Gerichtsbarkeit, 2. die Erinnerung nach § 766 der Zivilprozessordnung, 3. die Bestimmung eines Gerichtsvollziehers (§ 827 Abs. 1 und § 854 Abs. 1 der Zivilprozessordnung) oder eines Sequesters (§§ 848 und 855 der Zivilprozessordnung), 4. die Anzeige der Absicht, die Zwangsvollstreckung gegen eine juristische Person des öffentlichen Rechts zu betreiben, 5. die einer Verurteilung vorausgehende Androhung von Ordnungsgeld und 6. die Aufhebung einer Vollstreckungsmaßnahme. **§ 20 Verweisung, Abgabe** [1]Soweit eine Sache an ein anderes Gericht verwiesen oder abgegeben wird, sind die Verfahren vor dem verweisenden oder abgebenden und vor dem übernehmenden Gericht ein Rechtszug. [2]Wird eine Sache an ein Gericht eines niedrigeren Rechtszugs verwiesen oder abgegeben, ist das weitere Verfahren vor diesem Gericht ein neuer Rechtszug. **§ 21 Zurückverweisung, Fortführung einer Folgesache als selbständige Familiensache** (1) Soweit eine Sache an ein untergeordnetes Gericht zurückverwiesen wird, ist das weitere Verfahren vor diesem Gericht ein neuer Rechtszug. (2) In den Fällen des § 146 des Gesetzes über das Verfahren in Familiensachen und in den Angelegenheiten der freiwilligen Gerichtsbarkeit, auch in Verbindung mit § 270 des Gesetzes über das Verfahren in Familiensachen und in den Angelegenheiten der freiwilligen Gerichtsbarkeit, bildet das weitere Verfahren vor dem Familiengericht mit dem früheren einen Rechtszug. (3) Wird eine Folgesache als selbständige Familiensache fortgeführt, sind das fortgeführte Verfahren und das frühere Verfahren dieselbe Angelegenheit.	

RVG alt	RVG neu

Abschnitt 4 Gegenstandswert

§ 22 Grundsatz

(1) In derselben Angelegenheit werden die Werte mehrerer Gegenstände zusammengerechnet.

(2) [1]Der Wert beträgt in derselben Angelegenheit höchstens 30 Millionen Euro, soweit durch Gesetz kein niedrigerer Höchstwert bestimmt ist. [2]Sind in derselben Angelegenheit mehrere Personen wegen verschiedener Gegenstände Auftraggeber, beträgt der Wert für jede Person höchstens 30 Millionen Euro, insgesamt jedoch nicht mehr als 100 Millionen Euro.

§ 23 Allgemeine Wertvorschrift

(1) [1]Soweit sich die Gerichtsgebühren nach dem Wert richten, bestimmt sich der Gegenstandswert im gerichtlichen Verfahren nach den für die Gerichtsgebühren geltenden Wertvorschriften. [2]In Verfahren, in denen Kosten nach dem Gerichtskostengesetz oder dem Gesetz über Gerichtskosten in Familiensachen erhoben werden, sind die Wertvorschriften des jeweiligen Kostengesetzes entsprechend anzuwenden, wenn für das Verfahren keine Gerichtsgebühr oder eine Festgebühr bestimmt ist. [3]Diese Wertvorschriften gelten auch entsprechend für die Tätigkeit außerhalb eines gerichtlichen Verfahrens, wenn der Gegenstand der Tätigkeit auch Gegenstand eines gerichtlichen Verfahrens sein könnte. [4]§ 22 Abs. 2 Satz 2 bleibt unberührt.

(2) [1]In Beschwerdeverfahren, in denen Gerichtsgebühren unabhängig vom Ausgang des Verfahrens nicht erhoben werden oder sich nicht nach dem Wert richten, ist der Wert unter Berücksichtigung des Interesses des Beschwerdeführers nach Absatz 3 Satz 2 zu bestimmen, soweit sich aus diesem Gesetz nichts anderes ergibt. [2]Der Gegenstandswert ist durch den Wert des zugrunde liegenden Verfahrens begrenzt. [3]In Verfahren über eine Erinnerung oder eine Rüge wegen Verletzung des rechtlichen Gehörs richtet sich der Wert nach den für Beschwerdeverfahren geltenden Vorschriften.

(3) [1]Soweit sich aus diesem Gesetz nichts anderes ergibt, gelten in anderen Angelegenheiten für den Gegenstandswert die Bewertungsvorschriften des Gerichts- und Notarkostengesetzes und die §§ 37, 38, 42 bis 45 sowie 99 bis 102 des Gerichts- und Notarkostengesetzes entsprechend. [2]Soweit sich der Gegenstandswert aus diesen Vorschriften nicht ergibt und auch sonst nicht feststeht, ist er nach billigem Ermessen zu bestimmen; in Ermangelung genügender tatsächlicher Anhaltspunkte für eine Schätzung und bei nichtvermögensrechtlichen Gegenständen ist der Gegenstandswert mit 5 000 Euro, nach Lage des Falles niedriger oder höher, jedoch nicht über 500 000 Euro anzunehmen.

§ 23 a Gegenstandswert im Verfahren über die Prozesskostenhilfe

(1) Im Verfahren über die Bewilligung der Prozesskostenhilfe oder die Aufhebung der Bewilligung nach § 124 Absatz 1 Nummer 1 der Zivilprozessordnung bestimmt sich der Gegenstandswert nach dem für die Hauptsache maßgebenden Wert; im Übrigen ist er nach dem Kosteninteresse nach billigem Ermessen zu bestimmen.

(2) Der Wert nach Absatz 1 und der Wert für das Verfahren, für das die Prozesskostenhilfe beantragt worden ist, werden nicht zusammengerechnet.

§ 23 b Gegenstandswert im Musterverfahren nach dem Kapitalanleger-Musterverfahrensgesetz

Im Musterverfahren nach dem Kapitalanleger-Musterverfahrensgesetz bestimmt sich der Gegenstandswert nach der Höhe des von dem Auftraggeber oder gegen diesen im Ausgangsverfahren geltend gemachten Anspruchs, soweit dieser Gegenstand des Musterverfahrens ist.

§ 24 Gegenstandswert im Sanierungs- und Reorganisationsverfahren nach dem Kreditinstitute-Reorganisationsgesetz

Ist der Auftrag im Sanierungs- und Reorganisationsverfahren von einem Gläubiger erteilt, bestimmt sich der Wert nach dem Nennwert der Forderung.

§ 25 Gegenstandswert in der Vollstreckung bei der Vollziehung

(1) In der Zwangsvollstreckung, in der Vollstreckung, in Verfahren des Verwaltungszwangs und bei der Vollziehung eines Arrests oder einer einstweiligen Verfügung bestimmt sich der Gegenstandswert

1. nach dem Betrag der zu vollstreckenden Geldforderung einschließlich der Nebenforderungen; soll ein bestimmter Gegenstand gepfändet werden und hat dieser einen geringeren Wert, ist der geringere Wert maßgebend; wird künftig fällig werdendes Arbeitseinkommen nach § 850 d Abs. 3 der Zivilprozessordnung gepfändet, sind die noch nicht fälligen Ansprüche nach § 51 Abs. 1 Satz 1 des Gesetzes über Gerichtskosten in Familiensachen und § 9 der Zivilprozessordnung zu bewerten; im Verteilungsverfah-

RVG alt	RVG neu

ren (§ 858 Abs. 5, §§ 872 bis 877 und 882 der Zivilprozessordnung) ist höchstens der zu verteilende Geldbetrag maßgebend;

2. nach dem Wert der herauszugebenden oder zu leistenden Sachen; der Gegenstandswert darf jedoch den Wert nicht übersteigen, mit dem der Herausgabe- oder Räumungsanspruch nach den für die Berechnung von Gerichtskosten maßgeblichen Vorschriften zu bewerten ist;
3. nach dem Wert, den die zu erwirkende Handlung, Duldung oder Unterlassung für den Gläubiger hat, und
4. in Verfahren über die Erteilung der Vermögensauskunft nach § 802 c der Zivilprozessordnung nach dem Betrag, der einschließlich der Nebenforderungen aus dem Vollstreckungstitel noch geschuldet wird; der Wert beträgt jedoch höchstens 2 000 Euro.

(2) In Verfahren über Anträge des Schuldners ist der Wert nach dem Interesse des Antragstellers nach billigem Ermessen zu bestimmen.

§ 26 Gegenstandswert in der Zwangsversteigerung

In der Zwangsversteigerung bestimmt sich der Gegenstandswert

1. bei der Vertretung des Gläubigers oder eines anderen nach § 9 Nr. 1 und 2 des Gesetzes über die Zwangsversteigerung und die Zwangsverwaltung Beteiligten nach dem Wert des dem Gläubiger oder dem Beteiligten zustehenden Rechts; wird das Verfahren wegen einer Teilforderung betrieben, ist der Teilbetrag nur maßgebend, wenn es sich um einen nach § 10 Abs. 1 Nr. 5 des Gesetzes über die Zwangsversteigerung und die Zwangsverwaltung zu befriedigenden Anspruch handelt; Nebenforderungen sind mitzurechnen; der Wert des Gegenstands der Zwangsversteigerung (§ 66 Abs. 1, § 74 a Abs. 5 des Gesetzes über die Zwangsversteigerung und die Zwangsverwaltung), im Verteilungsverfahren der zur Verteilung kommende Erlös, sind maßgebend, wenn sie geringer sind;
2. bei der Vertretung eines anderen Beteiligten, insbesondere des Schuldners, nach dem Wert des Gegenstands der Zwangsversteigerung, im Verteilungsverfahren nach dem zur Verteilung kommenden Erlös; bei Miteigentümern oder sonstigen Mitberechtigten ist der Anteil maßgebend;
3. bei der Vertretung eines Bieters, der nicht Beteiligter ist, nach dem Betrag des höchsten für den Auftraggeber abgegebenen Gebots, wenn ein solches Gebot nicht abgegeben ist, nach dem Wert des Gegenstands der Zwangsversteigerung.

§ 27 Gegenstandswert in der Zwangsverwaltung

[1]In der Zwangsverwaltung bestimmt sich der Gegenstandswert bei der Vertretung des Antragstellers nach dem Anspruch, wegen dessen das Verfahren beantragt ist; Nebenforderungen sind mitzurechnen; bei Ansprüchen auf wiederkehrende Leistungen ist der Wert der Leistungen eines Jahres maßgebend. [2]Bei der Vertretung des Schuldners bestimmt sich der Gegenstandswert nach dem zusammengerechneten Wert aller Ansprüche, wegen derer das Verfahren beantragt ist, bei der Vertretung eines sonstigen Beteiligten nach § 23 Abs. 3 Satz 2.

§ 28 Gegenstandswert im Insolvenzverfahren

(1) [1]Die Gebühren der Nummern 3313, 3317 sowie im Fall der Beschwerde gegen den Beschluss über die Eröffnung des Insolvenzverfahrens der Nummern 3500 und 3513 des Vergütungsverzeichnisses werden, wenn der Auftrag vom Schuldner erteilt ist, nach dem Wert der Insolvenzmasse (§ 58 des Gerichtskostengesetzes) berechnet. [2]Im Fall der Nummer 3313 des Vergütungsverzeichnisses beträgt der Gegenstandswert jedoch mindestens 4 000 Euro.

(2) [1]Ist der Auftrag von einem Insolvenzgläubiger erteilt, werden die in Absatz 1 genannten Gebühren und die Gebühr nach Nummer 3314 nach dem Nennwert der Forderung berechnet. [2]Nebenforderungen sind mitzurechnen.

(3) Im Übrigen ist der Gegenstandswert im Insolvenzverfahren unter Berücksichtigung des wirtschaftlichen Interesses, das der Auftraggeber im Verfahren verfolgt, nach § 23 Abs. 3 Satz 2 zu bestimmen.

§ 29 Gegenstandswert im Verteilungsverfahren nach der Schifffahrtsrechtlichen Verteilungsordnung

Im Verfahren nach der Schifffahrtsrechtlichen Verteilungsordnung gilt § 28 entsprechend mit der Maßgabe, dass an die Stelle des Werts der Insolvenzmasse die festgesetzte Haftungssumme tritt.

§ 30 Gegenstandswert in gerichtlichen Verfahren nach dem Asylgesetz

(1) [1]In Klageverfahren nach dem Asylgesetz beträgt der Gegenstandswert 5 000 Euro, in Verfahren des vorläufigen Rechtsschutzes 2 500 Euro. [2]Sind mehrere natürliche Personen an demselben Verfahren betei-

RVG alt	RVG neu

ligt, erhöht sich der Wert für jede weitere Person in Klageverfahren um 1 000 Euro und in Verfahren des vorläufigen Rechtsschutzes um 500 Euro.

(2) Ist der nach Absatz 1 bestimmte Wert nach den besonderen Umständen des Einzelfalls unbillig, kann das Gericht einen höheren oder einen niedrigeren Wert festsetzen.

§ 31 Gegenstandswert in gerichtlichen Verfahren nach dem Spruchverfahrensgesetz

(1) [1]Vertritt der Rechtsanwalt im Verfahren nach dem Spruchverfahrensgesetz einen von mehreren Antragstellern, bestimmt sich der Gegenstandswert nach dem Bruchteil des für die Gerichtsgebühren geltenden Geschäftswerts, der sich aus dem Verhältnis der Anzahl der Anteile des Auftraggebers zu der Gesamtzahl der Anteile aller Antragsteller ergibt. [2]Maßgeblicher Zeitpunkt für die Bestimmung der auf die einzelnen Antragsteller entfallenden Anzahl der Anteile ist der jeweilige Zeitpunkt der Antragstellung. [3]Ist die Anzahl der auf einen Antragsteller entfallenden Anteile nicht gerichtsbekannt, wird vermutet, dass er lediglich einen Anteil hält. [4]Der Wert beträgt mindestens 5 000 Euro.

(2) Wird der Rechtsanwalt von mehreren Antragstellern beauftragt, sind die auf die einzelnen Antragsteller entfallenden Werte zusammenzurechnen; Nummer 1008 des Vergütungsverzeichnisses ist insoweit nicht anzuwenden.

§ 31 a Ausschlussverfahren nach dem Wertpapiererwerbs- und Übernahmegesetz

[1]Vertritt der Rechtsanwalt im Ausschlussverfahren nach § 39 b des Wertpapiererwerbs- und Übernahmegesetzes einen Antragsgegner, bestimmt sich der Gegenstandswert nach dem Wert der Aktien, die dem Auftraggeber im Zeitpunkt der Antragstellung gehören. [2]§ 31 Abs. 1 Satz 2 bis 4 und Abs. 2 gilt entsprechend.

§ 31 b Gegenstandswert bei Zahlungsvereinbarungen

Ist Gegenstand einer Einigung nur eine Zahlungsvereinbarung (Nummer 1000 des Vergütungsverzeichnisses), beträgt der Gegenstandswert 20 Prozent des Anspruchs.

§ 32 Wertfestsetzung für die Gerichtsgebühren

(1) Wird der für die Gerichtsgebühren maßgebende Wert gerichtlich festgesetzt, ist die Festsetzung auch für die Gebühren des Rechtsanwalts maßgebend.

(2) [1]Der Rechtsanwalt kann aus eigenem Recht die Festsetzung des Werts beantragen und Rechtsmittel gegen die Festsetzung einlegen. [2]Rechtsbehelfe, die gegeben sind, wenn die Wertfestsetzung unterblieben ist, kann er aus eigenem Recht einlegen.

§ 33 Wertfestsetzung für die Rechtsanwaltsgebühren

(1) Berechnen sich die Gebühren in einem gerichtlichen Verfahren nicht nach dem für die Gerichtsgebühren maßgebenden Wert oder fehlt es an einem solchen Wert, setzt das Gericht des Rechtszugs den Wert des Gegenstands der anwaltlichen Tätigkeit auf Antrag durch Beschluss selbstständig fest.

(2) [1]Der Antrag ist erst zulässig, wenn die Vergütung fällig ist. [2]Antragsberechtigt sind der Rechtsanwalt, der Auftraggeber, ein erstattungspflichtiger Gegner und in den Fällen des § 45 die Staatskasse.

(3) [1]Gegen den Beschluss nach Absatz 1 können die Antragsberechtigten Beschwerde einlegen, wenn der Wert des Beschwerdegegenstands 200 Euro übersteigt. [2]Die Beschwerde ist auch zulässig, wenn sie das Gericht, das die angefochtene Entscheidung erlassen hat, wegen der grundsätzlichen Bedeutung der zur Entscheidung stehenden Frage in dem Beschluss zulässt. [3]Die Beschwerde ist nur zulässig, wenn sie innerhalb von zwei Wochen nach Zustellung der Entscheidung eingelegt wird.

(4) [1]Soweit das Gericht die Beschwerde für zulässig und begründet hält, hat es ihr abzuhelfen; im Übrigen ist die Beschwerde unverzüglich dem Beschwerdegericht vorzulegen. [2]Beschwerdegericht ist das nächsthöhere Gericht, in Zivilsachen der in § 119 Abs. 1 Nr. 1 des Gerichtsverfassungsgesetzes bezeichneten Art jedoch das Oberlandesgericht. [3]Eine Beschwerde an einen obersten Gerichtshof des Bundes findet nicht statt. [4]Das Beschwerdegericht ist an die Zulassung der Beschwerde gebunden; die Nichtzulassung ist unanfechtbar.

(5) [1]War der Beschwerdeführer ohne sein Verschulden verhindert, die Frist einzuhalten, ist ihm auf Antrag von dem Gericht, das über die Beschwerde zu entscheiden hat, Wiedereinsetzung in den vorigen Stand zu gewähren, wenn er die Beschwerde binnen zwei Wochen nach der Beseitigung des Hindernisses einlegt und die Tatsachen, welche die Wiedereinsetzung begründen, glaubhaft macht. [2]Ein Fehlen des Verschuldens wird vermutet, wenn eine Rechtsbehelfsbelehrung unterblieben oder fehlerhaft ist. [3]Nach Ablauf eines Jahres, von dem Ende der versäumten Frist an gerechnet, kann die Wiedereinsetzung nicht mehr beantragt werden. [4]Gegen die Ablehnung der Wiedereinsetzung findet die Beschwerde statt. [5]Sie ist nur zulässig,

RVG alt	RVG neu

wenn sie innerhalb von zwei Wochen eingelegt wird. [6]Die Frist beginnt mit der Zustellung der Entscheidung. [7]Absatz 4 Satz 1 bis 3 gilt entsprechend.

(6) [1]Die weitere Beschwerde ist nur zulässig, wenn das Landgericht als Beschwerdegericht entschieden und sie wegen der grundsätzlichen Bedeutung der zur Entscheidung stehenden Frage in dem Beschluss zugelassen hat. [2]Sie kann nur darauf gestützt werden, dass die Entscheidung auf einer Verletzung des Rechts beruht; die §§ 546 und 547 der Zivilprozessordnung gelten entsprechend. [3]Über die weitere Beschwerde entscheidet das Oberlandesgericht. [4]Absatz 3 Satz 3, Absatz 4 Satz 1 und 4 und Absatz 5 gelten entsprechend.

(7) [1]Anträge und Erklärungen können ohne Mitwirkung eines Bevollmächtigten schriftlich eingereicht oder zu Protokoll der Geschäftsstelle abgegeben werden; § 129 a der Zivilprozessordnung gilt entsprechend. [2]Für die Bevollmächtigung gelten die Regelungen der für das zugrunde liegende Verfahren geltenden Verfahrensordnung entsprechend. [3]Die Beschwerde ist bei dem Gericht einzulegen, dessen Entscheidung angefochten wird.

(8) [1]Das Gericht entscheidet über den Antrag durch eines seiner Mitglieder als Einzelrichter; dies gilt auch für die Beschwerde, wenn die angefochtene Entscheidung von einem Einzelrichter oder einem Rechtspfleger erlassen wurde. [2]Der Einzelrichter überträgt das Verfahren der Kammer oder dem Senat, wenn die Sache besondere Schwierigkeiten tatsächlicher oder rechtlicher Art aufweist oder die Rechtssache grundsätzliche Bedeutung hat. [3]Das Gericht entscheidet jedoch immer ohne Mitwirkung ehrenamtlicher Richter. [4]Auf eine erfolgte oder unterlassene Übertragung kann ein Rechtsmittel nicht gestützt werden.

(9) [1]Das Verfahren über den Antrag ist gebührenfrei. [2]Kosten werden nicht erstattet; dies gilt auch im Verfahren über die Beschwerde.

Abschnitt 5 Außergerichtliche Beratung und Vertretung

§ 34 Beratung, Gutachten und Mediation

(1) [1]Für einen mündlichen oder schriftlichen Rat oder eine Auskunft (Beratung), die nicht mit einer anderen gebührenpflichtigen Tätigkeit zusammenhängen, für die Ausarbeitung eines schriftlichen Gutachtens und für die Tätigkeit als Mediator soll der Rechtsanwalt auf eine Gebührenvereinbarung hinwirken, soweit in Teil 2 Abschnitt 1 des Vergütungsverzeichnisses keine Gebühren bestimmt sind. [2]Wenn keine Vereinbarung getroffen worden ist, erhält der Rechtsanwalt Gebühren nach den Vorschriften des bürgerlichen Rechts. [3]Ist im Fall des Satzes 2 der Auftraggeber Verbraucher, beträgt die Gebühr für die Beratung oder für die Ausarbeitung eines schriftlichen Gutachtens jeweils höchstens 250 Euro; § 14 Abs. 1 gilt entsprechend; für ein erstes Beratungsgespräch beträgt die Gebühr jedoch höchstens 190 Euro.

(2) Wenn nichts anderes vereinbart ist, ist die Gebühr für die Beratung auf eine Gebühr für eine sonstige Tätigkeit, die mit der Beratung zusammenhängt, anzurechnen.

§ 35 Hilfeleistung in Steuersachen

(1) Für die Hilfeleistung bei der Erfüllung allgemeiner Steuerpflichten und bei der Erfüllung steuerlicher Buchführungs- und Aufzeichnungspflichten gelten die §§ 23 bis 39 der Steuerberatervergütungsverordnung in Verbindung mit den §§ 10 und 13 der Steuerberatervergütungsverordnung entsprechend.

(2) [1]Sieht dieses Gesetz die Anrechnung einer Geschäftsgebühr auf eine andere Gebühr vor, stehen die Gebühren nach den §§ 23, 24 und 31 der Steuerberatervergütungsverordnung, bei mehreren Gebühren deren Summe, einer Geschäftsgebühr nach Teil 2 des Vergütungsverzeichnisses gleich. [2]Bei der Ermittlung des Höchstbetrags des anzurechnenden Teils der Geschäftsgebühr ist der Gegenstandswert derjenigen Gebühr zugrunde zu legen, auf die angerechnet wird.

§ 36 Schiedsrichterliche Verfahren und Verfahren vor dem Schiedsgericht

(1) Teil 3 Abschnitt 1, 2 und 4 des Vergütungsverzeichnisses ist auf die folgenden außergerichtlichen Verfahren entsprechend anzuwenden:

1. schiedsrichterliche Verfahren nach Buch 10 der Zivilprozessordnung und
2. Verfahren vor dem Schiedsgericht (§ 104 des Arbeitsgerichtsgesetzes).

(2) Im Verfahren nach Absatz 1 Nr. 1 erhält der Rechtsanwalt die Terminsgebühr auch, wenn der Schiedsspruch ohne mündliche Verhandlung erlassen wird.

RVG alt	RVG neu

Abschnitt 6 Gerichtliche Verfahren

§ 37 Verfahren vor den Verfassungsgerichten

(1) Die Vorschriften für die Revision in Teil 4 Abschnitt 1 Unterabschnitt 3 des Vergütungsverzeichnisses gelten entsprechend in folgenden Verfahren vor dem Bundesverfassungsgericht oder dem Verfassungsgericht (Verfassungsgerichtshof, Staatsgerichtshof) eines Landes:

1. Verfahren über die Verwirkung von Grundrechten, den Verlust des Stimmrechts, den Ausschluss von Wahlen und Abstimmungen,
2. Verfahren über die Verfassungswidrigkeit von Parteien,
3. Verfahren über Anklagen gegen den Bundespräsidenten, gegen ein Regierungsmitglied eines Landes oder gegen einen Abgeordneten oder Richter und
4. Verfahren über sonstige Gegenstände, die in einem dem Strafprozess ähnlichen Verfahren behandelt werden.

(2) [1]In sonstigen Verfahren vor dem Bundesverfassungsgericht oder dem Verfassungsgericht eines Landes gelten die Vorschriften in Teil 3 Abschnitt 2 Unterabschnitt 2 des Vergütungsverzeichnisses entsprechend. [2]Der Gegenstandswert ist unter Berücksichtigung der in § 14 Abs. 1 genannten Umstände nach billigem Ermessen zu bestimmen; er beträgt mindestens 5 000 Euro.

§ 38 Verfahren vor dem Gerichtshof der Europäischen Gemeinschaften

(1) [1]In Vorabentscheidungsverfahren vor dem Gerichtshof der Europäischen Gemeinschaften gelten die Vorschriften in Teil 3 Abschnitt 2 Unterabschnitt 2 des Vergütungsverzeichnisses entsprechend. [2]Der Gegenstandswert bestimmt sich nach den Wertvorschriften, die für die Gerichtsgebühren des Verfahrens gelten, in dem vorgelegt wird. [3]Das vorlegende Gericht setzt den Gegenstandswert auf Antrag durch Beschluss fest. [4]§ 33 Abs. 2 bis 9 gilt entsprechend.

(2) Ist in einem Verfahren, in dem sich die Gebühren nach Teil 4, 5 oder 6 des Vergütungsverzeichnisses richten, vorgelegt worden, sind in dem Vorabentscheidungsverfahren die Nummern 4130 und 4132 des Vergütungsverzeichnisses entsprechend anzuwenden.

(3) Die Verfahrensgebühr des Verfahrens, in dem vorgelegt worden ist, wird auf die Verfahrensgebühr des Verfahrens vor dem Gerichtshof der Europäischen Gemeinschaften angerechnet, wenn nicht eine im Verfahrensrecht vorgesehene schriftliche Stellungnahme gegenüber dem Gerichtshof der Europäischen Gemeinschaften abgegeben wird.

§ 38 a Verfahren vor dem Europäischen Gerichtshof für Menschenrechte

[1]In Verfahren vor dem Europäischen Gerichtshof für Menschenrechte gelten die Vorschriften in Teil 3 Abschnitt 2 Unterabschnitt 2 des Vergütungsverzeichnisses entsprechend. [2]Der Gegenstandswert ist unter Berücksichtigung der in § 14 Absatz 1 genannten Umstände nach billigem Ermessen zu bestimmen; er beträgt mindestens 5 000 Euro.

§ 39 Von Amts wegen beigeordneter Rechtsanwalt

(1) Der Rechtsanwalt, der nach § 138 des Gesetzes über das Verfahren in Familiensachen und in den Angelegenheiten der freiwilligen Gerichtsbarkeit, auch in Verbindung mit § 270 des Gesetzes über das Verfahren in Familiensachen und in den Angelegenheiten der freiwilligen Gerichtsbarkeit, dem Antragsgegner beigeordnet ist, kann von diesem die Vergütung eines zum Prozessbevollmächtigten bestellten Rechtsanwalts und einen Vorschuss verlangen.

(2) Der Rechtsanwalt, der nach § 109 Absatz 3 oder § 119 a Absatz 6 des Strafvollzugsgesetzes einer Person beigeordnet ist, kann von dieser die Vergütung eines zum Verfahrensbevollmächtigten bestellten Rechtsanwalts und einen Vorschuss verlangen.

§ 40 Als gemeinsamer Vertreter bestellter Rechtsanwalt

Der Rechtsanwalt kann von den Personen, für die er nach § 67 a Abs. 1 Satz 2 der Verwaltungsgerichtsordnung bestellt ist, die Vergütung eines von mehreren Auftraggebern zum Prozessbevollmächtigten bestellten Rechtsanwalts und einen Vorschuss verlangen.

§ 41 Prozesspfleger

[1]Der Rechtsanwalt, der nach § 57 oder § 58 der Zivilprozessordnung dem Beklagten als Vertreter bestellt ist, kann von diesem die Vergütung eines zum Prozessbevollmächtigten bestellten Rechtsanwalts verlangen.

RVG alt	RVG neu

[2]Er kann von diesem keinen Vorschuss fordern. [3]§ 126 der Zivilprozessordnung ist entsprechend anzuwenden.

§ 41 a Vertreter des Musterklägers

(1) [1]Für das erstinstanzliche Musterverfahren nach dem Kapitalanleger-Musterverfahrensgesetz kann das Oberlandesgericht dem Rechtsanwalt, der den Musterkläger vertritt, auf Antrag eine besondere Gebühr bewilligen, wenn sein Aufwand im Vergleich zu dem Aufwand der Vertreter der beigeladenen Kläger höher ist. [2]Bei der Bemessung der Gebühr sind der Mehraufwand sowie der Vorteil und die Bedeutung für die beigeladenen Kläger zu berücksichtigen. [3]Die Gebühr darf eine Gebühr mit einem Gebührensatz von 0,3 nach § 13 Absatz 1 nicht überschreiten. [4]Hierbei ist als Wert die Summe der in sämtlichen nach § 8 des Kapitalanleger-Musterverfahrensgesetzes ausgesetzten Verfahren geltend gemachten Ansprüche zugrunde zu legen, soweit diese Ansprüche von den Feststellungszielen des Musterverfahrens betroffen sind, höchstens jedoch 30 Millionen Euro. [5]Der Vergütungsanspruch gegen den Auftraggeber bleibt unberührt.

(2) [1]Der Antrag ist spätestens vor dem Schluss der mündlichen Verhandlung zu stellen. [2]Der Antrag und ergänzende Schriftsätze werden entsprechend § 12 Absatz 2 des Kapitalanleger-Musterverfahrensgesetzes bekannt gegeben. [3]Mit der Bekanntmachung ist eine Frist zur Erklärung zu setzen. [4]Die Landeskasse ist nicht zu hören.

(3) [1]Die Entscheidung kann mit dem Musterentscheid getroffen werden. [2]Die Entscheidung ist dem Musterkläger, den Musterbeklagten, den Beigeladenen sowie dem Rechtsanwalt mitzuteilen. [3]§ 16 Absatz 1 Satz 2 des Kapitalanleger-Musterverfahrensgesetzes ist entsprechend anzuwenden. [4]Die Mitteilung kann durch öffentliche Bekanntmachung ersetzt werden, § 11 Absatz 2 Satz 2 des Kapitalanleger-Musterverfahrensgesetzes ist entsprechend anzuwenden. [5]Die Entscheidung ist unanfechtbar.

(4) [1]Die Gebühr ist einschließlich der anfallenden Umsatzsteuer aus der Landeskasse zu zahlen. [2]Ein Vorschuss kann nicht gefordert werden.

Abschnitt 7 Straf- und Bußgeldsachen sowie bestimmte sonstige Verfahren

§ 42 Feststellung einer Pauschgebühr

(1) [1]In Strafsachen, gerichtlichen Bußgeldsachen, Verfahren nach dem Gesetz über die internationale Rechtshilfe in Strafsachen, in Verfahren nach dem IStGH-Gesetz, in Freiheitsentziehungs- und Unterbringungssachen sowie in Verfahren nach § 151 Nummer 6 und 7 des Gesetzes über das Verfahren in Familiensachen und in den Angelegenheiten der freiwilligen Gerichtsbarkeit stellt das Oberlandesgericht, zu dessen Bezirk das Gericht des ersten Rechtszugs gehört, auf Antrag des Rechtsanwalts eine Pauschgebühr für das ganze Verfahren oder für einzelne Verfahrensabschnitte durch unanfechtbaren Beschluss fest, wenn die in den Teilen 4 bis 6 des Vergütungsverzeichnisses bestimmten Gebühren eines Wahlanwalts wegen des besonderen Umfangs oder der besonderen Schwierigkeit nicht zumutbar sind. [2]Dies gilt nicht, soweit Wertgebühren entstehen. [3]Beschränkt sich die Feststellung auf einzelne Verfahrensabschnitte, sind die Gebühren nach dem Vergütungsverzeichnis, an deren Stelle die Pauschgebühr treten soll, zu bezeichnen. [4]Die Pauschgebühr darf das Doppelte der für die Gebühren eines Wahlanwalts geltenden Höchstbeträge nach den Teilen 4 bis 6 des Vergütungsverzeichnisses nicht übersteigen. [5]Für den Rechtszug, in dem der Bundesgerichtshof für das Verfahren zuständig ist, ist er auch für die Entscheidung über den Antrag zuständig.

(2) [1]Der Antrag ist zulässig, wenn die Entscheidung über die Kosten des Verfahrens rechtskräftig ist. [2]Der gerichtlich bestellte oder beigeordnete Rechtsanwalt kann den Antrag nur unter den Voraussetzungen des § 52 Abs. 1 Satz 1, Abs. 2, auch in Verbindung mit § 53 Abs. 1, stellen. [3]Der Auftraggeber, in den Fällen des § 52 Abs. 1 Satz 1 der Beschuldigte, ferner die Staatskasse und andere Beteiligte, wenn ihnen die Kosten des Verfahrens ganz oder zum Teil auferlegt worden sind, sind zu hören.

(3) [1]Der Senat des Oberlandesgerichts ist mit einem Richter besetzt. [2]Der Richter überträgt die Sache dem Senat in der Besetzung mit drei Richtern, wenn es zur Sicherung einer einheitlichen Rechtsprechung geboten ist.

(4) Die Feststellung ist für das Kostenfestsetzungsverfahren, das Vergütungsfestsetzungsverfahren (§ 11) und für einen Rechtsstreit des Rechtsanwalts auf Zahlung der Vergütung bindend.

(5) [1]Die Absätze 1 bis 4 gelten im Bußgeldverfahren vor der Verwaltungsbehörde entsprechend. [2]Über den Antrag entscheidet die Verwaltungsbehörde. [3]Gegen die Entscheidung kann gerichtliche Entscheidung beantragt werden. [4]Für das Verfahren gilt § 62 des Gesetzes über Ordnungswidrigkeiten.

§ 43 Abtretung des Kostenerstattungsanspruchs

[1]Tritt der Beschuldigte oder der Betroffene den Anspruch gegen die Staatskasse auf Erstattung von Anwaltskosten als notwendige Auslagen an den Rechtsanwalt ab, ist eine von der Staatskasse gegenüber dem Beschuldigten oder dem Betroffenen erklärte Aufrechnung insoweit unwirksam, als sie den Anspruch des

RVG alt	RVG neu

Rechtsanwalts vereiteln oder beeinträchtigen würde. [2]Dies gilt jedoch nur, wenn zum Zeitpunkt der Aufrechnung eine Urkunde über die Abtretung oder eine Anzeige des Beschuldigten oder des Betroffenen über die Abtretung in den Akten vorliegt.

Abschnitt 8 Beigeordneter oder bestellter Rechtsanwalt, Beratungshilfe

§ 44 Vergütungsanspruch bei Beratungshilfe

[1]Für die Tätigkeit im Rahmen der Beratungshilfe erhält der Rechtsanwalt eine Vergütung nach diesem Gesetz aus der Landeskasse, soweit nicht für die Tätigkeit in Beratungsstellen nach § 3 Abs. 1 des Beratungshilfegesetzes besondere Vereinbarungen getroffen sind. [2]Die Beratungshilfegebühr (Nummer 2500 des Vergütungsverzeichnisses) schuldet nur der Rechtsuchende.

§ 45 Vergütungsanspruch des beigeordneten oder bestellten Rechtsanwalts

(1) Der im Wege der Prozesskostenhilfe beigeordnete oder nach § 57 oder § 58 der Zivilprozessordnung zum Prozesspfleger bestellte Rechtsanwalt erhält, soweit in diesem Abschnitt nichts anderes bestimmt ist, die gesetzliche Vergütung in Verfahren vor Gerichten des Bundes aus der Bundeskasse, in Verfahren vor Gerichten eines Landes aus der Landeskasse.

(2) Der Rechtsanwalt, der nach § 138 des Gesetzes über das Verfahren in Familiensachen und in den Angelegenheiten der freiwilligen Gerichtsbarkeit, auch in Verbindung mit § 270 des Gesetzes über das Verfahren in Familiensachen und in den Angelegenheiten der freiwilligen Gerichtsbarkeit, nach § 109 Absatz 3 oder § 119 a Absatz 6 des Strafvollzugsgesetzes beigeordnet oder nach § 67 a Abs. 1 Satz 2 der Verwaltungsgerichtsordnung bestellt ist, kann eine Vergütung aus der Landeskasse verlangen, wenn der zur Zahlung Verpflichtete (§ 39 oder § 40) mit der Zahlung der Vergütung im Verzug ist.

(3) [1]Ist der Rechtsanwalt sonst gerichtlich bestellt oder beigeordnet worden, erhält er die Vergütung aus der Landeskasse, wenn ein Gericht des Landes den Rechtsanwalt bestellt oder beigeordnet hat, im Übrigen aus der Bundeskasse. [2]Hat zuerst ein Gericht des Bundes und sodann ein Gericht des Landes den Rechtsanwalt bestellt oder beigeordnet, zahlt die Bundeskasse die Vergütung, die der Rechtsanwalt während der Dauer der Bestellung oder Beiordnung durch das Gericht des Bundes verdient hat, die Landeskasse die dem Rechtsanwalt darüber hinaus zustehende Vergütung. [3]Dies gilt entsprechend, wenn zuerst ein Gericht des Landes und sodann ein Gericht des Bundes den Rechtsanwalt bestellt oder beigeordnet hat.

(4) [1]Wenn der Verteidiger von der Stellung eines Wiederaufnahmeantrags abrät, hat er einen Anspruch gegen die Staatskasse nur dann, wenn er nach § 364 b Abs. 1 Satz 1 der Strafprozessordnung bestellt worden ist oder das Gericht die Feststellung nach § 364 b Abs. 1 Satz 2 der Strafprozessordnung getroffen hat. [2]Dies gilt auch im gerichtlichen Bußgeldverfahren (§ 85 Abs. 1 des Gesetzes über Ordnungswidrigkeiten).

(5) [1]Absatz 3 ist im Bußgeldverfahren vor der Verwaltungsbehörde entsprechend anzuwenden. [2]An die Stelle des Gerichts tritt die Verwaltungsbehörde.

§ 46 Auslagen und Aufwendungen

(1) Auslagen, insbesondere Reisekosten, werden nicht vergütet, wenn sie zur sachgemäßen Durchführung der Angelegenheit nicht erforderlich waren.

(2) [1]Wenn das Gericht des Rechtszugs auf Antrag des Rechtsanwalts vor Antritt der Reise feststellt, dass eine Reise erforderlich ist, ist diese Feststellung für das Festsetzungsverfahren (§ 55) bindend. [2]Im Bußgeldverfahren vor der Verwaltungsbehörde tritt an die Stelle des Gerichts die Verwaltungsbehörde. [3]Für Aufwendungen (§ 670 des Bürgerlichen Gesetzbuchs) gelten Absatz 1 und die Sätze 1 und 2 entsprechend; die Höhe zu ersetzender Kosten für die Zuziehung eines Dolmetschers oder Übersetzers ist auf die nach dem Justizvergütungs- und -entschädigungsgesetz zu zahlenden Beträge beschränkt.

(3) [1]Auslagen, die durch Nachforschungen zur Vorbereitung eines Wiederaufnahmeverfahrens entstehen, für das die Vorschriften der Strafprozessordnung gelten, werden nur vergütet, wenn der Rechtsanwalt nach § 364 b Abs. 1 Satz 1 der Strafprozessordnung bestellt worden ist oder wenn das Gericht die Feststellung nach § 364 b Abs. 1 Satz 2 der Strafprozessordnung getroffen hat. [2]Dies gilt auch im gerichtlichen Bußgeldverfahren (§ 85 Abs. 1 des Gesetzes über Ordnungswidrigkeiten).

§ 47 Vorschuss

(1) [1]Wenn dem Rechtsanwalt wegen seiner Vergütung ein Anspruch gegen die Staatskasse zusteht, kann er für die entstandenen Gebühren und die entstandenen und voraussichtlich entstehenden Auslagen aus der Staatskasse einen angemessenen Vorschuss fordern. [2]Der Rechtsanwalt, der nach § 138 des Gesetzes über das Verfahren in Familiensachen und in den Angelegenheiten der freiwilligen Gerichtsbarkeit, auch in Verbindung mit § 270 des Gesetzes über das Verfahren in Familiensachen und in den Angelegenheiten der freiwilligen Gerichtsbarkeit, nach § 109 Absatz 3 oder § 119 a Absatz 6 des Strafvollzugsgesetzes beigeordnet

<table>
<tr><th>RVG alt</th><th>RVG neu</th></tr>
<tr><td colspan="2">oder nach § 67 a Abs. 1 Satz 2 der Verwaltungsgerichtsordnung bestellt ist, kann einen Vorschuss nur verlangen, wenn der zur Zahlung Verpflichtete (§ 39 oder § 40) mit der Zahlung des Vorschusses im Verzug ist.
(2) Bei Beratungshilfe kann der Rechtsanwalt aus der Staatskasse keinen Vorschuss fordern.</td></tr>
<tr><td colspan="2">§ 48 Umfang des Anspruchs und der Beiordnung</td></tr>
<tr><td>(1) Der Vergütungsanspruch bestimmt sich nach den Beschlüssen, durch die die Prozesskostenhilfe bewilligt und der Rechtsanwalt beigeordnet oder bestellt worden ist.</td><td>(1) ^{1}Der Vergütungsanspruch gegen die Staatskasse ist auf die gesetzliche Vergütung gerichtet und bestimmt sich nach den Beschlüssen, durch die die Prozesskostenhilfe bewilligt und der Rechtsanwalt beigeordnet oder bestellt worden ist, soweit nichts anderes bestimmt ist. ^{2}Erstreckt sich die Beiordnung auf den Abschluss eines Vertrages im Sinne der Nr. 1000 des Vergütungsverzeichnisses oder ist die Beiordnung oder die Bewilligung der Prozesskostenhilfe hierauf beschränkt, so umfasst der Anspruch alle gesetzlichen Gebühren und Auslagen, die durch die Tätigkeiten entstehen, die zur Herbeiführung der Einigung erforderlich sind.</td></tr>
<tr><td colspan="2">(2) ^{1}In Angelegenheiten, in denen sich die Gebühren nach Teil 3 des Vergütungsverzeichnisses bestimmen und die Beiordnung eine Berufung, eine Beschwerde wegen des Hauptgegenstands, eine Revision oder eine Rechtsbeschwerde wegen des Hauptgegenstands betrifft, wird eine Vergütung aus der Staatskasse auch für die Rechtsverteidigung gegen ein Anschlussrechtsmittel und, wenn der Rechtsanwalt für die Erwirkung eines Arrests, einer einstweiligen Verfügung oder einer einstweiligen Anordnung beigeordnet ist, auch für deren Vollziehung oder Vollstreckung gewährt. ^{2}Dies gilt nicht, wenn der Beiordnungsbeschluss ausdrücklich etwas anderes bestimmt.
(3) ^{1}Die Beiordnung in einer Ehesache erstreckt sich im Fall des Abschlusses eines Vertrags im Sinne der Nummer 1000 des Vergütungsverzeichnisses auf alle mit der Herbeiführung der Einigung erforderlichen Tätigkeiten, soweit der Vertrag
1. den gegenseitigen Unterhalt der Ehegatten,
2. den Unterhalt gegenüber den Kindern im Verhältnis der Ehegatten zueinander,
3. die Sorge für die Person der gemeinschaftlichen minderjährigen Kinder,
4. die Regelung des Umgangs mit einem Kind,</td></tr>
<tr><td>5. die Rechtsverhältnisse an der Ehewohnung und den Haushaltsgegenständen oder
6. die Ansprüche aus dem ehelichen Güterrecht</td><td>5. die Rechtsverhältnisse an der Ehewohnung und den Haushaltsgegenständen,
6. die Ansprüche aus dem ehelichen Güterrecht oder
7. den Versorgungsausgleich</td></tr>
<tr><td colspan="2">betrifft. ^{2}Satz 1 gilt im Fall der Beiordnung in Lebenspartnerschaftssachen nach § 269 Abs. 1 Nr. 1 und 2 des Gesetzes über das Verfahren in Familiensachen und in den Angelegenheiten der freiwilligen Gerichtsbarkeit entsprechend.
(4) ^{1}Die Beiordnung in Angelegenheiten, in denen nach § 3 Absatz 1 Betragsrahmengebühren entstehen, erstreckt sich auf Tätigkeiten ab dem Zeitpunkt der Beantragung der Prozesskostenhilfe, wenn vom Gericht nichts anderes bestimmt ist. ^{2}Die Beiordnung erstreckt sich ferner auf die gesamte Tätigkeit im Verfahren über die Prozesskostenhilfe einschließlich der vorbereitenden Tätigkeit.
(5) ^{1}In anderen Angelegenheiten, die mit dem Hauptverfahren nur zusammenhängen, erhält der für das Hauptverfahren beigeordnete Rechtsanwalt eine Vergütung aus der Staatskasse nur dann, wenn er ausdrücklich auch hierfür beigeordnet ist. ^{2}Dies gilt insbesondere für
1. die Zwangsvollstreckung, die Vollstreckung und den Verwaltungszwang;
2. das Verfahren über den Arrest, den Europäischen Beschluss zur vorläufigen Kontenpfändung, die einstweilige Verfügung und die einstweilige Anordnung;
3. das selbstständige Beweisverfahren;
4. das Verfahren über die Widerklage oder den Widerantrag, ausgenommen die Rechtsverteidigung gegen den Widerantrag in Ehesachen und in Lebenspartnerschaftssachen nach § 269 Abs. 1 Nr. 1 und 2</td></tr>
</table>

RVG alt	RVG neu

des Gesetzes über das Verfahren in Familiensachen und in den Angelegenheiten der freiwilligen Gerichtsbarkeit.

RVG alt	RVG neu
(6) [1]Wird der Rechtsanwalt in Angelegenheiten nach den Teilen 4 bis 6 des Vergütungsverzeichnisses im ersten Rechtszug bestellt oder beigeordnet, erhält er die Vergütung auch für seine Tätigkeit vor dem Zeitpunkt seiner Bestellung, in Strafsachen einschließlich seiner Tätigkeit vor Erhebung der öffentlichen Klage und in Bußgeldsachen einschließlich der Tätigkeit vor der Verwaltungsbehörde. [2]Wird der Rechtsanwalt in einem späteren Rechtszug beigeordnet, erhält er seine Vergütung in diesem Rechtszug auch für seine Tätigkeit vor dem Zeitpunkt seiner Bestellung. [3]Werden Verfahren verbunden, kann das Gericht die Wirkungen des Satzes 1 auch auf diejenigen Verfahren erstrecken, in denen vor der Verbindung keine Beiordnung oder Bestellung erfolgt war.	(6) [1]Wird der Rechtsanwalt in Angelegenheiten nach den Teilen 4 bis 6 des Vergütungsverzeichnisses im ersten Rechtszug bestellt oder beigeordnet, erhält er die Vergütung auch für seine Tätigkeit vor dem Zeitpunkt seiner Bestellung, in Strafsachen einschließlich seiner Tätigkeit vor Erhebung der öffentlichen Klage und in Bußgeldsachen einschließlich der Tätigkeit vor der Verwaltungsbehörde. [2]Wird der Rechtsanwalt in einem späteren Rechtszug beigeordnet, erhält er seine Vergütung in diesem Rechtszug auch für seine Tätigkeit vor dem Zeitpunkt seiner Bestellung. [3]Werden Verfahren verbunden und ist der Rechtsanwalt nicht in allen Verfahren bestellt oder beigeordnet, kann das Gericht die Wirkungen des Satzes 1 auch auf diejenigen Verfahren erstrecken, in denen vor der Verbindung keine Beiordnung oder Bestellung erfolgt war.

§ 49 Wertgebühren aus der Staatskasse

Bestimmen sich die Gebühren nach dem Gegenstandswert, werden bei einem Gegenstandswert von mehr als 4 000 Euro anstelle der Gebühr nach § 13 Absatz 1 folgende Gebühren vergütet:

RVG alt:

Gegenstandswert bis ... Euro	Gebühr Euro	Gegenstandswert bis ... Euro	Gebühr Euro
5 000	257	16 000	335
6 000	267	19 000	349
7 000	277	22 000	363
8 000	287	25 000	377
9 000	297	30 000	412
10 000	307	über 30 000	447
13 000	321		

RVG neu:

Gegenstandswert bis ... Euro	Gebühr Euro	Gegenstandswert bis ... Euro	Gebühr Euro
5 000	284	16 000	369
6 000	295	19 000	384
7 000	306	22 000	399
8 000	317	25 000	414
9 000	328	30 000	453
10 000	339	35 000	492
13 000	354	40 000	531
		45 000	570
		50 000	609
		über 50 000	659

§ 50 Weitere Vergütung bei Prozesskostenhilfe

(1) [1]Nach Deckung der in § 122 Absatz 1 Nummer 1 der Zivilprozessordnung bezeichneten Kosten und Ansprüche hat die Staatskasse über die auf sie übergegangenen Ansprüche des Rechtsanwalts hinaus weitere Beträge bis zur Höhe der Regelvergütung einzuziehen, wenn dies nach den Vorschriften der Zivilprozessordnung und nach den Bestimmungen, die das Gericht getroffen hat, zulässig ist. [2]Die weitere Vergütung ist festzusetzen, wenn das Verfahren durch rechtskräftige Entscheidung oder in sonstiger Weise beendet ist und die von der Partei zu zahlenden Beträge beglichen sind oder wegen dieser Beträge eine Zwangsvollstreckung in das bewegliche Vermögen der Partei erfolglos geblieben ist oder aussichtslos erscheint.

(2) Der beigeordnete Rechtsanwalt soll eine Berechnung seiner Regelvergütung unverzüglich zu den Prozessakten mitteilen.

(3) Waren mehrere Rechtsanwälte beigeordnet, bemessen sich die auf die einzelnen Rechtsanwälte entfallenden Beträge nach dem Verhältnis der jeweiligen Unterschiedsbeträge zwischen den Gebühren nach § 49 und den Regelgebühren; dabei sind Zahlungen, die nach § 58 auf den Unterschiedsbetrag anzurechnen sind, von diesem abzuziehen.

RVG alt	RVG neu

§ 51 Festsetzung einer Pauschgebühr

RVG alt	RVG neu
(1) [1]In Straf- und Bußgeldsachen, Verfahren nach dem Gesetz über die internationale Rechtshilfe in Strafsachen, in Verfahren nach dem IStGH-Gesetz, in Freiheitsentziehungs- und Unterbringungssachen sowie in Verfahren nach § 151 Nummer 6 und 7 des Gesetzes über das Verfahren in Familiensachen und in den Angelegenheiten der freiwilligen Gerichtsbarkeit ist dem gerichtlich bestellten oder beigeordneten Rechtsanwalt für das ganze Verfahren oder für einzelne Verfahrensabschnitte auf Antrag eine Pauschgebühr zu bewilligen, die über die Gebühren nach dem Vergütungsverzeichnis hinausgeht, wenn die in den Teilen 4 bis 6 des Vergütungsverzeichnisses bestimmten Gebühren wegen des besonderen Umfangs oder der besonderen Schwierigkeit nicht zumutbar sind. [2]Dies gilt nicht, soweit Wertgebühren entstehen. [3]Beschränkt sich die Bewilligung auf einzelne Verfahrensabschnitte, sind die Gebühren nach dem Vergütungsverzeichnis, an deren Stelle die Pauschgebühr treten soll, zu bezeichnen. [4]Eine Pauschgebühr kann auch für solche Tätigkeiten gewährt werden, für die ein Anspruch nach § 48 Absatz 6 besteht. [5]Auf Antrag ist dem Rechtsanwalt ein angemessener Vorschuss zu bewilligen, wenn ihm insbesondere wegen der langen Dauer des Verfahrens und der Höhe der zu erwartenden Pauschgebühr nicht zugemutet werden kann, die Festsetzung der Pauschgebühr abzuwarten.	(1) [1]In Strafsachen, gerichtlichen Bußgeldsachen, Verfahren nach dem Gesetz über die internationale Rechtshilfe in Strafsachen, in Verfahren nach dem IStGH-Gesetz, in Freiheitsentziehungs- und Unterbringungssachen sowie in Verfahren nach § 151 Nummer 6 und 7 des Gesetzes über das Verfahren in Familiensachen und in den Angelegenheiten der freiwilligen Gerichtsbarkeit ist dem gerichtlich bestellten oder beigeordneten Rechtsanwalt für das ganze Verfahren oder für einzelne Verfahrensabschnitte auf Antrag eine Pauschgebühr zu bewilligen, die über die Gebühren nach dem Vergütungsverzeichnis hinausgeht, wenn die in den Teilen 4 bis 6 des Vergütungsverzeichnisses bestimmten Gebühren wegen des besonderen Umfangs oder der besonderen Schwierigkeit nicht zumutbar sind. [2]Dies gilt nicht, soweit Wertgebühren entstehen. [3]Beschränkt sich die Bewilligung auf einzelne Verfahrensabschnitte, sind die Gebühren nach dem Vergütungsverzeichnis, an deren Stelle die Pauschgebühr treten soll, zu bezeichnen. [4]Eine Pauschgebühr kann auch für solche Tätigkeiten gewährt werden, für die ein Anspruch nach § 48 Absatz 6 besteht. [5]Auf Antrag ist dem Rechtsanwalt ein angemessener Vorschuss zu bewilligen, wenn ihm insbesondere wegen der langen Dauer des Verfahrens und der Höhe der zu erwartenden Pauschgebühr nicht zugemutet werden kann, die Festsetzung der Pauschgebühr abzuwarten.

(2) [1]Über die Anträge entscheidet das Oberlandesgericht, zu dessen Bezirk das Gericht des ersten Rechtszugs gehört, und im Fall der Beiordnung einer Kontaktperson (§ 34 a des Einführungsgesetzes zum Gerichtsverfassungsgesetz) das Oberlandesgericht, in dessen Bezirk die Justizvollzugsanstalt liegt, durch unanfechtbaren Beschluss. [2]Der Bundesgerichtshof ist für die Entscheidung zuständig, soweit er den Rechtsanwalt bestellt hat. [3]In dem Verfahren ist die Staatskasse zu hören. [4]§ 42 Abs. 3 ist entsprechend anzuwenden.

(3) [1]Absatz 1 gilt im Bußgeldverfahren vor der Verwaltungsbehörde entsprechend. [2]Über den Antrag nach Absatz 1 Satz 1 bis 3 entscheidet die Verwaltungsbehörde gleichzeitig mit der Festsetzung der Vergütung.

§ 52 Anspruch gegen den Beschuldigten oder den Betroffenen

(1) [1]Der gerichtlich bestellte Rechtsanwalt kann von dem Beschuldigten die Zahlung der Gebühren eines gewählten Verteidigers verlangen; er kann jedoch keinen Vorschuss fordern. [2]Der Anspruch gegen den Beschuldigten entfällt insoweit, als die Staatskasse Gebühren gezahlt hat.

(2) [1]Der Anspruch kann nur insoweit geltend gemacht werden, als dem Beschuldigten ein Erstattungsanspruch gegen die Staatskasse zusteht oder das Gericht des ersten Rechtszugs auf Antrag des Verteidigers feststellt, dass der Beschuldigte ohne Beeinträchtigung des für ihn und seine Familie notwendigen Unterhalts zur Zahlung oder zur Leistung von Raten in der Lage ist. [2]Ist das Verfahren nicht gerichtlich anhängig geworden, entscheidet das Gericht, das den Verteidiger bestellt hat.

(3) [1]Wird ein Antrag nach Absatz 2 Satz 1 gestellt, setzt das Gericht dem Beschuldigten eine Frist zur Darlegung seiner persönlichen und wirtschaftlichen Verhältnisse; § 117 Abs. 2 bis 4 der Zivilprozessordnung gilt entsprechend. [2]Gibt der Beschuldigte innerhalb der Frist keine Erklärung ab, wird vermutet, dass er leistungsfähig im Sinne des Absatzes 2 Satz 1 ist.

(4) [1]Gegen den Beschluss nach Absatz 2 ist die sofortige Beschwerde nach den Vorschriften der §§ 304 bis 311 a der Strafprozessordnung zulässig. [2]Dabei steht im Rahmen des § 44 Satz 2 der Strafprozessordnung die Rechtsbehelfsbelehrung des § 12 c der Belehrung nach § 35 a Satz 1 der Strafprozessordnung gleich.

(5) [1]Der für den Beginn der Verjährung maßgebende Zeitpunkt tritt mit der Rechtskraft der das Verfahren abschließenden gerichtlichen Entscheidung, in Ermangelung einer solchen mit der Beendigung des Verfah-

<table>
<tr><th>RVG alt</th><th>RVG neu</th></tr>
<tr><td colspan="2">rens ein. [2]Ein Antrag des Verteidigers hemmt den Lauf der Verjährungsfrist. [3]Die Hemmung endet sechs Monate nach der Rechtskraft der Entscheidung des Gerichts über den Antrag.
(6) [1]Die Absätze 1 bis 3 und 5 gelten im Bußgeldverfahren entsprechend. [2]Im Bußgeldverfahren vor der Verwaltungsbehörde tritt an die Stelle des Gerichts die Verwaltungsbehörde.</td></tr>
<tr><td colspan="2">§ 53 Anspruch gegen den Auftraggeber, Anspruch des zum Beistand bestellten Rechtsanwalts gegen den Verurteilten
(1) Für den Anspruch des dem Privatkläger, dem Nebenkläger, dem Antragsteller im Klageerzwingungsverfahren oder des sonst in Angelegenheiten, in denen sich die Gebühren nach Teil 4, 5 oder 6 des Vergütungsverzeichnisses bestimmen, beigeordneten Rechtsanwalts gegen seinen Auftraggeber gilt § 52 entsprechend.
(2) [1]Der dem Nebenkläger, dem nebenklageberechtigten Verletzten oder dem Zeugen als Beistand bestellte Rechtsanwalt kann die Gebühren eines gewählten Beistands aufgrund seiner Bestellung nur von dem Verurteilten verlangen. [2]Der Anspruch entfällt insoweit, als die Staatskasse die Gebühren bezahlt hat.
(3) [1]Der in Absatz 2 Satz 1 genannte Rechtsanwalt kann einen Anspruch aus einer Vergütungsvereinbarung nur geltend machen, wenn das Gericht des ersten Rechtszugs auf seinen Antrag feststellt, dass der Nebenkläger, der nebenklageberechtigte Verletzte oder der Zeuge zum Zeitpunkt des Abschlusses der Vereinbarung allein auf Grund seiner persönlichen und wirtschaftlichen Verhältnisse die Voraussetzungen für die Bewilligung von Prozesskostenhilfe in bürgerlichen Rechtsstreitigkeiten nicht erfüllt hätte. [2]Ist das Verfahren nicht gerichtlich anhängig geworden, entscheidet das Gericht, das den Rechtsanwalt als Beistand bestellt hat. [3]§ 52 Absatz 3 bis 5 gilt entsprechend.</td></tr>
<tr><td colspan="2">§ 53 a Vergütungsanspruch bei gemeinschaftlicher Nebenklagevertretung
[1]Stellt ein Gericht gemäß § 397 b Absatz 3 der Strafprozessordnung fest, dass für einen nicht als Beistand bestellten oder beigeordneten Rechtsanwalt die Voraussetzungen einer Bestellung oder Beiordnung vorgelegen haben, so steht der Rechtsanwalt hinsichtlich der von ihm bis zu dem Zeitpunkt der Bestellung oder Beiordnung eines anderen Rechtsanwalts erbrachten Tätigkeiten einem bestellten oder beigeordneten Rechtsanwalt gleich. [2]Der Rechtsanwalt erhält die Vergütung aus der Landeskasse, wenn die Feststellung von einem Gericht des Landes getroffen wird, im Übrigen aus der Bundeskasse.</td></tr>
<tr><td colspan="2">§ 54 Verschulden eines beigeordneten oder bestellten Rechtsanwalts
Hat der beigeordnete oder bestellte Rechtsanwalt durch schuldhaftes Verhalten die Beiordnung oder Bestellung eines anderen Rechtsanwalts veranlasst, kann er Gebühren, die auch für den anderen Rechtsanwalt entstehen, nicht fordern.</td></tr>
<tr><td colspan="2">§ 55 Festsetzung der aus der Staatskasse zu zahlenden Vergütungen und Vorschüsse
(1) [1]Die aus der Staatskasse zu gewährende Vergütung und der Vorschuss hierauf werden auf Antrag des Rechtsanwalts von dem Urkundsbeamten der Geschäftsstelle des Gerichts des ersten Rechtszugs festgesetzt. [2]Ist das Verfahren nicht gerichtlich anhängig geworden, erfolgt die Festsetzung durch den Urkundsbeamten der Geschäftsstelle des Gerichts, das den Verteidiger bestellt hat.
(2) In Angelegenheiten, in denen sich die Gebühren nach Teil 3 des Vergütungsverzeichnisses bestimmen, erfolgt die Festsetzung durch den Urkundsbeamten des Gerichts des Rechtszugs, solange das Verfahren nicht durch rechtskräftige Entscheidung oder in sonstiger Weise beendet ist.
(3) Im Fall der Beiordnung einer Kontaktperson (§ 34 a des Einführungsgesetzes zum Gerichtsverfassungsgesetz) erfolgt die Festsetzung durch den Urkundsbeamten der Geschäftsstelle des Landgerichts, in dessen Bezirk die Justizvollzugsanstalt liegt.
(4) Im Fall der Beratungshilfe wird die Vergütung von dem Urkundsbeamten der Geschäftsstelle des in § 4 Abs. 1 des Beratungshilfegesetzes bestimmten Gerichts festgesetzt.</td></tr>
<tr><td>(5) [1]§ 104 Abs. 2 der Zivilprozessordnung gilt entsprechend. [2]Der Antrag hat die Erklärung zu enthalten, ob und welche Zahlungen der Rechtsanwalt bis zum Tag der Antragstellung erhalten hat. [3]Bei Zahlungen auf eine anzurechnende Gebühr sind diese Zahlungen, der Satz oder der Betrag der Gebühr und bei Wertgebühren auch der zugrunde gelegte Wert anzugeben. [4]Zahlungen, die der Rechtsanwalt nach der Antragstellung erhalten hat, hat er unverzüglich anzuzeigen.</td><td>(5) [1]§ 104 Abs. 2 Satz 1 und 2 der Zivilprozessordnung gilt entsprechend. [2]Der Antrag hat die Erklärung zu enthalten, ob und welche Zahlungen der Rechtsanwalt bis zum Tag der Antragstellung erhalten hat. [3]Bei Zahlungen auf eine anzurechnende Gebühr sind diese Zahlungen, der Satz oder der Betrag der Gebühr und bei Wertgebühren auch der zugrunde gelegte Wert anzugeben. [4]Zahlungen, die der</td></tr>
</table>

<table>
<tr><th>RVG alt</th><th>RVG neu</th></tr>
<tr><td></td><td>Rechtsanwalt nach der Antragstellung erhalten hat, hat er unverzüglich anzuzeigen.</td></tr>
<tr><td colspan="2">(6) [1]Der Urkundsbeamte kann vor einer Festsetzung der weiteren Vergütung (§ 50) den Rechtsanwalt auffordern, innerhalb einer Frist von einem Monat bei der Geschäftsstelle des Gerichts, dem der Urkundsbeamte angehört, Anträge auf Festsetzung der Vergütungen, für die ihm noch Ansprüche gegen die Staatskasse zustehen, einzureichen oder sich zu den empfangenen Zahlungen (Absatz 5 Satz 2) zu erklären. [2]Kommt der Rechtsanwalt der Aufforderung nicht nach, erlöschen seine Ansprüche gegen die Staatskasse.
(7) [1]Die Absätze 1 und 5 gelten im Bußgeldverfahren vor der Verwaltungsbehörde entsprechend. [2]An die Stelle des Urkundsbeamten der Geschäftsstelle tritt die Verwaltungsbehörde.

§ 56 Erinnerung und Beschwerde
(1) [1]Über Erinnerungen des Rechtsanwalts und der Staatskasse gegen die Festsetzung nach § 55 entscheidet das Gericht des Rechtszugs, bei dem die Festsetzung erfolgt ist, durch Beschluss. [2]Im Fall des § 55 Abs. 3 entscheidet die Strafkammer des Landgerichts. [3]Im Fall der Beratungshilfe entscheidet das nach § 4 Abs. 1 des Beratungshilfegesetzes zuständige Gericht.
(2) [1]Im Verfahren über die Erinnerung gilt § 33 Abs. 4 Satz 1, Abs. 7 und 8 und im Verfahren über die Beschwerde gegen die Entscheidung über die Erinnerung § 33 Abs. 3 bis 8 entsprechend. [2]Das Verfahren über die Erinnerung und über die Beschwerde ist gebührenfrei. [3]Kosten werden nicht erstattet.

§ 57 Rechtsbehelf in Bußgeldsachen vor der Verwaltungsbehörde
[1]Gegen Entscheidungen der Verwaltungsbehörde im Bußgeldverfahren nach den Vorschriften dieses Abschnitts kann gerichtliche Entscheidung beantragt werden. [2]Für das Verfahren gilt § 62 des Gesetzes über Ordnungswidrigkeiten.

§ 58 Anrechnung von Vorschüssen und Zahlungen
(1) Zahlungen, die der Rechtsanwalt nach § 9 des Beratungshilfegesetzes erhalten hat, werden auf die aus der Landeskasse zu zahlende Vergütung angerechnet.
(2) In Angelegenheiten, in denen sich die Gebühren nach Teil 3 des Vergütungsverzeichnisses bestimmen, sind Vorschüsse und Zahlungen, die der Rechtsanwalt vor oder nach der Beiordnung erhalten hat, zunächst auf die Vergütungen anzurechnen, für die ein Anspruch gegen die Staatskasse nicht oder nur unter den Voraussetzungen des § 50 besteht.</td></tr>
<tr><td></td><td>[2]Ist eine Gebühr, für die kein Anspruch gegen die Staatskasse besteht, auf eine Gebühr anzurechnen, für die ein Anspruch gegen die Staatskasse besteht, so vermindert sich der Anspruch gegen die Staatskasse nur insoweit, als der Rechtsanwalt durch eine Zahlung auf die anzurechnende Gebühr und den Anspruch auf die ohne Anrechnung ermittelte andere Gebühr insgesamt mehr als den sich aus § 15 a Abs. 1 ergebenden Gesamtbetrag erhalten würde.</td></tr>
<tr><td>(3) [1]In Angelegenheiten, in denen sich die Gebühren nach den Teilen 4 bis 6 des Vergütungsverzeichnisses bestimmen, sind Vorschüsse und Zahlungen, die der Rechtsanwalt vor oder nach der gerichtlichen Bestellung oder Beiordnung für seine Tätigkeit in einer gebührenrechtlichen Angelegenheit erhalten hat, auf die von der Staatskasse für diese Angelegenheit zu zahlenden Gebühren anzurechnen. [2]Hat der Rechtsanwalt Zahlungen empfangen, nachdem er Gebühren aus der Staatskasse erhalten hat, ist er zur Rückzahlung an die Staatskasse verpflichtet. [3]Die Anrechnung oder Rückzahlung erfolgt nur, soweit der Rechtsanwalt durch die Zahlungen insgesamt mehr als den doppelten Betrag der ihm ohne Berücksichtigung des § 51 aus der Staatskasse zustehenden Gebühren erhalten würde. [4]Sind die dem Rechtsanwalt nach Satz 3 verbleibenden Gebühren höher als die Höchstgebühren eines Wahlanwalts, ist auch der die</td><td>[4]Sind die dem Rechtsanwalt nach Satz 3 verbleibenden Gebühren höher als die im Vergütungsverzeichnis vorgesehenen Höchstgebühren eines Wahlanwalts, ist auch der die Höchstgebühren übersteigende Betrag anzurechnen oder zurückzuzahlen.</td></tr>
</table>

RVG alt	RVG neu
Höchstgebühren übersteigende Betrag anzurechnen oder zurückzuzahlen.	

§ 59 Übergang von Ansprüchen auf die Staatskasse

(1) [1]Soweit dem im Wege der Prozesskostenhilfe oder nach § 138 des Gesetzes über das Verfahren in Familiensachen und in den Angelegenheiten der freiwilligen Gerichtsbarkeit, auch in Verbindung mit § 270 des Gesetzes über das Verfahren in Familiensachen und in den Angelegenheiten der freiwilligen Gerichtsbarkeit, beigeordneten oder nach § 67 a Abs. 1 Satz 2 der Verwaltungsgerichtsordnung bestellten Rechtsanwalt wegen seiner Vergütung ein Anspruch gegen die Partei oder einen ersatzpflichtigen Gegner zusteht, geht der Anspruch mit der Befriedigung des Rechtsanwalts durch die Staatskasse auf diese über. [2]Der Übergang kann nicht zum Nachteil des Rechtsanwalts geltend gemacht werden.

(2) [1]Für die Geltendmachung des Anspruchs sowie für die Erinnerung und die Beschwerde gelten die Vorschriften über die Kosten des gerichtlichen Verfahrens entsprechend. [2]Ansprüche der Staatskasse werden bei dem Gericht des ersten Rechtszugs angesetzt. [3]Ist das Gericht des ersten Rechtszugs ein Gericht des Landes und ist der Anspruch auf die Bundeskasse übergegangen, wird er insoweit bei dem jeweiligen obersten Gerichtshof des Bundes angesetzt.

(3) Absatz 1 gilt entsprechend bei Beratungshilfe.

§ 59 a Beiordnung und Bestellung durch Justizbehörden

(1) [1]Für den durch die Staatsanwaltschaft bestellten Rechtsanwalt gelten die Vorschriften über den gerichtlich bestellten Rechtsanwalt entsprechend. [2]Ist das Verfahren nicht gerichtlich anhängig geworden, tritt an die Stelle des Gerichts des ersten Rechtszugs das Gericht, das für die gerichtliche Bestätigung der Bestellung zuständig ist.

(2) [1]Für den durch die Staatsanwaltschaft beigeordneten Zeugenbeistand gelten die Vorschriften über den gerichtlich beigeordneten Zeugenbeistand entsprechend. [2]Über Anträge nach § 51 Absatz 1 entscheidet das Oberlandesgericht, in dessen Bezirk die Staatsanwaltschaft ihren Sitz hat. [3]Hat der Generalbundesanwalt einen Zeugenbeistand beigeordnet, entscheidet der Bundesgerichtshof.

(3) [1]Für den nach § 87 e des Gesetzes über die internationale Rechtshilfe in Strafsachen in Verbindung mit § 53 des Gesetzes über die internationale Rechtshilfe in Strafsachen durch das Bundesamt für Justiz bestellten Beistand gelten die Vorschriften über den gerichtlich bestellten Rechtsanwalt entsprechend. [2]An die Stelle des Urkundsbeamten der Geschäftsstelle tritt das Bundesamt. [3]Über Anträge nach § 51 Absatz 1 entscheidet das Bundesamt gleichzeitig mit der Festsetzung der Vergütung.

(4) [1]Gegen Entscheidungen der Staatsanwaltschaft und des Bundesamts für Justiz nach den Vorschriften dieses Abschnitts kann gerichtliche Entscheidung beantragt werden. [2]Zuständig ist das Landgericht, in dessen Bezirk die Justizbehörde ihren Sitz hat. [3]Bei Entscheidungen des Generalbundesanwalts entscheidet der Bundesgerichtshof.

Abschnitt 9 Übergangs- und Schlussvorschriften

§ 59 b Bekanntmachung von Neufassungen

[1]Das Bundesministerium der Justiz und für Verbraucherschutz kann nach Änderungen den Wortlaut des Gesetzes feststellen und als Neufassung im Bundesgesetzblatt bekannt machen. [2]Die Bekanntmachung muss auf diese Vorschrift Bezug nehmen und angeben

1. den Stichtag, zu dem der Wortlaut festgestellt wird,
2. die Änderungen seit der letzten Veröffentlichung des vollständigen Wortlauts im Bundesgesetzblatt sowie
3. das Inkrafttreten der Änderungen.

§ 60 Übergangsvorschrift

RVG alt	RVG neu
(1) [1]Die Vergütung ist nach bisherigem Recht zu berechnen, wenn der unbedingte Auftrag zur Erledigung derselben Angelegenheit im Sinne des § 15 vor dem Inkrafttreten einer Gesetzesänderung erteilt oder der Rechtsanwalt vor diesem Zeitpunkt bestellt oder beigeordnet worden ist. [2]Ist der Rechtsanwalt im Zeitpunkt des Inkrafttretens einer Gesetzesänderung in derselben Angelegenheit bereits tätig, ist die Vergütung für das Verfahren über ein Rechtsmittel, das nach diesem Zeitpunkt eingelegt wor-	(1) [1]Für die Vergütung ist das bisherige Recht anzuwenden, wenn der unbedingte Auftrag zur Erledigung derselben Angelegenheit vor dem Inkrafttreten einer Gesetzesänderung erteilt worden ist. [2]Dies gilt auch für einen Vergütungsanspruch gegen die Staatskasse (§ 45, auch in Verbindung mit § 59 a). [3]Steht dem Rechtsanwalt ein Vergütungsanspruch zu, ohne dass ihm zum Zeitpunkt der Beiordnung

RVG alt	RVG neu
den ist, nach neuem Recht zu berechnen. [3]Die Sätze 1 und 2 gelten auch, wenn Vorschriften geändert werden, auf die dieses Gesetz verweist.	oder Bestellung ein unbedingter Auftrag desjenigen erteilt worden ist, dem er beigeordnet oder für den er bestellt wurde, so ist für diese Vergütung in derselben Angelegenheit bisheriges Recht anzuwenden, wenn die Beiordnung oder Bestellung des Rechtsanwalts vor dem Inkrafttreten einer Gesetzesänderung wirksam geworden ist. [4]Erfasst die Beiordnung oder Bestellung auch eine Angelegenheit, in der der Rechtsanwalt erst nach dem Inkrafttreten einer Gesetzesänderung erstmalig beauftragt oder tätig wird, so ist für die Vergütung neues Recht anzuwenden. [5]Das nach den Sätzen 2 bis 4 anzuwendende Recht findet auch auf Ansprüche des beigeordneten oder bestellten Anwalts Anwendung, die sich nicht gegen die Staatskasse richten. [6]Die Sätze 1 bis 5 gelten auch, wenn Vorschriften geändert werden, auf die dieses Gesetz verweist.

(2) Sind Gebühren nach dem zusammengerechneten Wert mehrerer Gegenstände zu bemessen, gilt für die gesamte Vergütung das bisherige Recht auch dann, wenn dies nach Absatz 1 nur für einen der Gegenstände gelten würde.

(3) In Angelegenheiten nach dem Pflegeberufegesetz ist bei der Bestimmung des Gegenstandswerts § 52 Absatz 4 Nummer 4 des Gerichtskostengesetzes nicht anzuwenden, wenn der unbedingte Auftrag zur Erledigung derselben Angelegenheit vor dem 15. August 2019 erteilt worden ist.

§ 61 Übergangsvorschrift aus Anlass des Inkrafttretens dieses Gesetzes

(1) [1]Die Bundesgebührenordnung für Rechtsanwälte in der im Bundesgesetzblatt Teil III, Gliederungsnummer 368-1, veröffentlichten bereinigten Fassung, zuletzt geändert durch Artikel 2 Abs. 6 des Gesetzes vom 12. März 2004 (BGBl. I S. 390), und Verweisungen hierauf sind weiter anzuwenden, wenn der unbedingte Auftrag zur Erledigung derselben Angelegenheit im Sinne des § 15 vor dem 1. Juli 2004 erteilt oder der Rechtsanwalt vor diesem Zeitpunkt gerichtlich bestellt oder beigeordnet worden ist. [2]Ist der Rechtsanwalt am 1. Juli 2004 in derselben Angelegenheit und, wenn ein gerichtliches Verfahren anhängig ist, in demselben Rechtszug bereits tätig, gilt für das Verfahren über ein Rechtsmittel, das nach diesem Zeitpunkt eingelegt worden ist, dieses Gesetz. [3]§ 60 Abs. 2 ist entsprechend anzuwenden.

(2) Auf die Vereinbarung der Vergütung sind die Vorschriften dieses Gesetzes auch dann anzuwenden, wenn nach Absatz 1 die Vorschriften der Bundesgebührenordnung für Rechtsanwälte weiterhin anzuwenden und die Willenserklärungen beider Parteien nach dem 1. Juli 2004 abgegeben worden sind.

§ 62 Verfahren nach dem Therapieunterbringungsgesetz

Die Regelungen des Therapieunterbringungsgesetzes zur Rechtsanwaltsvergütung bleiben unberührt.

Anlage 1

(zu § 2 Abs. 2)

Vergütungsverzeichnis

Teil 1 Allgemeine Gebühren

RVG alt			RVG neu		
Nr.	Gebührentatbestand	Gebühr oder Satz der Gebühr nach § 13 RVG	Nr.	Gebührentatbestand	Gebühr oder Satz der Gebühr nach § 13 RVG
	Vorbemerkung 1: Die Gebühren dieses Teils entstehen neben den in anderen Teilen bestimmten Gebühren.			Die Gebühren dieses Teils entstehen neben den in anderen Teilen bestimmten Gebühren oder einer Gebühr für die Beratung nach § 34 RVG.	
1000	Einigungsgebühr .... (1) Die Gebühr entsteht für die Mitwirkung beim Abschluss eines Vertrags, durch den 1. der Streit oder die Ungewissheit über ein Rechtsverhältnis beseitigt wird oder 2. die Erfüllung des Anspruchs bei gleichzeitigem vorläufigem Verzicht auf die gerichtliche Geltendmachung und, wenn bereits ein zur Zwangsvollstreckung geeigneter Titel vorliegt, bei gleichzeitigem vorläufigem Verzicht auf Vollstreckungsmaßnahmen geregelt wird (Zahlungsvereinbarung). Die Gebühr entsteht nicht, wenn sich der Vertrag ausschließlich auf ein Anerkenntnis oder einen Verzicht beschränkt. Im Privatklageverfahren ist Nummer 4147 anzuwenden. (2) Die Gebühr entsteht auch für die Mitwirkung bei Vertragsverhandlungen, es sei denn, dass diese für den Abschluss des Vertrags im Sinne des Absatzes 1 nicht ursächlich war.	1,5			

RVG alt			RVG neu		
Nr.	Gebührentatbestand	Gebühr oder Satz der Gebühr nach § 13 RVG	Nr.	Gebührentatbestand	Gebühr oder Satz der Gebühr nach § 13 RVG
	(3) Für die Mitwirkung bei einem unter einer aufschiebenden Bedingung oder unter dem Vorbehalt des Widerrufs geschlossenen Vertrag entsteht die Gebühr, wenn die Bedingung eingetreten ist oder der Vertrag nicht mehr widerrufen werden kann. (4) Soweit über die Ansprüche vertraglich verfügt werden kann, gelten die Absätze 1 und 2 auch bei Rechtsverhältnissen des öffentlichen Rechts. (5) Die Gebühr entsteht nicht in Ehesachen und in Lebenspartnerschaftssachen (§ 269 Abs. 1 Nr. 1 und 2 FamFG). Wird ein Vertrag, insbesondere über den Unterhalt, im Hinblick auf die in Satz 1 genannten Verfahren geschlossen, bleibt der Wert dieser Verfahren bei der Berechnung der Gebühr außer Betracht. In Kindschaftssachen ist Absatz 1 Satz 1 und 2 auch für die Mitwirkung an einer Vereinbarung, über deren Gegenstand nicht vertraglich verfügt werden kann, entsprechend anzuwenden.				
1001	Aussöhnungsgebühr .... Die Gebühr entsteht für die Mitwirkung bei der Aussöhnung, wenn der ernstliche Wille eines Ehegatten, eine Scheidungssache oder ein Verfahren auf Aufhebung der Ehe anhängig zu machen, hervorgetreten ist und die Ehegatten die eheliche Lebensgemeinschaft fortsetzen oder die eheliche Lebensgemeinschaft wieder aufnehmen. Dies gilt entsprechend bei Lebenspartnerschaften.	1,5			
1002	Erledigungsgebühr, soweit nicht Nummer 1005 gilt .... Die Gebühr entsteht, wenn sich eine Rechtssache ganz oder teilweise nach Aufhebung oder Änderung des mit einem Rechtsbehelf angefochtenen Verwaltungsakts durch die anwaltliche Mitwirkung erledigt. Das Gleiche gilt,	1,5			

RVG alt			RVG neu		
Nr.	Gebührentatbestand	Gebühr oder Satz der Gebühr nach § 13 RVG	Nr.	Gebührentatbestand	Gebühr oder Satz der Gebühr nach § 13 RVG
	wenn sich eine Rechtssache ganz oder teilweise durch Erlass eines bisher abgelehnten Verwaltungsakts erledigt.				
1003	Über den Gegenstand ist ein anderes gerichtliches Verfahren als ein selbstständiges Beweisverfahren anhängig: Die Gebühren 1000 bis 1002 betragen	1,0			
	(1) Dies gilt auch, wenn ein Verfahren über die Prozesskostenhilfe anhängig ist, soweit nicht lediglich Prozesskostenhilfe für ein selbständiges Beweisverfahren oder die gerichtliche Protokollierung des Vergleichs beantragt wird oder sich die Beiordnung auf den Abschluss eines Vertrags im Sinne der Nummer 1000 erstreckt (§ 48 Abs. 3 RVG). Die Anmeldung eines Anspruchs zum Musterverfahren nach dem KapMuG steht einem anhängigen gerichtlichen Verfahren gleich. Das Verfahren vor dem Gerichtsvollzieher steht einem gerichtlichen Verfahren gleich. (2) In Kindschaftssachen entsteht die Gebühr auch für die Mitwirkung am Abschluss eines gerichtlich gebilligten Vergleichs (§ 156 Abs. 2 FamFG) und an einer Vereinbarung, über deren Gegenstand nicht vertraglich verfügt werden kann, wenn hierdurch eine gerichtliche Entscheidung entbehrlich wird oder wenn die Entscheidung der getroffenen Vereinbarung folgt.			(1) Dies gilt auch, wenn ein Verfahren über die Prozesskostenhilfe anhängig ist, soweit nicht lediglich Prozesskostenhilfe für ein selbständiges Beweisverfahren oder die gerichtliche Protokollierung des Vergleichs beantragt wird oder sich die Beiordnung auf den Abschluss eines Vertrags im Sinne der Nummer 1000 erstreckt (§ 48 Abs. 1 und 3 RVG). Die Anmeldung eines Anspruchs zum Musterverfahren nach dem KapMuG steht einem anhängigen gerichtlichen Verfahren gleich. Das Verfahren vor dem Gerichtsvollzieher steht einem gerichtlichen Verfahren gleich.	
1004	Über den Gegenstand ist ein Berufungs- oder Revisionsverfahren, ein Verfahren über die Beschwerde gegen die Nichtzulassung eines dieser Rechtsmittel oder ein Verfahren vor dem Rechtsmittelgericht über die Zulassung des Rechtsmittels anhängig: Die Gebühren 1000 bis 1002 betragen	1,3			
	(1) Dies gilt auch in den in den Vorbemerkungen 3.2.1 und 3.2.2 genannten Beschwerde- und Rechtsbeschwerdeverfahren.				

RVG alt			RVG neu		
Nr.	Gebührentatbestand	Gebühr oder Satz der Gebühr nach § 13 RVG	Nr.	Gebührentatbestand	Gebühr oder Satz der Gebühr nach § 13 RVG
	(2) Absatz 2 der Anmerkung zu Nummer 1003 ist anzuwenden.				
1005	Einigung oder Erledigung in einem Verwaltungsverfahren in sozialrechtlichen Angelegenheiten, in denen im gerichtlichen Verfahren Betragsrahmengebühren entstehen (§ 3 RVG): Die Gebühren 1000 und 1002 entstehen	in Höhe der Geschäftsgebühr			
	(1) Die Gebühr bestimmt sich einheitlich nach dieser Vorschrift, wenn in die Einigung Ansprüche aus anderen Verwaltungsverfahren einbezogen werden. Ist über einen Gegenstand ein gerichtliches Verfahren anhängig, bestimmt sich die Gebühr nach Nummer 1006. Maßgebend für die Höhe der Gebühr ist die höchste entstandene Geschäftsgebühr ohne Berücksichtigung einer Erhöhung nach Nummer 1008. Steht dem Rechtsanwalt ausschließlich eine Gebühr nach § 34 RVG zu, beträgt die Gebühr die Hälfte des in der Anmerkung zu Nummer 2302 genannten Betrags. (2) Betrifft die Einigung oder Erledigung nur einen Teil der Angelegenheit, ist der auf diesen Teil der Angelegenheit entfallende Anteil an der Geschäftsgebühr unter Berücksichtigung der in § 14 Abs. 1 RVG genannten Umstände zu schätzen.				
1006	Über den Gegenstand ist ein gerichtliches Verfahren anhängig: Die Gebühr 1005 entsteht	in Höhe der Verfahrensgebühr			
	(1) Die Gebühr bestimmt sich auch dann einheitlich nach dieser Vorschrift, wenn in die Einigung Ansprüche einbe-				

RVG alt			RVG neu		
Nr.	Gebührentatbestand	Gebühr oder Satz der Gebühr nach § 13 RVG	Nr.	Gebührentatbestand	Gebühr oder Satz der Gebühr nach § 13 RVG
	zogen werden, die nicht in diesem Verfahren rechtshängig sind. Maßgebend für die Höhe der Gebühr ist die im Einzelfall bestimmte Verfahrensgebühr in der Angelegenheit, in der die Einigung erfolgt. Eine Erhöhung nach Nummer 1008 ist nicht zu berücksichtigen. (2) Betrifft die Einigung oder Erledigung nur einen Teil der Angelegenheit, ist der auf diesen Teil der Angelegenheit entfallende Anteil an der Verfahrensgebühr unter Berücksichtigung der in § 14 Abs. 1 RVG genannten Umstände zu schätzen.				
1007	(nicht belegt)				
1008	Auftraggeber sind in derselben Angelegenheit mehrere Personen: Die Verfahrens- oder Geschäftsgebühr erhöht sich für jede weitere Person um	0,3 oder 30 % bei Festgebühren, bei Betragsrahmengebühren erhöhen sich der Mindest- und Höchstbetrag um 30 %			
	(1) Dies gilt bei Wertgebühren nur, soweit der Gegenstand der anwaltlichen Tätigkeit derselbe ist. (2) Die Erhöhung wird nach dem Betrag berechnet, an dem die Personen gemeinschaftlich beteiligt sind. (3) Mehrere Erhöhungen dürfen einen Gebührensatz von 2,0 nicht übersteigen; bei Festgebühren dürfen die Erhöhungen das Doppelte der Festgebühr und bei Betragsrahmengebühren das Doppelte des Mindest- und Höchstbetrags nicht übersteigen. (4) Im Fall der Anmerkung zu den Gebühren 2300 und 2302 erhöht sich der Gebührensatz oder Betrag dieser Gebühren entsprechend.				
1009	Hebegebühr				
	1. bis einschließlich 2 500,00 €	1,0 %			

RVG alt			RVG neu		
Nr.	Gebührentatbestand	Gebühr oder Satz der Gebühr nach § 13 RVG	Nr.	Gebührentatbestand	Gebühr oder Satz der Gebühr nach § 13 RVG
	2. von dem Mehrbetrag bis einschließlich 10 000,00 €	0,5 %			
	3. von dem Mehrbetrag über 10 000,00 €	0,25 % des aus- oder zurückgezahlten Betrags – mindestens 1,00 €			
	(1) Die Gebühr wird für die Auszahlung oder Rückzahlung von entgegengenommenen Geldbeträgen erhoben. (2) Unbare Zahlungen stehen baren Zahlungen gleich. Die Gebühr kann bei der Ablieferung an den Auftraggeber entnommen werden. (3) Ist das Geld in mehreren Beträgen gesondert ausgezahlt oder zurückgezahlt, wird die Gebühr von jedem Betrag besonders erhoben. (4) Für die Ablieferung oder Rücklieferung von Wertpapieren und Kostbarkeiten entsteht die in den Absätzen 1 bis 3 bestimmte Gebühr nach dem Wert. (5) Die Hebegebühr entsteht nicht, soweit Kosten an ein Gericht oder eine Behörde weitergeleitet oder eingezogene Kosten an den Auftraggeber abgeführt oder eingezogene Beträge auf die Vergütung verrechnet werden.				
1010	Zusatzgebühr für besonders umfangreiche Beweisaufnahmen in Angelegenheiten, in denen sich die Gebühren nach Teil 3 richten und mindestens drei gerichtliche Termine stattfinden, in denen Sachverständige oder Zeugen vernommen werden .... Die Gebühr entsteht für den durch besonders umfangreiche Beweisaufnahmen anfallenden Mehraufwand.	0,3 oder bei Betragsrahmengebühren erhöhen sich der Mindest- und Höchstbetrag der Terminsgebühr um 30 %			

Teil 2 Außergerichtliche Tätigkeiten einschließlich der Vertretung im Verwaltungsverfahren

RVG alt			RVG neu		
Nr.	Gebührentatbestand	Gebühr oder Satz der Gebühr nach § 13 RVG	Nr.	Gebührentatbestand	Gebühr oder Satz der Gebühr nach § 13 RVG
	Vorbemerkung 2: (1) Die Vorschriften dieses Teils sind nur anzuwenden, soweit nicht die §§ 34 bis 36 RVG etwas anderes bestimmen. (2) Für die Tätigkeit als Beistand für einen Zeugen oder Sachverständigen in einem Verwaltungsverfahren, für das sich die Gebühren nach diesem Teil bestimmen, entstehen die gleichen Gebühren wie für einen Bevollmächtigten in diesem Verfahren. Für die Tätigkeit als Beistand eines Zeugen oder Sachverständigen vor einem parlamentarischen Untersuchungsausschuss entstehen die gleichen Gebühren wie für die entsprechende Beistandsleistung in einem Strafverfahren des ersten Rechtszugs vor dem Oberlandesgericht.				
	Abschnitt 1. Prüfung der Erfolgsaussicht eines Rechtsmittels				
2100	Gebühr für die Prüfung der Erfolgsaussicht eines Rechtsmittels, soweit in Nummer 2102 nichts anderes bestimmt ist ... Die Gebühr ist auf eine Gebühr für das Rechtsmittelverfahren anzurechnen.	0,5 bis 1,0			
2101	Die Prüfung der Erfolgsaussicht eines Rechtsmittels ist mit der Ausarbeitung eines schriftlichen Gutachtens verbunden: Die Gebühr 2100 beträgt ...	1,3			
2102	Gebühr für die Prüfung der Erfolgsaussicht eines Rechtsmittels in sozialrechtlichen Angelegenheiten, in denen im gerichtlichen Verfahren Betragsrahmengebühren entstehen (§ 3 RVG), und in den Angelegenheiten, für die nach den Teilen 4 bis 6 Betragsrahmengebühren entstehen ... Die Gebühr ist auf eine Gebühr für das Rechtsmittelverfahren anzurechnen.	30,00 bis 320,00 €			36,00 bis 384,00 €

RVG alt			RVG neu		
Nr.	Gebührentatbestand	Gebühr oder Satz der Gebühr nach § 13 RVG	Nr.	Gebührentatbestand	Gebühr oder Satz der Gebühr nach § 13 RVG
2103	Die Prüfung der Erfolgsaussicht eines Rechtsmittels ist mit der Ausarbeitung eines schriftlichen Gutachtens verbunden: Die Gebühr 2102 beträgt	50,00 bis 550,00 €			60,00 bis 660,00 €
	Abschnitt 2. Herstellung des Einvernehmens				
2200	Geschäftsgebühr für die Herstellung des Einvernehmens nach § 28 EuRAG	in Höhe der einem Bevollmächtigten oder Verteidiger zustehenden Verfahrensgebühr			
2201	Das Einvernehmen wird nicht hergestellt: Die Gebühr 2200 beträgt	0,1 bis 0,5 oder Mindestbetrag der einem Bevollmächtigten oder Verteidiger zustehenden Verfahrensgebühr			
	Abschnitt 3. Vertretung				
	Vorbemerkung 2.3: (1) Im Verwaltungszwangsverfahren ist Teil 3 Abschnitt 3 Unterabschnitt 3 entsprechend anzuwenden. (2) Dieser Abschnitt gilt nicht für die in den Teilen 4 bis 6 geregelten Angelegenheiten.				

RVG alt			RVG neu		
Nr.	Gebührentatbestand	Gebühr oder Satz der Gebühr nach § 13 RVG	Nr.	Gebührentatbestand	Gebühr oder Satz der Gebühr nach § 13 RVG
	(3) Die Geschäftsgebühr entsteht für das Betreiben des Geschäfts einschließlich der Information und für die Mitwirkung bei der Gestaltung eines Vertrags.				
	(4) Soweit wegen desselben Gegenstands eine Geschäftsgebühr für eine Tätigkeit im Verwaltungsverfahren entstanden ist, wird diese Gebühr zur Hälfte, bei Wertgebühren jedoch höchstens mit einem Gebührensatz von 0,75, auf eine Geschäftsgebühr für eine Tätigkeit im weiteren Verwaltungsverfahren, das der Nachprüfung des Verwaltungsakts dient, angerechnet. Bei einer Betragsrahmengebühr beträgt der Anrechnungsbetrag höchstens 175,00 €. Bei der Bemessung einer weiteren Geschäftsgebühr innerhalb eines Rahmens ist nicht zu berücksichtigen, dass der Umfang der Tätigkeit infolge der vorangegangenen Tätigkeit geringer ist. Bei einer Wertgebühr erfolgt die Anrechnung nach dem Wert des Gegenstands, der auch Gegenstand des weiteren Verfahrens ist.			(4) Soweit wegen desselben Gegenstands eine Geschäftsgebühr für eine Tätigkeit im Verwaltungsverfahren entstanden ist, wird diese Gebühr zur Hälfte, bei Wertgebühren jedoch höchstens mit einem Gebührensatz von 0,75, auf eine Geschäftsgebühr für eine Tätigkeit im weiteren Verwaltungsverfahren, das der Nachprüfung des Verwaltungsakts dient, angerechnet. Bei einer Betragsrahmengebühr beträgt der Anrechnungsbetrag höchstens 207,00 €. Bei einer Wertgebühr erfolgt die Anrechnung nach dem Wert des Gegenstands, der auch Gegenstand des weiteren Verfahrens ist.	
	(5) Absatz 4 gilt entsprechend bei einer Tätigkeit im Verfahren nach der Wehrbeschwerdeordnung, wenn darauf eine Tätigkeit im Beschwerdeverfahren oder wenn der Tätigkeit im Beschwerdeverfahren eine Tätigkeit im Verfahren der weiteren Beschwerde vor den Disziplinarvorgesetzten folgt.				
	(6) Soweit wegen desselben Gegenstands eine Geschäftsgebühr nach Nummer 2300 entstanden ist, wird diese Gebühr zur Hälfte, jedoch höchstens mit einem Gebührensatz von 0,75, auf eine Geschäftsgebühr nach Nummer 2303 angerechnet. Absatz 4 Satz 4 gilt entsprechend.			(6) Soweit wegen desselben Gegenstands eine Geschäftsgebühr nach Nummer 2300 entstanden ist, wird diese Gebühr zur Hälfte, jedoch höchstens mit einem Gebührensatz von 0,75, auf eine Geschäftsgebühr nach Nummer 2303 angerechnet. Absatz 4 Satz 3 gilt entsprechend.	
2300	Geschäftsgebühr, soweit in den Nummern 2302 und 2303 nichts anderes bestimmt ist	0,5 bis 2,5			
	Eine Gebühr von mehr als 1,3 kann nur gefordert werden, wenn die Tätigkeit umfangreich oder schwierig war.				
2301	Der Auftrag beschränkt sich auf ein Schreiben einfacher Art:				
	Die Gebühr 2300 beträgt	0,3			
	Es handelt sich um ein Schreiben einfacher Art, wenn dieses weder schwierige rechtliche Ausführungen noch größere sachliche Auseinandersetzungen enthält.				
2302	Geschäftsgebühr in				

RVG alt			RVG neu		
Nr.	Gebührentatbestand	Gebühr oder Satz der Gebühr nach § 13 RVG	Nr.	Gebührentatbestand	Gebühr oder Satz der Gebühr nach § 13 RVG
	1. sozialrechtlichen Angelegenheiten, in denen im gerichtlichen Verfahren Betragsrahmengebühren entstehen (§ 3 RVG), und 2. Verfahren nach der Wehrbeschwerdeordnung, wenn im gerichtlichen Verfahren das Verfahren vor dem Truppendienstgericht oder vor dem Bundesverwaltungsgericht an die Stelle des Verwaltungsrechtswegs gemäß § 82 SG tritt	50,00 bis 640,00 €			60,00 bis 768,00 €
	Eine Gebühr von mehr als 300,00 € kann nur gefordert werden, wenn die Tätigkeit umfangreich oder schwierig war.			Eine Gebühr von mehr als 359,00 € kann nur gefordert werden, wenn die Tätigkeit umfangreich oder schwierig war.	
2303	Geschäftsgebühr für 1 Güteverfahren vor einer durch die Landesjustizverwaltung eingerichteten oder anerkannten Gütestelle (§ 794 Abs. 1 Nr. 1 ZPO) oder, wenn die Parteien den Einigungsversuch einvernehmlich unternehmen, vor einer Gütestelle, die Streitbeilegung betreibt (§ 15 a Abs. 3 EGZPO), 2. Verfahren vor einem Ausschuss der in § 111 Abs. 2 des Arbeitsgerichtsgesetzes bezeichneten Art, 3. Verfahren vor dem Seemannsamt zur vorläufigen Entscheidung von Arbeitssachen und 4. Verfahren vor sonstigen gesetzlich eingerichteten Einigungsstellen, Gütestellen oder Schiedsstellen	1,5			

RVG alt			RVG neu		
Nr.	Gebührentatbestand	Gebühr oder Satz der Gebühr nach § 13 RVG	Nr.	Gebührentatbestand	Gebühr oder Satz der Gebühr nach § 13 RVG
	Abschnitt 4.				
	(aufgehoben)				
	Abschnitt 5. Beratungshilfe				
	Vorbemerkung 2.5:				
	Im Rahmen der Beratungshilfe entstehen Gebühren ausschließlich nach diesem Abschnitt.				
2500	Beratungshilfegebühr	15,00 €			
	Neben der Gebühr werden keine Auslagen erhoben. Die Gebühr kann erlassen werden.				
2501	Beratungsgebühr	35,00 €			38,50 €
	(1) Die Gebühr entsteht für eine Beratung, wenn die Beratung nicht mit einer anderen gebührenpflichtigen Tätigkeit zusammenhängt.				
	(2) Die Gebühr ist auf eine Gebühr für eine sonstige Tätigkeit anzurechnen, die mit der Beratung zusammenhängt.				
2502	Beratungstätigkeit mit dem Ziel einer außergerichtlichen Einigung mit den Gläubigern über die Schuldenbereinigung auf der Grundlage eines Plans (§ 305 Abs. 1 Nr. 1 InsO):				
	Die Gebühr 2501 beträgt	70,00 €			77,00 €
2503	Geschäftsgebühr	85,00 €			93,50 €
	(1) Die Gebühr entsteht für das Betreiben des Geschäfts einschließlich der Information oder die Mitwirkung bei der Gestaltung eines Vertrags.				
	(2) Auf die Gebühren für ein anschließendes gerichtliches oder behördliches Verfahren ist diese Gebühr zur Hälfte				

RVG alt			RVG neu		
Nr.	Gebührentatbestand	Gebühr oder Satz der Gebühr nach § 13 RVG	Nr.	Gebührentatbestand	Gebühr oder Satz der Gebühr nach § 13 RVG
	anzurechnen. Auf die Gebühren für ein Verfahren auf Vollstreckbarerklärung eines Vergleichs nach den §§ 796 a, 796 b und 796 c Abs. 2 Satz 2 ZPO ist die Gebühr zu einem Viertel anzurechnen.				
2504	Tätigkeit mit dem Ziel einer außergerichtlichen Einigung mit den Gläubigern über die Schuldenbereinigung auf der Grundlage eines Plans (§ 305 Abs. 1 Nr. 1 InsO):				
	Die Gebühr 2503 beträgt bei bis zu 5 Gläubigern	270,00 €			297,00 €
2505	Es sind 6 bis 10 Gläubiger vorhanden:				
	Die Gebühr 2503 beträgt	405,00 €			446,00 €
2506	Es sind 11 bis 15 Gläubiger vorhanden:				
	Die Gebühr 2503 beträgt	540,00 €			594,00 €
2507	Es sind mehr als 15 Gläubiger vorhanden:				
	Die Gebühr 2503 beträgt	675,00 €			743,00 €
2508	Einigungs- und Erledigungsgebühr	150,00 €			165,00 €
	(1) Die Anmerkungen zu Nummern 1000 und 1002 sind anzuwenden. (2) Die Gebühr entsteht auch für die Mitwirkung bei einer außergerichtlichen Einigung mit den Gläubigern über die Schuldenbereinigung auf der Grundlage eines Plans (§ 305 Abs. 1 Nr. 1 InsO).				

Teil 3 Zivilsachen, Verfahren der öffentlich-rechtlichen Gerichtsbarkeiten, Verfahren nach dem Strafvollzugsgesetz, auch in Verbindung mit § 92 des Jugendgerichtsgesetzes, und ähnliche Verfahren

RVG alt			RVG neu		
Nr.	Gebührentatbestand	Gebühr oder Satz der Gebühr nach § 13 RVG	Nr.	Gebührentatbestand	Gebühr oder Satz der Gebühr nach § 13 RVG
	Vorbemerkung 3: (1) Gebühren nach diesem Teil erhält der Rechtsanwalt, dem ein unbedingter Auftrag als Prozess- oder Verfahrensbevollmächtigter, als Beistand für einen Zeugen oder Sachverständigen oder für eine sonstige Tätigkeit in einem gerichtlichen Verfahren erteilt worden ist. Der Beistand für einen Zeugen oder Sachverständigen erhält die gleichen Gebühren wie ein Verfahrensbevollmächtigter. (2) Die Verfahrensgebühr entsteht für das Betreiben des Geschäfts einschließlich der Information. (3) Die Terminsgebühr entsteht sowohl für die Wahrnehmung von gerichtlichen Terminen als auch für die Wahrnehmung von außergerichtlichen Terminen und Besprechungen, wenn nichts anderes bestimmt ist. Sie entsteht jedoch nicht für die Wahrnehmung eines gerichtlichen Termins nur zur Verkündung einer Entscheidung. Die Gebühr für außergerichtliche Termine und Besprechungen entsteht für 1. die Wahrnehmung eines von einem gerichtlich bestellten Sachverständigen anberaumten Termins und 2. die Mitwirkung an Besprechungen, die auf die Vermeidung oder Erledigung des Verfahrens gerichtet sind; dies gilt nicht für Besprechungen mit dem Auftraggeber.				
	(4) Soweit wegen desselben Gegenstands eine Geschäftsgebühr nach Teil 2 entsteht, wird diese Gebühr zur Hälfte, bei Wertgebühren jedoch höchstens mit einem Gebührensatz von 0,75, auf die Verfahrensgebühr des gerichtlichen Verfahrens angerechnet. Bei Betragsrahmengebühren beträgt der Anrechnungsbetrag höchstens 175,00 €. Sind mehrere Gebühren entstanden, ist für die Anrechnung die zuletzt entstandene Gebühr maßgebend. Bei einer Betragsrahmengebühr ist nicht zu berücksichtigen, dass der Umfang der Tätigkeit im gerichtlichen Verfahren infolge der vorangegangenen Tätigkeit geringer ist. Bei einer wertabhängigen Gebühr erfolgt die Anrechnung nach dem Wert des Gegenstands, der auch Gegenstand des gerichtlichen Verfahrens ist.			(4) Soweit wegen desselben Gegenstands eine Geschäftsgebühr nach Teil 2 entsteht, wird diese Gebühr zur Hälfte, bei Wertgebühren jedoch höchstens mit einem Gebührensatz von 0,75, auf die Verfahrensgebühr des gerichtlichen Verfahrens angerechnet. Bei Betragsrahmengebühren beträgt der Anrechnungsbetrag höchstens 207,00 €. Sind mehrere Gebühren entstanden, ist für die Anrechnung die zuletzt entstandene Gebühr maßgebend. Bei einer wertabhängigen Gebühr erfolgt die Anrechnung nach dem Wert des Gegenstands, der auch Gegenstand des gerichtlichen Verfahrens ist.	

RVG alt			RVG neu		
Nr.	Gebührentatbestand	Gebühr oder Satz der Gebühr nach § 13 RVG	Nr.	Gebührentatbestand	Gebühr oder Satz der Gebühr nach § 13 RVG
(5) Soweit der Gegenstand eines selbstständigen Beweisverfahrens auch Gegenstand eines Rechtsstreits ist oder wird, wird die Verfahrensgebühr des selbstständigen Beweisverfahrens auf die Verfahrensgebühr des Rechtszugs angerechnet.					
(6) Soweit eine Sache an ein untergeordnetes Gericht zurückverwiesen wird, das mit der Sache bereits befasst war, ist die vor diesem Gericht bereits entstandene Verfahrensgebühr auf die Verfahrensgebühr für das erneute Verfahren anzurechnen.					
(7) Die Vorschriften dieses Teils sind nicht anzuwenden, soweit Teil 6 besondere Vorschriften enthält.			(7) Die Verfahrensgebühr für einen Urkunden- oder Wechselprozess wird auf die Verfahrensgebühr für das ordentliche Verfahren angerechnet, wenn dieses nach Abstandnahme vom Urkunden- oder Wechselprozess oder nach einem Vorbehaltsurteil anhängig bleibt (§§ 569 und 600 ZPO).		
			(8) Die Vorschriften dieses Teils sind nicht anzuwenden, soweit Teil 6 besondere Vorschriften enthält.		
Abschnitt 1. Erster Rechtszug					
Vorbemerkung 3.1:					
(1) Die Gebühren dieses Abschnitts entstehen in allen Verfahren, für die in den folgenden Abschnitten dieses Teils keine Gebühren bestimmt sind.			Die Gebühren dieses Abschnitts entstehen in allen Verfahren, für die in den folgenden Abschnitten dieses Teils keine Gebühren bestimmt sind.		
(2) Dieser Abschnitt ist auch für das Rechtsbeschwerdeverfahren nach § 1065 ZPO anzuwenden.					
3100	Verfahrensgebühr, soweit in Nummer 3102 nichts anderes bestimmt ist	1,3			
	(1) Die Verfahrensgebühr für ein vereinfachtes Verfahren über den Unterhalt Minderjähriger wird auf die Verfahrensgebühr angerechnet, die in dem nachfolgenden Rechtsstreit entsteht (§ 255 FamFG).				
	(2) Die Verfahrensgebühr für einen Urkunden- oder Wechselprozess wird auf die Verfahrensgebühr für das ordentliche Verfahren angerechnet, wenn dieses nach Abstandnahme vom Urkunden- oder Wechselprozess oder nach einem Vorbehaltsurteil anhängig bleibt (§§ 596, 600 ZPO).			(2) Die Verfahrensgebühr für ein Vermittlungsverfahren nach § 165 FamFG wird auf die Verfahrensgebühr für ein sich anschließendes Verfahren angerechnet.	

RVG alt			RVG neu		
Nr.	Gebührentatbestand	Gebühr oder Satz der Gebühr nach § 13 RVG	Nr.	Gebührentatbestand	Gebühr oder Satz der Gebühr nach § 13 RVG
	(3) Die Verfahrensgebühr für ein Vermittlungsverfahren nach § 165 FamFG wird auf die Verfahrensgebühr für ein sich anschließendes Verfahren angerechnet.				
3101	1. **Endigt der Auftrag, bevor der Rechtsanwalt die Klage, den ein Verfahren einleitenden Antrag oder einen Schriftsatz, der Sachanträge, Sachvortrag, die Zurücknahme der Klage oder die Zurücknahme des Antrags enthält, eingereicht oder bevor er einen gerichtlichen Termin wahrgenommen hat;**				
	2. soweit Verhandlungen vor Gericht zur Einigung der Parteien oder der Beteiligten oder mit Dritten über in diesem Verfahren nicht rechtshängige Ansprüche geführt werden; der Verhandlung über solche Ansprüche steht es gleich, wenn beantragt ist, eine Einigung zu Protokoll zu nehmen oder das Zustandekommen einer Einigung festzustellen (§ 278 Abs. 6 ZPO); oder			2. soweit Verhandlungen vor Gericht zur Einigung der Parteien oder der Beteiligten oder mit Dritten über in diesem Verfahren nicht rechtshängige Ansprüche geführt werden; der Verhandlung über solche Ansprüche steht es gleich, wenn beantragt ist, eine Einigung zu Protokoll zu nehmen oder das Zustandekommen einer Einigung festzustellen (§ 278 Abs. 6 ZPO), oder wenn eine Einigung dadurch erfolgt, dass die Beteiligten einen in der Form eines Beschlusses ergangenen Vorschlag schriftlich oder durch Erklärung zu Protokoll in der mündlichen Verhandlung gegenüber dem Gericht annehmen (§ 101 Abs. 1 Satz 2 SGG, § 106 Satz 2 VwGO); oder	
	3. soweit in einer Familiensache, die nur die Erteilung einer Genehmigung oder die Zustimmung des Familiengerichts zum Gegenstand hat, oder in einem Verfahren der freiwilligen Gerichtsbarkeit lediglich ein Antrag gestellt und eine Entscheidung entgegengenommen wird,				
	beträgt die Gebühr 3100	0,8			
	(1) Soweit in den Fällen der Nummer 2 der sich nach § 15 Abs. 3 RVG ergebende Gesamtbetrag der Verfahrensgebühren die Gebühr 3100 übersteigt, wird der übersteigende Be-				

RVG alt			RVG neu		
Nr.	Gebührentatbestand	Gebühr oder Satz der Gebühr nach § 13 RVG	Nr.	Gebührentatbestand	Gebühr oder Satz der Gebühr nach § 13 RVG
	trag auf eine Verfahrensgebühr angerechnet, die wegen desselben Gegenstands in einer anderen Angelegenheit entsteht. (2) Nummer 3 ist in streitigen Verfahren der freiwilligen Gerichtsbarkeit, insbesondere in Verfahren nach dem Gesetz über das gerichtliche Verfahren in Landwirtschaftssachen, nicht anzuwenden.				
3102	Verfahrensgebühr für Verfahren vor den Sozialgerichten, in denen Betragsrahmengebühren entstehen (§ 3 RVG)	50,00 bis 550,00 €			60,00 bis 600,00 €
3103	(aufgehoben)				
3104	Terminsgebühr, soweit in Nummer 3106 nichts anderes bestimmt ist .... (1) Die Gebühr entsteht auch, wenn	1,2			
	1. in einem Verfahren, für das mündliche Verhandlung vorgeschrieben ist, im Einverständnis mit den Parteien oder Beteiligten oder gemäß § 307 oder § 495 a ZPO ohne mündliche Verhandlung entschieden oder in einem solchen Verfahren ein schriftlicher Vergleich geschlossen wird,			1. in einem Verfahren, für das mündliche Verhandlung vorgeschrieben ist, im Einverständnis mit den Parteien oder Beteiligten oder gemäß § 307 oder § 495 a ZPO ohne mündliche Verhandlung entschieden oder in einem solchen Verfahren mit oder ohne Mitwirkung des Gerichts ein Vertrag im Sinne der Nummer 1000 geschlossen wird oder eine Erledigung des Rechtssache im Sinne der Nummer 1002 eingetreten ist,	
	2. nach § 84 Abs. 1 Satz 1 VwGO oder § 105 Abs. 1 Satz 1 SGG durch Gerichtsbescheid entschieden wird und eine mündliche Verhandlung beantragt werden kann oder				
	3. das Verfahren vor dem Sozialgericht, für das mündliche Verhandlung vorgeschrieben ist, nach angenommenem Anerkenntnis ohne mündliche Verhandlung endet.				

RVG alt			RVG neu		
Nr.	Gebührentatbestand	Gebühr oder Satz der Gebühr nach § 13 RVG	Nr.	Gebührentatbestand	Gebühr oder Satz der Gebühr nach § 13 RVG
	(2) Sind in dem Termin auch Verhandlungen zur Einigung über in diesem Verfahren nicht rechtshängige Ansprüche geführt worden, wird die Terminsgebühr, soweit sie den sich ohne Berücksichtigung der nicht rechtshängigen Ansprüche ergebenden Gebührenbetrag übersteigt, auf eine Terminsgebühr angerechnet, die wegen desselben Gegenstands in einer anderen Angelegenheit entsteht. (3) Die Gebühr entsteht nicht, soweit lediglich beantragt ist, eine Einigung der Parteien oder der Beteiligten oder mit Dritten über nicht rechtshängige Ansprüche zu Protokoll zu nehmen. (4) Eine in einem vorausgegangenen Mahnverfahren oder vereinfachten Verfahren über den Unterhalt Minderjähriger entstandene Terminsgebühr wird auf die Terminsgebühr des nachfolgenden Rechtsstreits angerechnet.				
3105	Wahrnehmung nur eines Termins, in dem eine Partei oder ein Beteiligter nicht erschienen oder nicht ordnungsgemäß vertreten ist und lediglich ein Antrag auf Versäumnisurteil, Versäumnisentscheidung oder zur Prozess-, Verfahrens- oder Sachleitung gestellt wird: Die Gebühr 3104 beträgt	0,5			
	(1) Die Gebühr entsteht auch, wenn 1. das Gericht bei Säumnis lediglich Entscheidungen zur Prozess-, Verfahrens- oder Sachleitung von Amts wegen trifft oder 2. eine Entscheidung gemäß § 331 Abs. 3 ZPO ergeht. (2) § 333 ZPO ist nicht entsprechend anzuwenden.				
3106	Terminsgebühr in Verfahren vor den Sozialgerichten, in denen Betragsrahmengebühren entstehen (§ 3 RVG)	50,00 bis 510,00 €			60,00 bis 610,00 €

RVG alt			RVG neu		
Nr.	Gebührentatbestand	Gebühr oder Satz der Gebühr nach § 13 RVG	Nr.	Gebührentatbestand	Gebühr oder Satz der Gebühr nach § 13 RVG
	Die Gebühr entsteht auch, wenn 1. in einem Verfahren, für das mündliche Verhandlung vorgeschrieben ist, im Einverständnis mit den Parteien ohne mündliche Verhandlung entschieden oder in einem solchen Verfahren ein schriftlicher Vergleich geschlossen wird, 2. nach § 105 Abs. 1 Satz 1 SGG durch Gerichtsbescheid entschieden wird und eine mündliche Verhandlung beantragt werden kann oder 3. das Verfahren, für das mündliche Verhandlung vorgeschrieben ist, nach angenommenem Anerkenntnis ohne mündliche Verhandlung endet. In den Fällen des Satzes 1 beträgt die Gebühr 90 % der in derselben Angelegenheit dem Rechtsanwalt zustehenden Verfahrensgebühr ohne Berücksichtigung einer Erhöhung nach Nummer 1008.			1. in einem Verfahren, für das mündliche Verhandlung vorgeschrieben ist, im Einverständnis mit den Parteien ohne mündliche Verhandlung entschieden oder in einem solchen Verfahren mit oder ohne Mitwirkung des Gerichts ein Vertrag im Sinne der Nummer 1000 geschlossen wird oder eine Erledigung der Rechtssache im Sinne der Nummer 1002 eingetreten ist	
Abschnitt 2. Berufung, Revision, bestimmte Beschwerden und Verfahren vor dem Finanzgericht *Vorbemerkung 3.2:* (1) Dieser Abschnitt ist auch in Verfahren vor dem Rechtsmittelgericht über die Zulassung des Rechtsmittels anzuwenden. (2) Wenn im Verfahren auf Anordnung eines Arrests, zur Erwirkung eines Europäischen Beschlusses zur vorläufigen Kontenpfändung oder auf Erlass einer einstweiligen Verfügung sowie im Verfahren über die Aufhebung, den Widerruf oder die Abänderung der genannten Entscheidungen das Rechtsmittelgericht als Gericht der Hauptsache anzusehen ist (§ 943, auch i.V.m. § 946 Abs. 1 Satz 2 ZPO), bestimmen sich die Gebühren nach den für die erste Instanz geltenden Vorschriften. Dies gilt entsprechend im Verfahren der einstweiligen Anordnung und im Verfahren auf Anordnung oder			(2) Wenn im Verfahren auf Anordnung eines Arrests, zur Erwirkung eines Europäischen Beschlusses zur vorläufigen Kontenpfändung oder auf Erlass einer einstweiligen Verfügung sowie im Verfahren über die Aufhebung, den Widerruf oder die Abänderung der genannten Entscheidungen das Rechtsmittelgericht als Gericht der Hauptsache anzusehen ist (§ 943, auch i.V.m. § 946 Abs. 1 Satz 2 ZPO), bestimmen sich die Gebühren nach den für die erste Instanz geltenden Vorschriften. Dies gilt entsprechend im Verfahren der einstweiligen Anordnung und im Verfahren auf Anordnung oder		

RVG alt			RVG neu		
Nr.	Gebührentatbestand	Gebühr oder Satz der Gebühr nach § 13 RVG	Nr.	Gebührentatbestand	Gebühr oder Satz der Gebühr nach § 13 RVG
	Wiederherstellung der aufschiebenden Wirkung, auf Aussetzung oder Aufhebung der Vollziehung oder Anordnung der sofortigen Vollziehung eines Verwaltungsakts. Satz 1 gilt ferner entsprechend in Verfahren über einen Antrag nach § 169 Absatz 2 Satz 5 und 6, § 173 Absatz 1 Satz 3 oder nach § 176 GWB.			Wiederherstellung der aufschiebenden Wirkung, auf Aussetzung oder Aufhebung der Vollziehung oder Anordnung der sofortigen Vollziehung eines Verwaltungsakts. Satz 1 gilt ferner entsprechend in Verfahren über einen Antrag nach § 169 Abs. 2 Satz 5 und 6, § 173 Abs. 1 Satz 3 oder nach § 176 GWB.	
	Unterabschnitt 1. Berufung, bestimmte Beschwerden und Verfahren vor dem Finanzgericht				
	Vorbemerkung 3.2.1: Dieser Unterabschnitt ist auch anzuwenden in Verfahren 1. vor dem Finanzgericht, 2. über Beschwerden a) gegen die den Rechtszug beendenden Entscheidungen in Verfahren über Anträge auf Vollstreckbarerklärung ausländischer Titel oder auf Erteilung der Vollstreckungsklausel zu ausländischen Titeln sowie über Anträge auf Aufhebung oder Abänderung der Vollstreckbarerklärung oder der Vollstreckungsklausel, b) gegen die Endentscheidung wegen des Hauptgegenstands in Familiensachen und in den Angelegenheiten der freiwilligen Gerichtsbarkeit, c) gegen die den Rechtszug beendenden Entscheidungen im Beschlussverfahren vor den Gerichten für Arbeitssachen, d) gegen die den Rechtszug beendenden Entscheidungen im personalvertretungsrechtlichen Beschlussverfahren vor den Gerichten der Verwaltungsgerichtsbarkeit, e) nach dem GWB, f) nach dem EnWG, g) nach dem KSpG, h) nach dem EU-VSchDG, i) nach dem SpruchG, j) nach dem WpÜG,				

RVG alt			RVG neu		
Nr.	Gebührentatbestand	Gebühr oder Satz der Gebühr nach § 13 RVG	Nr.	Gebührentatbestand	Gebühr oder Satz der Gebühr nach § 13 RVG
3.	über Beschwerden				
a)	gegen die Entscheidung des Verwaltungs- oder Sozialgerichts wegen des Hauptgegenstands in Verfahren des vorläufigen oder einstweiligen Rechtsschutzes,				
b)	nach dem WpHG,				
c)	gegen die Entscheidung über den Widerspruch des Schuldners (§ 954 Abs. 1 Satz 1 ZPO) im Fall des Artikels 5 Buchstabe a der Verordnung (EU) Nr. 655/2014,				
4.	über Rechtsbeschwerden nach dem StVollzG, auch i.V.m. § 92 JGG.				
3200	Verfahrensgebühr, soweit in Nummer 3204 nichts anderes bestimmt ist	1,6			
3201	Vorzeitige Beendigung des Auftrags oder eingeschränkte Tätigkeit des Anwalts: Die Gebühr 3200 beträgt	1,1			
	(1) Eine vorzeitige Beendigung liegt vor, 1. wenn der Auftrag endigt, bevor der Rechtsanwalt das Rechtsmittel eingelegt oder einen Schriftsatz, der Sachanträge, Sachvortrag, die Zurücknahme der Klage oder die Zurücknahme des Rechtsmittels enthält, eingereicht oder bevor er einen gerichtlichen Termin wahrgenommen hat, oder 2. soweit Verhandlungen vor Gericht zur Einigung der Parteien oder der Beteiligten oder mit Dritten über in diesem Verfahren nicht rechtshängige Ansprüche geführt werden; der Verhandlung über solche Ansprüche steht es gleich, wenn beantragt ist, eine Einigung zu Protokoll zu nehmen oder das Zustandekommen einer Einigung festzustellen (§ 278 Abs. 6 ZPO). Soweit in den Fällen der Nummer 2 der sich nach § 15 Abs. 3 RVG ergebende Gesamtbetrag der Verfahrensgebühren die Gebühr 3200 übersteigt, wird der übersteigende Be-				

RVG alt			RVG neu		
Nr.	Gebührentatbestand	Gebühr oder Satz der Gebühr nach § 13 RVG	Nr.	Gebührentatbestand	Gebühr oder Satz der Gebühr nach § 13 RVG
	trag auf eine Verfahrensgebühr angerechnet, die wegen desselben Gegenstands in einer anderen Angelegenheit entsteht. (2) Eine eingeschränkte Tätigkeit des Anwalts liegt vor, wenn sich seine Tätigkeit 1. in einer Familiensache, die nur die Erteilung einer Genehmigung oder die Zustimmung des Familiengerichts zum Gegenstand hat, oder 2. in einer Angelegenheit der freiwilligen Gerichtsbarkeit auf die Einlegung und Begründung des Rechtsmittels und die Entgegennahme der Rechtsmittelentscheidung beschränkt.				
3202	Terminsgebühr, soweit in Nummer 3205 nichts anderes bestimmt ist .... (1) Absatz 1 Nr. 1 und 3 sowie die Absätze 2 und 3 der Anmerkung zu Nummer 3104 gelten entsprechend. (2) Die Gebühr entsteht auch, wenn nach § 79 a Abs. 2, § 90 a oder § 94 a FGO ohne mündliche Verhandlung durch Gerichtsbescheid entschieden wird.	1,2			
3203	Wahrnehmung nur eines Termins, in dem eine Partei oder ein Beteiligter, im Berufungsverfahren der Berufungskläger, im Beschwerdeverfahren der Beschwerdeführer, nicht erschienen oder nicht ordnungsgemäß vertreten ist und lediglich ein Antrag auf Versäumnisurteil, Versäumnisentscheidung oder zur Prozess-, Verfahrens- oder Sachleitung gestellt wird: Die Gebühr 3202 beträgt .... Die Anmerkung zu Nummer 3105 und Absatz 2 der Anmerkung zu Nummer 3202 gelten entsprechend.	0,5			

RVG alt			RVG neu		
Nr.	Gebührentatbestand	Gebühr oder Satz der Gebühr nach § 13 RVG	Nr.	Gebührentatbestand	Gebühr oder Satz der Gebühr nach § 13 RVG
3204	Verfahrensgebühr für Verfahren vor den Landessozialgerichten, in denen Betragsrahmengebühren entstehen (§ 3 RVG)	60,00 bis 680,00 €			72,00 bis 816,00 €
3205	Terminsgebühr in Verfahren vor den Landessozialgerichten, in denen Betragsrahmengebühren entstehen (§ 3 RVG) .... Satz 1 Nr. 1 und 3 der Anmerkung zu Nummer 3106 gilt entsprechend. In den Fällen des Satzes 1 beträgt die Gebühr 75 % der in derselben Angelegenheit dem Rechtsanwalt zustehenden Verfahrensgebühr ohne Berücksichtigung einer Erhöhung nach Nummer 1008.	50,00 bis 510,00 €			60,00 bis 610,00 €
Unterabschnitt 2. Revision, bestimmte Beschwerden und Rechtsbeschwerden *Vorbemerkung 3.2.2:* Dieser Unterabschnitt ist auch anzuwenden in Verfahren 1. über Rechtsbeschwerden a) in den in der Vorbemerkung 3.2.1 Nr. 2 genannten Fällen und b) nach § 20 KapMuG, 2. vor dem Bundesgerichtshof über Berufungen, Beschwerden oder Rechtsbeschwerden gegen Entscheidungen des Bundespatentgerichts und 3. vor dem Bundesfinanzhof über Beschwerden nach § 128 Abs. 3 FGO.			1. über Rechtsbeschwerden a) in den in der Vorbemerkung 3.2.1 Nr. 2 genannten Fällen, b) nach § 20 KapMuG und c) nach § 1065 ZPO,		
3206	Verfahrensgebühr, soweit in Nummer 3212 nichts anderes bestimmt ist	1,6			
3207	Vorzeitige Beendigung des Auftrags oder eingeschränkte Tätigkeit des Anwalts: Die Gebühr 3206 beträgt .... Die Anmerkung zu Nummer 3201 gilt entsprechend.	1,1			

RVG alt			RVG neu		
Nr.	Gebührentatbestand	Gebühr oder Satz der Gebühr nach § 13 RVG	Nr.	Gebührentatbestand	Gebühr oder Satz der Gebühr nach § 13 RVG
3208	Im Verfahren können sich die Parteien oder die Beteiligten nur durch einen beim Bundesgerichtshof zugelassenen Rechtsanwalt vertreten lassen:				
	Die Gebühr 3206 beträgt	2,3			
3209	Vorzeitige Beendigung des Auftrags, wenn sich die Parteien oder die Beteiligten nur durch einen beim Bundesgerichtshof zugelassenen Rechtsanwalt vertreten lassen können:				
	Die Gebühr 3206 beträgt	1,8			
	Die Anmerkung zu Nummer 3201 gilt entsprechend.				
3210	Terminsgebühr, soweit in Nummer 3213 nichts anderes bestimmt ist	1,5			
	Absatz 1 Nr. 1 und 3 sowie die Absätze 2 und 3 der Anmerkung zu Nummer 3104 und Absatz 2 der Anmerkung zu Nummer 3202 gelten entsprechend.				
3211	Wahrnehmung nur eines Termins, in dem der Revisionskläger oder Beschwerdeführer nicht ordnungsgemäß vertreten ist und lediglich ein Antrag auf Versäumnisurteil, Versäumnisentscheidung oder zur Prozess-, Verfahrens- oder Sachleitung gestellt wird:				
	Die Gebühr 3210 beträgt	0,8			
	Die Anmerkung zu Nummer 3105 und Absatz 2 der Anmerkung zu Nummer 3202 gelten entsprechend.				
3212	Verfahrensgebühr für Verfahren vor dem Bundessozialgericht, in denen Betragsrahmengebühren entstehen (§ 3 RVG)	80,00 bis 880,00 €			96,00 bis 1.056,00 €
3213	Terminsgebühr in Verfahren vor dem Bundessozialgericht, in denen Betragsrahmengebühren entstehen (§ 3 RVG)	80,00 bis 830,00 €			96,00 bis 990,00 €

RVG alt			RVG neu		
Nr.	Gebührentatbestand	Gebühr oder Satz der Gebühr nach § 13 RVG	Nr.	Gebührentatbestand	Gebühr oder Satz der Gebühr nach § 13 RVG
	Satz 1 Nr. 1 und 3 sowie Satz 2 der Anmerkung zu Nummer 3106 gelten entsprechend.				
	Abschnitt 3. Gebühren für besondere Verfahren				
	Unterabschnitt 1. Besondere erstinstanzliche Verfahren				
	Vorbemerkung 3.3.1: Die Terminsgebühr bestimmt sich nach Abschnitt 1.				
3300	Verfahrensgebühr ...... 1. für das Verfahren vor dem Oberlandesgericht nach § 129 VGG, 2. für das erstinstanzliche Verfahren vor dem Bundesverwaltungsgericht, dem Bundessozialgericht, dem Oberverwaltungsgericht (Verwaltungsgerichtshof) und dem Landessozialgericht sowie 3. für das Verfahren bei überlangen Gerichtsverfahren und strafrechtlichen Ermittlungsverfahren vor den Oberlandesgerichten, den Landessozialgerichten, den Oberverwaltungsgerichten, den Landesarbeitsgerichten oder einem obersten Gerichtshof des Bundes	1,6			
3301	Vorzeitige Beendigung des Auftrags: Die Gebühr 3300 beträgt ...... Die Anmerkung zu Nummer 3201 gilt entsprechend.	1,0			
	Unterabschnitt 2. Mahnverfahren				
	Vorbemerkung 3.3.2: Die Terminsgebühr bestimmt sich nach Abschnitt 1.				

RVG alt			RVG neu		
Nr.	Gebührentatbestand	Gebühr oder Satz der Gebühr nach § 13 RVG	Nr.	Gebührentatbestand	Gebühr oder Satz der Gebühr nach § 13 RVG
3305	Verfahrensgebühr für die Vertretung des Antragstellers ...	1,0			
	Die Gebühr wird auf die Verfahrensgebühr für einen nachfolgenden Rechtsstreit angerechnet.				
3306	Beendigung des Auftrags, bevor der Rechtsanwalt den verfahrenseinleitenden Antrag oder einen Schriftsatz, der Sachanträge, Sachvortrag oder die Zurücknahme des Antrags enthält, eingereicht hat:				
	Die Gebühr 3305 beträgt	0,5			
3307	Verfahrensgebühr für die Vertretung des Antragsgegners	0,5			
	Die Gebühr wird auf die Verfahrensgebühr für einen nachfolgenden Rechtsstreit angerechnet.				
3308	Verfahrensgebühr für die Vertretung des Antragstellers im Verfahren über den Antrag auf Erlass eines Vollstreckungsbescheids	0,5			
	Die Gebühr entsteht neben der Gebühr 3305 nur, wenn innerhalb der Widerspruchsfrist kein Widerspruch erhoben oder der Widerspruch gemäß § 703 a Abs. 2 Nr. 4 ZPO beschränkt worden ist. Nummer 1008 ist nicht anzuwenden, wenn sich bereits die Gebühr 3305 erhöht.				
	Unterabschnitt 3. Vollstreckung und Vollziehung				
	Vorbemerkung 3.3.3: (1) Dieser Unterabschnitt gilt für 1. die Zwangsvollstreckung, 2. die Vollstreckung, 3. Verfahren des Verwaltungszwangs und 4. die Vollziehung eines Arrestes oder einstweiligen Verfügung,				

RVG alt			RVG neu		
Nr.	Gebührentatbestand	Gebühr oder Satz der Gebühr nach § 13 RVG	Nr.	Gebührentatbestand	Gebühr oder Satz der Gebühr nach § 13 RVG
	soweit nachfolgend keine besonderen Gebühren bestimmt sind. Er gilt auch für Verfahren auf Eintragung einer Zwangshypothek (§§ 867 und 870 a ZPO). (2) Im Verfahren nach der Verordnung (EU) Nr. 655/2014 werden Gebühren nach diesem Unterabschnitt nur im Fall des Artikels 5 Buchstabe b der Verordnung (EU) Nr. 655/2014 erhoben. In den Fällen des Artikels 5 Buchstabe a der Verordnung (EU) Nr. 655/2014 bestimmen sich die Gebühren nach den für Arrestverfahren geltenden Vorschriften.				
3309	Verfahrensgebühr	0,3			
3310	Terminsgebühr .... Die Gebühr entsteht für die Teilnahme an einem gerichtlichen Termin, einem Termin zur Abgabe der Vermögensauskunft oder zur Abnahme der eidesstattlichen Versicherung.	0,3			
	Unterabschnitt 4. Zwangsversteigerung und Zwangsverwaltung				
3311	Verfahrensgebühr .... Die Gebühr entsteht jeweils gesondert 1. für die Tätigkeit im Zwangsversteigerungsverfahren bis zur Einleitung des Verteilungsverfahrens; 2. im Zwangsversteigerungsverfahren für die Tätigkeit im Verteilungsverfahren, und zwar auch für eine Mitwirkung an einer außergerichtlichen Verteilung; 3. im Verfahren der Zwangsverwaltung für die Vertretung des Antragstellers im Verfahren über den Antrag auf Anordnung der Zwangsverwaltung oder auf Zulassung des Beitritts; 4. im Verfahren der Zwangsverwaltung für die Vertretung des Antragstellers im weiteren Verfahren einschließlich des Verteilungsverfahrens;	0,4			

RVG alt			RVG neu		
Nr.	Gebührentatbestand	Gebühr oder Satz der Gebühr nach § 13 RVG	Nr.	Gebührentatbestand	Gebühr oder Satz der Gebühr nach § 13 RVG
	5. im Verfahren der Zwangsverwaltung für die Vertretung eines sonstigen Beteiligten im ganzen Verfahren einschließlich des Verteilungsverfahrens und 6. für die Tätigkeit im Verfahren über Anträge auf einstweilige Einstellung oder Beschränkung der Zwangsvollstreckung und einstweilige Einstellung des Verfahrens sowie für Verhandlungen zwischen Gläubiger und Schuldner mit dem Ziel der Aufhebung des Verfahrens.				
3312	Terminsgebühr .... Die Gebühr entsteht nur für die Wahrnehmung eines Versteigerungstermins für einen Beteiligten. Im Übrigen entsteht im Verfahren der Zwangsversteigerung und der Zwangsverwaltung keine Terminsgebühr.	0,4			
	Unterabschnitt 5. Insolvenzverfahren, Verteilungsverfahren nach der Schifffahrtsrechtlichen Verteilungsordnung *Vorbemerkung 3.3.5:* (1) Die Gebührenvorschriften gelten für die Verteilungsverfahren nach der SVertO, soweit dies ausdrücklich angeordnet ist. (2) Bei der Vertretung mehrerer Gläubiger, die verschiedene Forderungen geltend machen, entstehen die Gebühren jeweils besonders. (3) Für die Vertretung des ausländischen Insolvenzverwalters entstehen die gleichen Gebühren wie für die Vertretung des Schuldners.				
3313	Verfahrensgebühr für die Vertretung des Schuldners im Eröffnungsverfahren .... Die Gebühr entsteht auch im Verteilungsverfahren nach der SVertO.	1,0			

RVG alt			RVG neu		
Nr.	Gebührentatbestand	Gebühr oder Satz der Gebühr nach § 13 RVG	Nr.	Gebührentatbestand	Gebühr oder Satz der Gebühr nach § 13 RVG
3314	Verfahrensgebühr für die Vertretung des Gläubigers im Eröffnungsverfahren	0,5			
	Die Gebühr entsteht auch im Verteilungsverfahren nach der SVertO.				
3315	Tätigkeit auch im Verfahren über den Schuldenbereinigungsplan:				
	Die Verfahrensgebühr 3313 beträgt	1,5			
3316	Tätigkeit auch im Verfahren über den Schuldenbereinigungsplan:				
	Die Verfahrensgebühr 3314 beträgt	1,0			
3317	Verfahrensgebühr für das Insolvenzverfahren	1,0			
	Die Gebühr entsteht auch im Verteilungsverfahren nach der SVertO und im Verfahren über Anträge nach Artikel 36 Abs. 9 der Verordnung (EU) 2015/848.				
3318	Verfahrensgebühr für das Verfahren über einen Insolvenzplan	1,0			
3319	Vertretung des Schuldners, der den Plan vorgelegt hat:				
	Die Verfahrensgebühr 3318 beträgt	3,0			
3320	Die Tätigkeit beschränkt sich auf die Anmeldung einer Insolvenzforderung:				
	Die Verfahrensgebühr 3317 beträgt	0,5			
	Die Gebühr entsteht auch im Verteilungsverfahren nach der SVertO.				
3321	Verfahrensgebühr für das Verfahren über einen Antrag auf Versagung oder Widerruf der Restschuldbefreiung	0,5			
	(1) Das Verfahren über mehrere gleichzeitig anhängige Anträge ist eine Angelegenheit.				

RVG alt			RVG neu		
Nr.	Gebührentatbestand	Gebühr oder Satz der Gebühr nach § 13 RVG	Nr.	Gebührentatbestand	Gebühr oder Satz der Gebühr nach § 13 RVG
	(2) Die Gebühr entsteht auch gesondert, wenn der Antrag bereits vor Aufhebung des Insolvenzverfahrens gestellt wird.				
3322	Verfahrensgebühr für das Verfahren über Anträge auf Zulassung der Zwangsvollstreckung nach § 17 Abs. 4 SVertO	0,5			
3323	Verfahrensgebühr für das Verfahren über Anträge auf Aufhebung von Vollstreckungsmaßregeln (§ 8 Abs. 5 und § 41 SVertO)	0,5			
	Unterabschnitt 6. Sonstige besondere Verfahren				
	Vorbemerkung 3.3.6: Die Terminsgebühr bestimmt sich nach Abschnitt 1, soweit in diesem Unterabschnitt nichts anderes bestimmt ist. Im Verfahren über die Prozesskostenhilfe bestimmt sich die Terminsgebühr nach den für dasjenige Verfahren geltenden Vorschriften, für das die Prozesskostenhilfe beantragt wird.				
3324	Verfahrensgebühr für das Aufgebotsverfahren	1,0			
3325	Verfahrensgebühr für Verfahren nach § 148 Abs. 1 und 2, §§ 246 a, 319 Abs. 6 des Aktiengesetzes, auch i.V.m. § 327 e Abs. 2 des Aktiengesetzes, oder nach § 16 Abs. 3 UmwG	0,75		Verfahrensgebühr für Verfahren nach § 148 Abs. 1 und 2, nach § 246 a des Aktiengesetzes (auch i. V. m. § 20 Abs. 3 S. 4 SchVG), nach § 319 Abs. 6 des Aktiengesetzes (auch i. V. m. § 327 e Abs. 2 des Aktiengesetzes), oder nach § 16 Abs. 3 UmwG.	
3326	Verfahrensgebühr für Verfahren vor den Gerichten für Arbeitssachen, wenn sich die Tätigkeit auf eine gerichtliche Entscheidung über die Bestimmung einer Frist (§ 102 Abs. 3 des Arbeitsgerichtsgesetzes), die Ablehnung eines Schiedsrichters (§ 103 Abs. 3 des Arbeitsgerichtsgesetzes) oder die Vornahme einer Beweisaufnahme oder einer Vereidigung (§ 106 Abs. 2 des Arbeitsgerichtsgesetzes) beschränkt	0,75			

RVG alt			RVG neu		
Nr.	Gebührentatbestand	Gebühr oder Satz der Gebühr nach § 13 RVG	Nr.	Gebührentatbestand	Gebühr oder Satz der Gebühr nach § 13 RVG
3327	Verfahrensgebühr für gerichtliche Verfahren über die Bestellung eines Schiedsrichters oder Ersatzschiedsrichters, über die Ablehnung eines Schiedsrichters oder über die Beendigung des Schiedsrichteramts, zur Unterstützung bei der Beweisaufnahme oder bei der Vornahme sonstiger richterlicher Handlungen anlässlich eines schiedsrichterlichen Verfahrens	0,75			
3328	Verfahrensgebühr für Verfahren über die vorläufige Einstellung, Beschränkung oder Aufhebung der Zwangsvollstreckung oder die einstweilige Einstellung oder Beschränkung der Vollstreckung und die Anordnung, dass Vollstreckungsmaßnahmen aufzuheben sind	0,5			
	Die Gebühr entsteht nur, wenn eine abgesonderte mündliche Verhandlung hierüber oder ein besonderer gerichtlicher Termin stattfindet. Wird der Antrag beim Vollstreckungsgericht und beim Prozessgericht gestellt, entsteht die Gebühr nur einmal.				
3329	Verfahrensgebühr für Verfahren auf Vollstreckbarerklärung der durch Rechtsmittelanträge nicht angefochtenen Teile eines Urteils (§§ 537, 558 ZPO)	0,5			
3330	Verfahrensgebühr für Verfahren über eine Rüge wegen Verletzung des Anspruchs auf rechtliches Gehör	in Höhe der Verfahrensgebühr für das Verfahren, in dem die Rüge erhoben wird, höchstens 0,5, bei Betragsrahmengebühren höchstens 220,00 €			in Höhe der Verfahrensgebühr für das Verfahren, in dem die Rüge erhoben wird, höchstens 0,5, bei Betragsrahmengebühren höchstens 260,00 €

RVG alt			RVG neu		
Nr.	Gebührentatbestand	Gebühr oder Satz der Gebühr nach § 13 RVG	Nr.	Gebührentatbestand	Gebühr oder Satz der Gebühr nach § 13 RVG
3331	Terminsgebühr in Verfahren über eine Rüge wegen Verletzung des Anspruchs auf rechtliches Gehör	in Höhe der Terminsgebühr für das Verfahren, in dem die Rüge erhoben wird, höchstens 0,5, bei Betragsrahmengebühren höchstens 220,00 €			in Höhe der Terminsgebühr für das Verfahren, in dem die Rüge erhoben wird, höchstens 0,5, bei Betragsrahmengebühren höchstens 260,00 €
3332	Terminsgebühr in den in Nummern 3324 bis 3329 genannten Verfahren	0,5			
3333	Verfahrensgebühr für ein Verteilungsverfahren außerhalb der Zwangsversteigerung und der Zwangsverwaltung ..... Der Wert bestimmt sich nach § 26 Nr. 1 und 2 RVG. Eine Terminsgebühr entsteht nicht.	0,4			
3334	Verfahrensgebühr für Verfahren vor dem Prozessgericht oder dem Amtsgericht auf Bewilligung, Verlängerung oder Verkürzung einer Räumungsfrist (§§ 721, 794 a ZPO), wenn das Verfahren mit dem Verfahren über die Hauptsache nicht verbunden ist	1,0			
3335	Verfahrensgebühr für das Verfahren über die Prozesskostenhilfe	in Höhe der Verfahrensgebühr für das Verfahren, für das die Prozesskostenhilfe beantragt wird, höchstens 1,0, bei Betragsrah-			in Höhe der Verfahrensgebühr für das Verfahren, für das die Prozesskostenhilfe beantragt wird, höchstens 1,0, bei Betragsrah-

RVG alt			RVG neu		
Nr.	Gebührentatbestand	Gebühr oder Satz der Gebühr nach § 13 RVG	Nr.	Gebührentatbestand	Gebühr oder Satz der Gebühr nach § 13 RVG
		mengebühren höchstens 420,00 €			mengebühren höchstens 500,00 €
3336	(aufgehoben)				
3337	Vorzeitige Beendigung des Auftrags im Fall der Nummern 3324 bis 3327, 3334 und 3335: Die Gebühren 3324 bis 3327, 3334 und 3335 betragen höchstens	0,5			
	Eine vorzeitige Beendigung liegt vor, 1. wenn der Auftrag endigt, bevor der Rechtsanwalt den das Verfahren einleitenden Antrag oder einen Schriftsatz, der Sachanträge, Sachvortrag oder die Zurücknahme des Antrags enthält, eingereicht oder bevor er einen gerichtlichen Termin wahrgenommen hat, oder 2. soweit lediglich beantragt ist, eine Einigung der Parteien oder der Beteiligten zu Protokoll zu nehmen oder soweit lediglich Verhandlungen vor Gericht zur Einigung geführt werden.				
3338	Verfahrensgebühr für die Tätigkeit als Vertreter des Anmelders eines Anspruchs zum Musterverfahren (§ 10 Abs. 2 KapMuG)	0,8			
	Abschnitt 4. Einzeltätigkeiten				
	Vorbemerkung 3.4: Für in diesem Abschnitt genannte Tätigkeiten entsteht eine Terminsgebühr nur, wenn dies ausdrücklich bestimmt ist.				
3400	Der Auftrag beschränkt sich auf die Führung des Verkehrs der Partei oder des Beteiligten mit dem Verfahrensbevollmächtigten:				

RVG alt			RVG neu		
Nr.	Gebührentatbestand	Gebühr oder Satz der Gebühr nach § 13 RVG	Nr.	Gebührentatbestand	Gebühr oder Satz der Gebühr nach § 13 RVG
	Verfahrensgebühr	in Höhe der dem Verfahrensbevollmächtigten zustehenden Verfahrensgebühr, höchstens 1,0, bei Betragsrahmengebühren höchstens 420,00 €			in Höhe der dem Verfahrensbevollmächtigten zustehenden Verfahrensgebühr, höchstens 1,0, bei Betragsrahmengebühren höchstens 500,00 €
	Die gleiche Gebühr entsteht auch, wenn im Einverständnis mit dem Auftraggeber mit der Übersendung der Akten an den Rechtsanwalt des höheren Rechtszugs gutachterliche Äußerungen verbunden sind.				
3401	Der Auftrag beschränkt sich auf die Vertretung in einem Termin im Sinne der Vorbemerkung 3 Abs. 3:				
	Verfahrensgebühr	in Höhe der Hälfte der dem Verfahrensbevollmächtigten zustehenden Verfahrensgebühr			
3402	Terminsgebühr in dem in Nummer 3401 genannten Fall	in Höhe der einem Verfahrensbevollmächtigten zustehenden Terminsgebühr			

RVG alt			RVG neu		
Nr.	Gebührentatbestand	Gebühr oder Satz der Gebühr nach § 13 RVG	Nr.	Gebührentatbestand	Gebühr oder Satz der Gebühr nach § 13 RVG
3403	Verfahrensgebühr für sonstige Einzeltätigkeiten, soweit in Nummer 3406 nichts anderes bestimmt ist	0,8			
	Die Gebühr entsteht für sonstige Tätigkeiten in einem gerichtlichen Verfahren, wenn der Rechtsanwalt nicht zum Prozess- oder Verfahrensbevollmächtigten bestellt ist, soweit in diesem Abschnitt nichts anderes bestimmt ist.				
3404	Der Auftrag beschränkt sich auf ein Schreiben einfacher Art:				
	Die Gebühr 3403 beträgt	0,3			
	Die Gebühr entsteht insbesondere, wenn das Schreiben weder schwierige rechtliche Ausführungen noch größere sachliche Auseinandersetzungen enthält.				
3405	Endet der Auftrag				
	1. im Fall der Nummer 3400, bevor der Verfahrensbevollmächtigte beauftragt oder der Rechtsanwalt gegenüber dem Verfahrensbevollmächtigten tätig geworden ist,				
	2. im Fall der Nummer 3401, bevor der Termin begonnen hat:				
	Die Gebühren 3400 und 3401 betragen	höchstens 0,5, bei Betragsrahmengebühren höchstens 210,00 €			höchstens 0,5, bei Betragsrahmengebühren höchstens 250,00 €
	Im Fall der Nummer 3403 gilt die Vorschrift entsprechend.				
3406	Verfahrensgebühr für sonstige Einzeltätigkeiten in Verfahren vor Gerichten der Sozialgerichtsbarkeit, wenn Betragsrahmengebühren entstehen (§ 3 RVG)	30,00 bis 340,00 €			36,00 bis 408,00 €
	Die Anmerkung zu Nummer 3403 gilt entsprechend.				
	Abschnitt 5. Beschwerde, Nichtzulassungsbeschwerde und Erinnerung				

RVG alt			RVG neu		
Nr.	Gebührentatbestand	Gebühr oder Satz der Gebühr nach § 13 RVG	Nr.	Gebührentatbestand	Gebühr oder Satz der Gebühr nach § 13 RVG
Vorbemerkung 3.5:					
Die Gebühren nach diesem Abschnitt entstehen nicht in den in Vorbemerkung 3.1 Abs. 2 und in den Vorbemerkungen 3.2.1 und 3.2.2 genannten Beschwerdeverfahren.					
3500	Verfahrensgebühr für Verfahren über die Beschwerde und die Erinnerung, soweit in diesem Abschnitt keine besonderen Gebühren bestimmt sind	0,5			
3501	Verfahrensgebühr für Verfahren vor den Gerichten der Sozialgerichtsbarkeit über die Beschwerde und die Erinnerung, wenn in den Verfahren Betragsrahmengebühren entstehen (§ 3 RVG), soweit in diesem Abschnitt keine besonderen Gebühren bestimmt sind	20,00 bis 210,00 €			24,00 bis 250,00 €
3502	Verfahrensgebühr für das Verfahren über die Rechtsbeschwerde	1,0			
3503	Vorzeitige Beendigung des Auftrags:				
	Die Gebühr 3502 beträgt	0,5			
	Die Anmerkung zu Nummer 3201 ist entsprechend anzuwenden.				
3504	Verfahrensgebühr für das Verfahren über die Beschwerde gegen die Nichtzulassung der Berufung, soweit in Nummer 3511 nichts anderes bestimmt ist	1,6			
	Die Gebühr wird auf die Verfahrensgebühr für ein nachfolgendes Berufungsverfahren angerechnet.				
3505	Vorzeitige Beendigung des Auftrags:				
	Die Gebühr 3504 beträgt	1,0			
	Die Anmerkung zu Nummer 3201 ist entsprechend anzuwenden.				
3506	Verfahrensgebühr für das Verfahren über die Beschwerde gegen die Nichtzulassung der Revision oder über die Beschwerde gegen die Nichtzulassung einer der in der Vorbe-	1,6			

RVG alt			RVG neu		
Nr.	Gebührentatbestand	Gebühr oder Satz der Gebühr nach § 13 RVG	Nr.	Gebührentatbestand	Gebühr oder Satz der Gebühr nach § 13 RVG
	merkung 3.2.2 genannten Rechtsbeschwerden, soweit in Nummer 3512 nichts anderes bestimmt ist				
	Die Gebühr wird auf die Verfahrensgebühr für ein nachfolgendes Revisions- oder Rechtsbeschwerdeverfahren angerechnet.				
3507	Vorzeitige Beendigung des Auftrags:				
	Die Gebühr 3506 beträgt	1,1			
	Die Anmerkung zu Nummer 3201 ist entsprechend anzuwenden.				
3508	In dem Verfahren über die Beschwerde gegen die Nichtzulassung der Revision können sich die Parteien nur durch einen beim Bundesgerichtshof zugelassenen Rechtsanwalt vertreten lassen:				
	Die Gebühr 3506 beträgt	2,3			
3509	Vorzeitige Beendigung des Auftrags, wenn sich die Parteien nur durch einen beim Bundesgerichtshof zugelassenen Rechtsanwalt vertreten lassen können:				
	Die Gebühr 3506 beträgt	1,8			
	Die Anmerkung zu Nummer 3201 ist entsprechend anzuwenden.				
3510	Verfahrensgebühr für Beschwerdeverfahren vor dem Bundespatentgericht				
	1. nach dem Patentgesetz, wenn sich die Beschwerde gegen einen Beschluss richtet,				
	a) durch den die Vergütung bei Lizenzbereitschaftserklärung festgesetzt wird oder Zahlung der Vergütung an das Deutsche Patent- und Markenamt angeordnet wird,				

RVG alt			RVG neu		
Nr.	Gebührentatbestand	Gebühr oder Satz der Gebühr nach § 13 RVG	Nr.	Gebührentatbestand	Gebühr oder Satz der Gebühr nach § 13 RVG
	b) durch den eine Anordnung nach § 50 Abs. 1 PatG oder die Aufhebung dieser Anordnung erlassen wird, c) durch den die Anmeldung zurückgewiesen oder über die Aufrechterhaltung, den Widerruf oder die Beschränkung des Patents entschieden wird, 2. nach dem Gebrauchsmustergesetz, wenn sich die Beschwerde gegen einen Beschluss richtet, a) durch den die Anmeldung zurückgewiesen wird, b) durch den über den Löschungsantrag entschieden wird, 3. nach dem Markengesetz, wenn sich die Beschwerde gegen einen Beschluss richtet, a) durch den über die Anmeldung einer Marke, einen Widerspruch oder einen Antrag auf Löschung oder über die Erinnerung gegen einen solchen Beschluss entschieden worden ist oder b) durch den ein Antrag auf Eintragung einer geographischen Angabe oder einer Ursprungsbezeichnung zurückgewiesen worden ist, 4. nach dem Halbleiterschutzgesetz, wenn sich die Beschwerde gegen einen Beschluss richtet, a) durch den die Anmeldung zurückgewiesen wird, b) durch den über den Löschungsantrag entschieden wird,				

RVG alt			RVG neu		
Nr.	Gebührentatbestand	Gebühr oder Satz der Gebühr nach § 13 RVG	Nr.	Gebührentatbestand	Gebühr oder Satz der Gebühr nach § 13 RVG
	5. nach dem Designgesetz, wenn sich die Beschwerde gegen einen Beschluss richtet, a) durch den die Anmeldung eines Designs zurückgewiesen worden ist, b) durch den über den Löschungsantrag gemäß § 36 DesignG entschieden worden ist, c) durch den über den Antrag auf Feststellung oder Erklärung der Nichtigkeit gemäß § 34 a DesignG entschieden worden ist, 6. nach dem Sortenschutzgesetz, wenn sich die Beschwerde gegen einen Beschluss des Widerspruchsausschusses richtet	1,3			
3511	Verfahrensgebühr für das Verfahren über die Beschwerde gegen die Nichtzulassung der Berufung vor dem Landessozialgericht, wenn Betragsrahmengebühren entstehen (§ 3 RVG) .... Die Gebühr wird auf die Verfahrensgebühr für ein nachfolgendes Berufungsverfahren angerechnet.	60,00 bis 680,00 €			72,00 bis 816,00 €
3512	Verfahrensgebühr für das Verfahren über die Beschwerde gegen die Nichtzulassung der Revision vor dem Bundessozialgericht, wenn Betragsrahmengebühren entstehen (§ 3 RVG) .... Die Gebühr wird auf die Verfahrensgebühr für ein nachfolgendes Revisionsverfahren angerechnet.	80,00 bis 880,00 €			96,00 bis 1.056,00 €
3513	Terminsgebühr in den in Nummer 3500 genannten Verfahren	0,5			
3514	In dem Verfahren über die Beschwerde gegen die Zurückweisung des Antrags auf Anordnung eines Arrests, des Antrags auf Erlass eines Europäischen Beschlusses zur vorläufigen Kontenpfändung oder des Antrags auf Erlass einer				

RVG alt			RVG neu		
Nr.	Gebührentatbestand	Gebühr oder Satz der Gebühr nach § 13 RVG	Nr.	Gebührentatbestand	Gebühr oder Satz der Gebühr nach § 13 RVG
	einstweiligen Verfügung bestimmt das Beschwerdegericht Termin zur mündlichen Verhandlung: Die Gebühr 3513 beträgt	1,2			
3515	Terminsgebühr in den in Nummer 3501 genannten Verfahren	20,00 bis 210,00 €			24,00 bis 250,00 €
3516	Terminsgebühr in den in Nummer 3502, 3504, 3506 und 3510 genannten Verfahren	1,2			
3517	Terminsgebühr in den in Nummer 3511 genannten Verfahren	50,00 bis 510,00 €			60,00 bis 610,00 €
3518	Terminsgebühr in den in Nummer 3512 genannten Verfahren	60,00 bis 660,00 €			72,00 bis 792,00 €

Teil 4 Strafsachen

RVG alt				RVG neu			
Nr.	Gebührentatbestand	Gebühr oder Satz der Gebühr nach § 13 oder § 49 RVG		Nr.	Gebührentatbestand	Gebühr oder Satz der Gebühr nach § 13 oder § 49 RVG	
		Wahlanwalt	gerichtlich bestellter oder beigeordneter Rechtsanwalt			Wahlanwalt	gerichtlich bestellter oder beigeordneter Rechtsanwalt
	Vorbemerkung 4:						
	(1) Für die Tätigkeit als Beistand oder Vertreter eines Privatklägers, eines Nebenklägers, eines Einziehungs- oder Nebenbeteiligten, eines Verletzten, eines Zeugen oder Sachverständigen und im Verfahren nach dem Strafrechtlichen Rehabilitierungsgesetz sind die Vorschriften entsprechend anzuwenden.				(1) Für die Tätigkeit als Beistand oder Vertreter eines Privatklägers, eines Nebenklägers, eines Einziehungs- oder Nebenbeteiligten, eines Verletzten, eines Zeugen oder Sachverständigen und im Verfahren nach dem Strafrechtlichen Rehabilitierungsgesetz sind die Vorschriften dieses Teils entsprechend anzuwenden.		
	(2) Die Verfahrensgebühr entsteht für das Betreiben des Geschäfts einschließlich der Information.						
	(3) Die Terminsgebühr entsteht für die Teilnahme an gerichtlichen Terminen, soweit nichts anderes bestimmt ist. Der Rechtsanwalt erhält die Terminsgebühr auch, wenn er zu einem anberaumten Termin erscheint, dieser aber aus Gründen, die er nicht zu vertreten hat, nicht stattfindet. Dies gilt nicht, wenn er rechtzeitig von der Aufhebung oder Verlegung des Termins in Kenntnis gesetzt worden ist.						
	(4) Befindet sich der Beschuldigte nicht auf freiem Fuß, entsteht die Gebühr mit Zuschlag.						
	(5) Für folgende Tätigkeiten entstehen Gebühren nach den Vorschriften des Teils 3: 1. im Verfahren über die Erinnerung oder die Beschwerde gegen einen Kostenfestsetzungsbeschluss (§ 464 b StPO) und im Verfahren über die Erinnerung gegen den Kostenansatz und im Verfahren über die Beschwerde gegen die Entscheidung über diese Erinnerung, 2. in der Zwangsvollstreckung aus Entscheidungen, die über einen aus der Straftat erwachsenen vermögensrechtlichen Anspruch oder die Erstattung von Kosten ergangen sind (§§ 406 b, 464 b StPO), für die Mitwirkung bei der Ausübung der						

RVG alt				RVG neu			
		Gebühr oder Satz der Gebühr nach § 13 oder § 49 RVG				Gebühr oder Satz der Gebühr nach § 13 oder § 49 RVG	
Nr.	Gebührentatbestand	Wahlanwalt	gerichtlich bestellter oder beigeordneter Rechtsanwalt	Nr.	Gebührentatbestand	Wahlanwalt	gerichtlich bestellter oder beigeordneter Rechtsanwalt
	Veröffentlichungsbefugnis und im Beschwerdeverfahren gegen eine dieser Entscheidungen.						
	Abschnitt 1. Gebühren des Verteidigers						
	Vorbemerkung 4.1: (1) Dieser Abschnitt ist auch anzuwenden auf die Tätigkeit im Verfahren über die im Urteil vorbehaltene Sicherungsverwahrung und im Verfahren über die nachträgliche Anordnung der Sicherungsverwahrung. (2) Durch die Gebühren wird die gesamte Tätigkeit als Verteidiger entgolten. Hierzu gehören auch Tätigkeiten im Rahmen des Täter-Opfer-Ausgleichs, soweit der Gegenstand nicht vermögensrechtlich ist.						
					(3) Kommt es für eine Gebühr auf die Dauer der Teilnahme an der Hauptverhandlung an, so sind auch Wartezeiten und Unterbrechungen an einem Hauptverhandlungstag als Teilnahme zu berücksichtigen. Dies gilt nicht für Wartezeiten und Unterbrechungen, die der Rechtsanwalt zu vertreten hat, sowie für Unterbrechungen für jeweils mindestens einer Stunde, soweit diese unter Angabe einer konkreten Dauer der Unterbrechung oder eines Zeitpunkts der Fortsetzung der Hauptverhandlung angeordnet wurden.		
	Unterabschnitt 1. Allgemeine Gebühren						
4100	Grundgebühr .... (1) Die Gebühr entsteht neben der Verfahrensgebühr für die erstmalige Einarbeitung in den Rechtsfall nur einmal, unabhängig davon, in welchem Verfahrensabschnitt sie erfolgt.	40,00 bis 360,00 €	160,00 €			44,00 bis 396,00 €	176,00 €

RVG alt				RVG neu			
Nr.	Gebührentatbestand	Gebühr oder Satz der Gebühr nach § 13 oder § 49 RVG		Nr.	Gebührentatbestand	Gebühr oder Satz der Gebühr nach § 13 oder § 49 RVG	
		Wahlanwalt	gerichtlich bestellter oder beigeordneter Rechtsanwalt			Wahlanwalt	gerichtlich bestellter oder beigeordneter Rechtsanwalt
	(2) Eine wegen derselben Tat oder Handlung bereits entstandene Gebühr 5100 ist anzurechnen.						
4101	Gebühr 4100 mit Zuschlag	40,00 bis 450,00 €	192,00 €			44,00 bis 495,00 €	216,00 €
4102	Terminsgebühr für die Teilnahme an 1. richterlichen Vernehmungen und Augenscheinseinnahmen, 2. Vernehmungen durch die Staatsanwaltschaft oder eine andere Strafverfolgungsbehörde, 3. Terminen außerhalb der Hauptverhandlung, in denen über die Anordnung oder Fortdauer der Untersuchungshaft oder der einstweiligen Unterbringung verhandelt wird, 4. Verhandlungen im Rahmen des Täter-Opfer-Ausgleichs sowie 5. Sühneterminen nach § 380 StPO ... Mehrere Termine an einem Tag gelten als ein Termin. Die Gebühr entsteht im vorbereitenden Verfahren und in jedem Rechtszug für die Teilnahme an jeweils bis zu drei Terminen einmal.	40,00 bis 300,00 €	136,00 €			44,00 bis 330,00 €	150,00 €
4103	Gebühr 4102 mit Zuschlag	40,00 bis 375,00 €	166,00 €			44,00 bis 413,00 €	183,00 €

RVG alt				RVG neu			
Nr.	Gebührentatbestand	Gebühr oder Satz der Gebühr nach § 13 oder § 49 RVG		Nr.	Gebührentatbestand	Gebühr oder Satz der Gebühr nach § 13 oder § 49 RVG	
		Wahlanwalt	gerichtlich bestellter oder beigeordneter Rechtsanwalt			Wahlanwalt	gerichtlich bestellter oder beigeordneter Rechtsanwalt
	Unterabschnitt 2. Vorbereitendes Verfahren						
	Vorbemerkung 4.1.2:						
	Die Vorbereitung der Privatklage steht der Tätigkeit im vorbereitenden Verfahren gleich.						
4104	Verfahrensgebühr .... Die Gebühr entsteht für eine Tätigkeit in dem Verfahren bis zum Eingang der Anklageschrift, des Antrags auf Erlass eines Strafbefehls bei Gericht oder im beschleunigten Verfahren bis zum Vortrag der Anklage, wenn diese nur mündlich erhoben wird.	40,00 bis 290,00 €	132,00 €			44,00 bis 319,00 €	145,00 €
4105	Gebühr 4104 mit Zuschlag	40,00 bis 362,50 €	161,00 €			44,00 bis 399,00 €	177,00 €
	Unterabschnitt 3. Gerichtliches Verfahren						
	Erster Rechtszug						
4106	Verfahrensgebühr für den ersten Rechtszug vor dem Amtsgericht	40,00 bis 290,00 €	132,00 €			44,00 bis 319,00 €	145,00 €
4107	Gebühr 4106 mit Zuschlag	40,00 bis 362,50 €	161,00 €			44,00 bis 399,00 €	177,00 €
4108	Terminsgebühr je Hauptverhandlungstag in den in Nummer 4106 genannten Verfahren	70,00 bis 480,00 €	220,00 €			77,00 bis 528,00 €	242,00 €

RVG alt				RVG neu			
Nr.	Gebührentatbestand	Gebühr oder Satz der Gebühr nach § 13 oder § 49 RVG		Nr.	Gebührentatbestand	Gebühr oder Satz der Gebühr nach § 13 oder § 49 RVG	
		Wahlanwalt	gerichtlich bestellter oder beigeordneter Rechtsanwalt			Wahlanwalt	gerichtlich bestellter oder beigeordneter Rechtsanwalt
4109	Gebühr 4108 mit Zuschlag	70,00 bis 600,00 €	268,00 €			77,00 bis 660,00 €	295,00 €
4110	Der gerichtlich bestellte oder beigeordnete Rechtsanwalt nimmt mehr als 5 und bis 8 Stunden an der Hauptverhandlung teil:						
	Zusätzliche Gebühr neben der Gebühr 4108 oder 4109		110,00 €				121,00 €
4111	Der gerichtlich bestellte oder beigeordnete Rechtsanwalt nimmt mehr als 8 Stunden an der Hauptverhandlung teil:						
	Zusätzliche Gebühr neben der Gebühr 4108 oder 4109		220,00 €				242,00 €
4112	Verfahrensgebühr für den ersten Rechtszug vor der Strafkammer	50,00 bis 320,00 €	148,00 €			55,00 bis 352,00 €	163,00 €
	Die Gebühr entsteht auch für Verfahren 1. vor der Jugendkammer, soweit sich die Gebühr nicht nach Nummer 4118 bestimmt, 2. im Rehabilitierungsverfahren nach Abschnitt 2 StrRehaG.						
4113	Gebühr 4112 mit Zuschlag	50,00 bis 400,00 €	180,00 €			55,00 bis 440 €	198,00 €
4114	Terminsgebühr je Hauptverhandlungstag in den in Nummer 4112 genannten Verfahren	80,00 bis 560,00 €	256,00 €			88,00 bis 616,00 €	282,00 €

RVG alt				RVG neu			
Nr.	Gebührentatbestand	Gebühr oder Satz der Gebühr nach § 13 oder § 49 RVG		Nr.	Gebührentatbestand	Gebühr oder Satz der Gebühr nach § 13 oder § 49 RVG	
		Wahlanwalt	gerichtlich bestellter oder beigeordneter Rechtsanwalt			Wahlanwalt	gerichtlich bestellter oder beigeordneter Rechtsanwalt
4115	Gebühr 4114 mit Zuschlag	80,00 bis 700,00 €	312,00 €			88,00 bis 770,00 €	343,00 €
4116	Der gerichtlich bestellte oder beigeordnete Rechtsanwalt nimmt mehr als 5 und bis 8 Stunden an der Hauptverhandlung teil:						
	Zusätzliche Gebühr neben der Gebühr 4114 oder 4115		128,00 €			141,00 €	
4117	Der gerichtlich bestellte oder beigeordnete Rechtsanwalt nimmt mehr als 8 Stunden an der Hauptverhandlung teil:						
	Zusätzliche Gebühr neben der Gebühr 4114 oder 4115		256,00 €			282,00 €	
4118	Verfahrensgebühr für den ersten Rechtszug vor dem Oberlandesgericht, dem Schwurgericht oder der Strafkammer nach den §§ 74 a und 74 c GVG	100,00 bis 690,00 €	316,00 €			110,00 bis 759,00 €	348,00 €
	Die Gebühr entsteht auch für Verfahren vor der Jugendkammer, soweit diese in Sachen entscheidet, die nach den allgemeinen Vorschriften zur Zuständigkeit des Schwurgerichts gehören.						
4119	Gebühr 4118 mit Zuschlag	100,00 bis 862,50 €	385,00 €			110,00 bis 949,00 €	424,00 €
4120	Terminsgebühr je Hauptverhandlungstag in den in Nummer 4118 genannten Verfahren	130,00 bis 930,00 €	424,00 €			143,00 bis 1.023,00 €	466,00 €

RVG alt				RVG neu			
Nr.	Gebührentatbestand	Gebühr oder Satz der Gebühr nach § 13 oder § 49 RVG		Nr.	Gebührentatbestand	Gebühr oder Satz der Gebühr nach § 13 oder § 49 RVG	
		Wahlanwalt	gerichtlich bestellter oder beigeordneter Rechtsanwalt			Wahlanwalt	gerichtlich bestellter oder beigeordneter Rechtsanwalt
4121	Gebühr 4120 mit Zuschlag	130,00 bis 1 162,50 €	517,00 €			143,00 bis 1 279,00 €	569,00 €
4122	Der gerichtlich bestellte oder beigeordnete Rechtsanwalt nimmt mehr als 5 und bis 8 Stunden an der Hauptverhandlung teil:						
	Zusätzliche Gebühr neben der Gebühr 4120 oder 4121		212,00 €			233,00 €	
4123	Der gerichtlich bestellte oder beigeordnete Rechtsanwalt nimmt mehr als 8 Stunden an der Hauptverhandlung teil:						
	Zusätzliche Gebühr neben der Gebühr 4120 oder 4121		424,00 €			466,00 €	
Berufung							
4124	Verfahrensgebühr für das Berufungsverfahren	80,00 bis 560,00 €	256,00 €			88,00 bis 616,00 €	282,00 €
	Die Gebühr entsteht auch für Beschwerdeverfahren nach § 13 StrRehaG.						
4125	Gebühr 4124 mit Zuschlag	80,00 bis 700,00 €	312,00 €			88,00 bis 770,00 €	343,00 €
4126	Terminsgebühr je Hauptverhandlungstag im Berufungsverfahren	80,00 bis 560,00 €	256,00 €			88,00 bis 616,00 €	282,00 €
	Die Gebühr entsteht auch für Beschwerdeverfahren nach § 13 StrRehaG.						
4127	Gebühr 4126 mit Zuschlag	80,00 bis 700,00 €	312,00 €			88,00 bis 770,00 €	343,00 €

RVG alt				RVG neu			
		Gebühr oder Satz der Gebühr nach § 13 oder § 49 RVG				Gebühr oder Satz der Gebühr nach § 13 oder § 49 RVG	
Nr.	Gebührentatbestand	Wahlanwalt	gerichtlich bestellter oder beigeordneter Rechtsanwalt	Nr.	Gebührentatbestand	Wahlanwalt	gerichtlich bestellter oder beigeordneter Rechtsanwalt
4128	Der gerichtlich bestellte oder beigeordnete Rechtsanwalt nimmt mehr als 5 und bis 8 Stunden an der Hauptverhandlung teil:						
	Zusätzliche Gebühr neben der Gebühr 4126 oder 4127		128,00 €			141,00 €	
4129	Der gerichtlich bestellte oder beigeordnete Rechtsanwalt nimmt mehr als 8 Stunden an der Hauptverhandlung teil:						
	Zusätzliche Gebühr neben der Gebühr 4126 oder 4127		256,00 €			282,00 €	
Revision							
4130	Verfahrensgebühr für das Revisionsverfahren	120,00 bis 1 110,00 €	492,00 €			132,00 bis 1 221,00 €	541,00 €
4131	Gebühr 4130 mit Zuschlag	120,00 bis 1 387,50 €	603,00 €			132,00 bis 1 526,00 €	663,00 €
4132	Terminsgebühr je Hauptverhandlungstag im Revisionsverfahren	120,00 bis 560,00 €	272,00 €			132,00 bis 616,00 €	300,00 €
4133	Gebühr 4132 mit Zuschlag	120,00 bis 700,00 €	328,00 €			132,00 bis 770,00 €	361,00 €
4134	Der gerichtlich bestellte oder beigeordnete Rechtsanwalt nimmt mehr als 5 und bis 8 Stunden an der Hauptverhandlung teil:						

RVG alt				RVG neu			
Nr.	Gebührentatbestand	Gebühr oder Satz der Gebühr nach § 13 oder § 49 RVG		Nr.	Gebührentatbestand	Gebühr oder Satz der Gebühr nach § 13 oder § 49 RVG	
		Wahlanwalt	gerichtlich bestellter oder beigeordneter Rechtsanwalt			Wahlanwalt	gerichtlich bestellter oder beigeordneter Rechtsanwalt
	Zusätzliche Gebühr neben der Gebühr 4132 oder 4133		136,00 €				150,00 €
4135	Der gerichtlich bestellte oder beigeordnete Rechtsanwalt nimmt mehr als 8 Stunden an der Hauptverhandlung teil: Zusätzliche Gebühr neben der Gebühr 4132 oder 4133		272,00 €				300,00 €

Unterabschnitt 4. Wiederaufnahmeverfahren

Vorbemerkung 4.1.4:

Eine Grundgebühr entsteht nicht.

RVG alt				RVG neu			
4136	Geschäftsgebühr für die Vorbereitung eines Antrags .... Die Gebühr entsteht auch, wenn von der Stellung eines Antrags abgeraten wird.	in Höhe der Verfahrensgebühr für den ersten Rechtszug					
4137	Verfahrensgebühr für das Verfahren über die Zulässigkeit des Antrags	in Höhe der Verfahrensgebühr für den ersten Rechtszug					
4138	Verfahrensgebühr für das weitere Verfahren	in Höhe der Verfahrensgebühr für den ersten Rechtszug					
4139	Verfahrensgebühr für das Beschwerdeverfahren (§ 372 StPO)	in Höhe der Verfahrensgebühr für den ersten Rechtszug					

RVG alt				RVG neu			
Nr.	Gebührentatbestand	Gebühr oder Satz der Gebühr nach § 13 oder § 49 RVG		Nr.	Gebührentatbestand	Gebühr oder Satz der Gebühr nach § 13 oder § 49 RVG	
		Wahlanwalt	gerichtlich bestellter oder beigeordneter Rechtsanwalt			Wahlanwalt	gerichtlich bestellter oder beigeordneter Rechtsanwalt
4140	Terminsgebühr für jeden Verhandlungstag	in Höhe der Terminsgebühr für den ersten Rechtszug					
	Unterabschnitt 5. Zusätzliche Gebühren						
4141	Durch die anwaltliche Mitwirkung wird die Hauptverhandlung entbehrlich: Zusätzliche Gebühr .... (1) Die Gebühr entsteht, wenn 1. das Strafverfahren nicht nur vorläufig eingestellt wird oder 2. das Gericht beschließt, das Hauptverfahren nicht zu eröffnen oder 3. sich das gerichtliche Verfahren durch Rücknahme des Einspruchs gegen den Strafbefehl, der Berufung oder der Revision des Angeklagten oder eines anderen Verfahrensbeteiligten erledigt; ist bereits ein Termin zur Hauptverhandlung bestimmt, entsteht die Gebühr nur, wenn der Einspruch, die Berufung oder die Revision früher als zwei Wochen vor Beginn des Tages, der für die Hauptverhandlung vorgesehen war, zurückgenommen wird; oder	in Höhe der Verfahrensgebühr					

RVG alt				RVG neu			
		Gebühr oder Satz der Gebühr nach § 13 oder § 49 RVG				Gebühr oder Satz der Gebühr nach § 13 oder § 49 RVG	
Nr.	Gebührentatbestand	Wahlanwalt	gerichtlich bestellter oder beigeordneter Rechtsanwalt	Nr.	Gebührentatbestand	Wahlanwalt	gerichtlich bestellter oder beigeordneter Rechtsanwalt
	4. das Verfahren durch Beschluss nach § 411 Abs. 1 Satz 3 StPO endet. Nummer 3 ist auf den Beistand oder Vertreter eines Privatklägers entsprechend anzuwenden, wenn die Privatklage zurückgenommen wird. (2) Die Gebühr entsteht nicht, wenn eine auf die Förderung des Verfahrens gerichtete Tätigkeit nicht ersichtlich ist. Sie entsteht nicht neben der Gebühr 4147. (3) Die Höhe der Gebühr richtet sich nach dem Rechtszug, in dem die Hauptverhandlung vermieden wurde. Für den Wahlanwalt bemisst sich die Gebühr nach der Rahmenmitte. Eine Erhöhung nach Nummer 1008 und der Zuschlag (Vorbemerkung 4 Abs. 4) sind nicht zu berücksichtigen.						
4142	Verfahrensgebühr bei Einziehung und verwandten Maßnahmen	1,0	1,0				
	(1) Die Gebühr entsteht für eine Tätigkeit für den Beschuldigten, die sich auf die Einziehung, dieser gleichstehende Rechtsfolgen (§ 439 StPO), die Abführung des Mehrerlöses oder auf eine diesen Zwecken dienende Beschlagnahme bezieht.						

RVG alt				RVG neu			
		Gebühr oder Satz der Gebühr nach § 13 oder § 49 RVG				Gebühr oder Satz der Gebühr nach § 13 oder § 49 RVG	
Nr.	Gebührentatbestand	Wahlanwalt	gerichtlich bestellter oder beigeordneter Rechtsanwalt	Nr.	Gebührentatbestand	Wahlanwalt	gerichtlich bestellter oder beigeordneter Rechtsanwalt
	(2) Die Gebühr entsteht nicht, wenn der Gegenstandswert niedriger als 30,00 € ist. (3) Die Gebühr entsteht für das Verfahren des ersten Rechtszugs einschließlich des vorbereitenden Verfahrens und für jeden weiteren Rechtszug.						
4143	Verfahrensgebühr für das erstinstanzliche Verfahren über vermögensrechtliche Ansprüche des Verletzten oder seines Erben	2,0	2,0				
	(1) Die Gebühr entsteht auch, wenn der Anspruch erstmalig im Berufungsverfahren geltend gemacht wird. (2) Die Gebühr wird zu einem Drittel auf die Verfahrensgebühr, die für einen bürgerlichen Rechtsstreit wegen desselben Anspruchs entsteht, angerechnet.						
4144	Verfahrensgebühr im Berufungs- und Revisionsverfahren über vermögensrechtliche Ansprüche des Verletzten oder seines Erben	2,5	2,5				
4145	Verfahrensgebühr für das Verfahren über die Beschwerde gegen den Beschluss, mit dem nach § 406 Abs. 5 Satz 2 StPO von einer Entscheidung abgesehen wird	0,5	0,5				
4146	Verfahrensgebühr für das Verfahren über einen Antrag auf gerichtliche Entscheidung oder über die Beschwerde gegen						

RVG alt				RVG neu			
Nr.	Gebührentatbestand	Gebühr oder Satz der Gebühr nach § 13 oder § 49 RVG		Nr.	Gebührentatbestand	Gebühr oder Satz der Gebühr nach § 13 oder § 49 RVG	
		Wahlanwalt	gerichtlich bestellter oder beigeordneter Rechtsanwalt			Wahlanwalt	gerichtlich bestellter oder beigeordneter Rechtsanwalt
	eine den Rechtszug beendende Entscheidung nach § 25 Abs. 1 Satz 3 bis 5, § 13 StrRehaG	1,5	1,5				
4147	Einigungsgebühr im Privatklageverfahren bezüglich des Strafanspruchs und des Kostenerstattungsanspruchs:						
	Die Gebühr 1000 entsteht	in Höhe der Verfahrensgebühr					
	Für einen Vertrag über sonstige Ansprüche entsteht eine weitere Einigungsgebühr nach Teil 1. Maßgebend für die Höhe der Gebühr ist die im Einzelfall bestimmte Verfahrensgebühr in der Angelegenheit, in der die Einigung erfolgt. Eine Erhöhung nach Nummer 1008 und der Zuschlag (Vorbemerkung 4 Abs. 4) sind nicht zu berücksichtigen.						
	Abschnitt 2. Gebühren in der Strafvollstreckung						
	Vorbemerkung 4.2:						
	Im Verfahren über die Beschwerde gegen die Entscheidung in der Hauptsache entstehen die Gebühren besonders.						
4200	Verfahrensgebühr als Verteidiger für ein Verfahren über						

RVG alt				RVG neu			
Nr.	Gebührentatbestand	Gebühr oder Satz der Gebühr nach § 13 oder § 49 RVG		Nr.	Gebührentatbestand	Gebühr oder Satz der Gebühr nach § 13 oder § 49 RVG	
		Wahlanwalt	gerichtlich bestellter oder beigeordneter Rechtsanwalt			Wahlanwalt	gerichtlich bestellter oder beigeordneter Rechtsanwalt
	1. die Erledigung oder Aussetzung der Maßregel der Unterbringung a) in der Sicherungsverwahrung, b) in einem psychiatrischen Krankenhaus oder c) in einer Entziehungsanstalt, 2. die Aussetzung des Restes einer zeitigen Freiheitsstrafe oder einer lebenslangen Freiheitsstrafe oder 3. den Widerruf einer Strafaussetzung zur Bewährung oder den Widerruf der Aussetzung einer Maßregel der Besserung und Sicherung zur Bewährung	60,00 bis 670,00 €	292,00 €			66,00 bis 737,00 €	321,00 €
4201	Gebühr 4200 mit Zuschlag	60,00 bis 837,50 €	359,00 €			66,00 bis 921,00 €	395,00 €
4202	Terminsgebühr in den in Nummer 4200 genannten Verfahren	60,00 bis 300,00 €	144,00 €			66,00 bis 330,00 €	158,00 €
4203	Gebühr 4202 mit Zuschlag	60,00 bis 375,00 €	174,00 €			66,00 bis 413,00 €	192,00 €
4204	Verfahrensgebühr für sonstige Verfahren in der Strafvollstreckung	30,00 bis 300,00 €	132,00 €			33,00 bis 330,00 €	145,00 €
4205	Gebühr 4204 mit Zuschlag	30,00 bis 375,00 €	162,00 €			33,00 bis 413,00 €	178,00 €

RVG alt				RVG neu			
Nr.	Gebührentatbestand	Gebühr oder Satz der Gebühr nach § 13 oder § 49 RVG		Nr.	Gebührentatbestand	Gebühr oder Satz der Gebühr nach § 13 oder § 49 RVG	
		Wahlanwalt	gerichtlich bestellter oder beigeordneter Rechtsanwalt			Wahlanwalt	gerichtlich bestellter oder beigeordneter Rechtsanwalt
4206	Terminsgebühr für sonstige Verfahren ..	30,00 bis 300,00 €	132,00 €			33,00 bis 330,00 €	145,00 €
4207	Gebühr 4206 mit Zuschlag	30,00 bis 375,00 €	162,00 €			33,00 bis 413,00 €	178,00 €

Abschnitt 3. Einzeltätigkeiten

Vorbemerkung 4.3:

(1) Die Gebühren entstehen für einzelne Tätigkeiten, ohne dass dem Rechtsanwalt sonst die Verteidigung oder Vertretung übertragen ist.

(2) Beschränkt sich die Tätigkeit des Rechtsanwalts auf die Geltendmachung oder Abwehr eines aus der Straftat erwachsenen vermögensrechtlichen Anspruchs im Strafverfahren, so erhält er die Gebühren nach den Nummern 4143 bis 4145.

(3) Die Gebühr entsteht für jede der genannten Tätigkeiten gesondert, soweit nichts anderes bestimmt ist. § 15 RVG bleibt unberührt. Das Beschwerdeverfahren gilt als besondere Angelegenheit.

(4) Wird dem Rechtsanwalt die Verteidigung oder die Vertretung für das Verfahren übertragen, werden die nach diesem Abschnitt entstandenen Gebühren auf die für die Verteidigung oder Vertretung entstehenden Gebühren angerechnet.

4300	Verfahrensgebühr für die Anfertigung oder Unterzeichnung einer Schrift 1. zur Begründung der Revision, 2. zur Erklärung auf die von dem Staatsanwalt, Privatkläger oder Nebenkläger eingelegte Revision oder 3. in Verfahren nach den §§ 57 a und 67 e StGB	60,00 bis 670,00 €	292,00 €			66,00 bis 737,00 €	321,00 €

RVG alt				RVG neu			
		Gebühr oder Satz der Gebühr nach § 13 oder § 49 RVG				Gebühr oder Satz der Gebühr nach § 13 oder § 49 RVG	
Nr.	Gebührentatbestand	Wahlanwalt	gerichtlich bestellter oder beigeordneter Rechtsanwalt	Nr.	Gebührentatbestand	Wahlanwalt	gerichtlich bestellter oder beigeordneter Rechtsanwalt
	Neben der Gebühr für die Begründung der Revision entsteht für die Einlegung der Revision keine besondere Gebühr.						
4301	Verfahrensgebühr für 1. die Anfertigung oder Unterzeichnung einer Privatklage, 2. die Anfertigung oder Unterzeichnung einer Schrift zur Rechtfertigung der Berufung oder zur Beantwortung der von dem Staatsanwalt, Privatkläger oder Nebenkläger eingelegten Berufung, 3. die Führung des Verkehrs mit dem Verteidiger, 4. die Beistandsleistung für den Beschuldigten bei einer richterlichen Vernehmung, einer Vernehmung durch die Staatsanwaltschaft oder eine andere Strafverfolgungsbehörde oder in einer Hauptverhandlung, einer mündlichen Anhörung oder bei einer Augenscheinseinnahme, 5. die Beistandsleistung im Verfahren zur gerichtlichen Erzwingung der Anklage (§ 172 Abs. 2 bis 4, § 173 StPO) oder 6. sonstige Tätigkeiten in der Strafvollstreckung	40,00 bis 460,00 €	200,00 €			44,00 bis 506,00 €	220,00 €

RVG alt				RVG neu			
Nr.	Gebührentatbestand	Gebühr oder Satz der Gebühr nach § 13 oder § 49 RVG		Nr.	Gebührentatbestand	Gebühr oder Satz der Gebühr nach § 13 oder § 49 RVG	
		Wahlanwalt	gerichtlich bestellter oder beigeordneter Rechtsanwalt			Wahlanwalt	gerichtlich bestellter oder beigeordneter Rechtsanwalt
	Neben der Gebühr für die Rechtfertigung der Berufung entsteht für die Einlegung der Berufung keine besondere Gebühr.						
4302	Verfahrensgebühr für 1. die Einlegung eines Rechtsmittels, 2. die Anfertigung oder Unterzeichnung anderer Anträge, Gesuche oder Erklärungen oder 3. eine andere nicht in Nummern 4300 oder 4301 erwähnte Beistandsleistung	30,00 bis 290,00 €	128,00 €			33,00 bis 319,00 €	141,00 €
4303	Verfahrensgebühr für die Vertretung in einer Gnadensache .... Der Rechtsanwalt erhält die Gebühr auch, wenn ihm die Verteidigung übertragen war.	30,00 bis 300,00 €				33,00 bis 330,00 €	

RVG alt				RVG neu			
Nr.	Gebührentatbestand	Gebühr oder Satz der Gebühr nach § 13 oder § 49 RVG		Nr.	Gebührentatbestand	Gebühr oder Satz der Gebühr nach § 13 oder § 49 RVG	
		Wahlanwalt	gerichtlich bestellter oder beigeordneter Rechtsanwalt			Wahlanwalt	gerichtlich bestellter oder beigeordneter Rechtsanwalt
4304	Gebühr für den als Kontaktperson beigeordneten Rechtsanwalt (§ 34 a EGGVG)		3 500,00 €				3 850,00 €

Teil 5 Bußgeldsachen

RVG alt				RVG neu			
Nr.	Gebührentatbestand	Gebühr oder Satz der Gebühr nach § 13 oder § 49 RVG		Nr.	Gebührentatbestand	Gebühr oder Satz der Gebühr nach § 13 oder § 49 RVG	
		Wahlanwalt	gerichtlich bestellter oder beigeordneter Rechtsanwalt			Wahlanwalt	gerichtlich bestellter oder beigeordneter Rechtsanwalt
Vorbemerkung 5: (1) Für die Tätigkeit als Beistand oder Vertreter eines Einziehungs- oder Nebenbeteiligten, eines Zeugen oder eines Sachverständigen in einem Verfahren, für das sich die Gebühren nach diesem Teil bestimmen, entstehen die gleichen Gebühren wie für einen Verteidiger in diesem Verfahren. (2) Die Verfahrensgebühr entsteht für das Betreiben des Geschäfts einschließlich der Information. (3) Die Terminsgebühr entsteht für die Teilnahme an gerichtlichen Terminen, soweit nichts anderes bestimmt ist. Der Rechtsanwalt erhält die Terminsgebühr auch, wenn er zu einem anberaumten Termin erscheint, dieser aber aus Gründen, die er nicht zu vertreten hat, nicht stattfindet. Dies gilt nicht, wenn er rechtzeitig von der Aufhebung oder Verlegung des Termins in Kenntnis gesetzt worden ist. (4) Für folgende Tätigkeiten entstehen Gebühren nach den Vorschriften des Teils 3: 1. für das Verfahren über die Erinnerung oder die Beschwerde gegen einen Kostenfestsetzungsbeschluss, für das Verfahren über die Erinnerung gegen den Kostenansatz, für das Verfahren über die Beschwerde gegen die Entscheidung über diese Er-				(1) Für die Tätigkeit als Beistand oder Vertreter eines Einziehungs- oder Nebenbeteiligten, eines Zeugen oder eines Sachverständigen sind die Vorschriften dieses Teils entsprechend anzuwenden.			

RVG alt				RVG neu			
Nr.	Gebührentatbestand	Gebühr oder Satz der Gebühr nach § 13 oder § 49 RVG		Nr.	Gebührentatbestand	Gebühr oder Satz der Gebühr nach § 13 oder § 49 RVG	
		Wahlanwalt	gerichtlich bestellter oder beigeordneter Rechtsanwalt			Wahlanwalt	gerichtlich bestellter oder beigeordneter Rechtsanwalt
	innerung und für Verfahren über den Antrag auf gerichtliche Entscheidung gegen einen Kostenfestsetzungsbescheid und den Ansatz der Gebühren und Auslagen (§ 108 OWiG), dabei steht das Verfahren über den Antrag auf gerichtliche Entscheidung dem Verfahren über die Erinnerung oder die Beschwerde gegen einen Kostenfestsetzungsbeschluss gleich, 2. in der Zwangsvollstreckung aus Entscheidungen, die über die Erstattung von Kosten ergangen sind, und für das Beschwerdeverfahren gegen die gerichtliche Entscheidung nach Nummer 1.						
	Abschnitt 1. Gebühren des Verteidigers						
	Vorbemerkung 5.1: (1) Durch die Gebühren wird die gesamte Tätigkeit als Verteidiger entgolten. (2) Hängt die Höhe der Gebühren von der Höhe der Geldbuße ab, ist die zum Zeitpunkt des Entstehens der Gebühr zuletzt festgesetzte Geldbuße maßgebend. Ist eine Geldbuße nicht festgesetzt, richtet sich die Höhe der Gebühren im Verfahren vor der Verwaltungsbehörde nach dem mittleren Betrag der in der Bußgeldvorschrift angedrohten Geldbuße. Sind in einer Rechtsvorschrift Regelsätze bestimmt, sind diese maßgebend. Mehrere Geldbußen sind zusammenzurechnen.						
	Unterabschnitt 1. Allgemeine Gebühr						
5100	Grundgebühr .... (1) Die Gebühr entsteht neben der Verfahrensgebühr für die erstmalige Einarbeitung in den Rechtsfall nur einmal, unabhängig davon, in welchem Verfahrensabschnitt sie erfolgt. (2) Die Gebühr entsteht nicht, wenn in einem vorangegangenen Strafverfahren	30,00 bis 170,00 €	80,00 €			33,00 bis 187,00 €	88,00 €

RVG alt				RVG neu			
Nr.	Gebührentatbestand	Gebühr oder Satz der Gebühr nach § 13 oder § 49 RVG		Nr.	Gebührentatbestand	Gebühr oder Satz der Gebühr nach § 13 oder § 49 RVG	
		Wahlanwalt	gerichtlich bestellter oder beigeordneter Rechtsanwalt			Wahlanwalt	gerichtlich bestellter oder beigeordneter Rechtsanwalt
	für dieselbe Handlung oder Tat die Gebühr 4100 entstanden ist.						
	Unterabschnitt 2. Verfahren vor der Verwaltungsbehörde						
	Vorbemerkung 5.1.2: (1) Zu dem Verfahren vor der Verwaltungsbehörde gehört auch das Verwarnungsverfahren und das Zwischenverfahren (§ 69 OWiG) bis zum Eingang der Akten bei Gericht. (2) Die Terminsgebühr entsteht auch für die Teilnahme an Vernehmungen vor der Polizei oder der Verwaltungsbehörde.						
5101	Verfahrensgebühr bei einer Geldbuße von weniger als 60,00 €	20,00 bis 110,00 €	52,00 €			22,00 bis 121,00 €	57,00 €
5102	Terminsgebühr für jeden Tag, an dem ein Termin in den in Nummer 5101 genannten Verfahren stattfindet	20,00 bis 110,00 €	52,00 €			22,00 bis 121,00 €	57,00 €
5103	Verfahrensgebühr bei einer Geldbuße von 60,00 € bis 5 000,00 €	30,00 bis 290,00 €	128,00 €			33,00 bis 319,00 €	141,00 €
5104	Terminsgebühr für jeden Tag, an dem ein Termin in den in Nummer 5103 genannten Verfahren stattfindet	30,00 bis 290,00 €	128,00 €			33,00 bis 319,00 €	141,00 €
5105	Verfahrensgebühr bei einer Geldbuße von mehr als 5 000,00 €	40,00 bis 300,00 €	136,00 €			44,00 bis 330,00 €	150,00 €

RVG alt				RVG neu			
Nr.	Gebührentatbestand	Gebühr oder Satz der Gebühr nach § 13 oder § 49 RVG		Nr.	Gebührentatbestand	Gebühr oder Satz der Gebühr nach § 13 oder § 49 RVG	
		Wahlanwalt	gerichtlich bestellter oder beigeordneter Rechtsanwalt			Wahlanwalt	gerichtlich bestellter oder beigeordneter Rechtsanwalt
5106	Terminsgebühr für jeden Tag, an dem ein Termin in den in Nummer 5105 genannten Verfahren stattfindet	40,00 bis 300,00 €	136,00 €			44,00 bis 330,00 €	150,00 €
	Unterabschnitt 3. Gerichtliches Verfahren im ersten Rechtszug						
	Vorbemerkung 5.1.3: (1) Die Terminsgebühr entsteht auch für die Teilnahme an gerichtlichen Terminen außerhalb der Hauptverhandlung. (2) Die Gebühren dieses Unterabschnitts entstehen für das Wiederaufnahmeverfahren einschließlich seiner Vorbereitung gesondert; die Verfahrensgebühr entsteht auch, wenn von der Stellung eines Wiederaufnahmeantrags abgeraten wird.						
5107	Verfahrensgebühr bei einer Geldbuße von weniger als 60,00 €	20,00 bis 110,00 €	52,00 €			22,00 bis 121,00 €	57,00 €
5108	Terminsgebühr je Hauptverhandlungstag in den in Nummer 5107 genannten Verfahren	20,00 bis 240,00 €	104,00 €			22,00 bis 264,00 €	114,00 €
5109	Verfahrensgebühr bei einer Geldbuße von 60,00 € bis 5 000,00 €	30,00 bis 290,00 €	128,00 €			33,00 bis 319,00 €	141,00 €
5110	Terminsgebühr je Hauptverhandlungstag in den in Nummer 5109 genannten Verfahren	40,00 bis 470,00 €	204,00 €			44,00 bis 517,00 €	224,00 €
5111	Verfahrensgebühr bei einer Geldbuße von mehr als 5 000,00 €	50,00 bis	160,00 €				176,00 €

RVG alt				RVG neu			
Nr.	Gebührentatbestand	Gebühr oder Satz der Gebühr nach § 13 oder § 49 RVG: Wahlanwalt	Gebühr oder Satz der Gebühr nach § 13 oder § 49 RVG: gerichtlich bestellter oder beigeordneter Rechtsanwalt	Nr.	Gebührentatbestand	Gebühr oder Satz der Gebühr nach § 13 oder § 49 RVG: Wahlanwalt	Gebühr oder Satz der Gebühr nach § 13 oder § 49 RVG: gerichtlich bestellter oder beigeordneter Rechtsanwalt
		350,00 €				55,00 bis 385,00 €	
5112	Terminsgebühr je Hauptverhandlungstag in den in Nummer 5111 genannten Verfahren	80,00 bis 560,00 €	256,00 €			88,00 bis 616,00 €	282,00 €
	Unterabschnitt 4. Verfahren über die Rechtsbeschwerde						
5113	Verfahrensgebühr	80,00 bis 560,00 €	256,00 €			88,00 bis 616,00 €	282,00 €
5114	Terminsgebühr je Hauptverhandlungstag	80,00 bis 560,00 €	256,00 €			88,00 bis 816,00 €	282,00 €
	Unterabschnitt 5. Zusätzliche Gebühren						
5115	Durch die anwaltliche Mitwirkung wird das Verfahren vor der Verwaltungsbehörde erledigt oder die Hauptverhandlung entbehrlich: Zusätzliche Gebühr ..... (1) Die Gebühr entsteht, wenn 1. das Verfahren nicht nur vorläufig eingestellt wird oder 2. der Einspruch gegen den Bußgeldbescheid zurückgenommen wird oder 3. der Bußgeldbescheid nach Einspruch von der Verwaltungsbehörde zurückgenommen und gegen einen	in Höhe der jeweiligen Verfahrensgebühr					

RVG alt				RVG neu			
		Gebühr oder Satz der Gebühr nach § 13 oder § 49 RVG				Gebühr oder Satz der Gebühr nach § 13 oder § 49 RVG	
Nr.	Gebührentatbestand	Wahlanwalt	gerichtlich bestellter oder beigeordneter Rechtsanwalt	Nr.	Gebührentatbestand	Wahlanwalt	gerichtlich bestellter oder beigeordneter Rechtsanwalt
	neuen Bußgeldbescheid kein Einspruch eingelegt wird oder 4. sich das gerichtliche Verfahren durch Rücknahme des Einspruchs gegen den Bußgeldbescheid oder der Rechtsbeschwerde des Betroffenen oder eines anderen Verfahrensbeteiligten erledigt; ist bereits ein Termin zur Hauptverhandlung bestimmt, entsteht die Gebühr nur, wenn der Einspruch oder die Rechtsbeschwerde früher als zwei Wochen vor Beginn des Tages, der für die Hauptverhandlung vorgesehen war, zurückgenommen wird, oder 5. das Gericht nach § 72 Abs. 1 Satz 1 OWiG durch Beschluss entscheidet. (2) Die Gebühr entsteht nicht, wenn eine auf die Förderung des Verfahrens gerichtete Tätigkeit nicht ersichtlich ist. (3) Die Höhe der Gebühr richtet sich nach dem Rechtszug, in dem die Hauptverhandlung vermieden wurde. Für den Wahlanwalt bemisst sich die Gebühr nach der Rahmenmitte.						
5116	Verfahrensgebühr bei Einziehung und verwandten Maßnahmen	1,0	1,0				

RVG alt				RVG neu			
		Gebühr oder Satz der Gebühr nach § 13 oder § 49 RVG				Gebühr oder Satz der Gebühr nach § 13 oder § 49 RVG	
Nr.	Gebührentatbestand	Wahlanwalt	gerichtlich bestellter oder beigeordneter Rechtsanwalt	Nr.	Gebührentatbestand	Wahlanwalt	gerichtlich bestellter oder beigeordneter Rechtsanwalt
	(1) Die Gebühr entsteht für eine Tätigkeit für den Betroffenen, die sich auf die Einziehung oder dieser gleichstehende Rechtsfolgen (§ 46 Abs. 1 OWiG, § 439 StPO) oder auf eine diesen Zwecken dienende Beschlagnahme bezieht. (2) Die Gebühr entsteht nicht, wenn der Gegenstandswert niedriger als 30,00 € ist. (3) Die Gebühr entsteht nur einmal für das Verfahren vor der Verwaltungsbehörde und für das gerichtliche Verfahren im ersten Rechtszug. Im Rechtsbeschwerdeverfahren entsteht die Gebühr besonders.						
	Abschnitt 2. Einzeltätigkeiten						
5200	Verfahrensgebühr .... (1) Die Gebühr entsteht für einzelne Tätigkeiten, ohne dass dem Rechtsanwalt sonst die Verteidigung übertragen ist. (2) Die Gebühr entsteht für jede Tätigkeit gesondert, soweit nichts anderes bestimmt ist. § 15 RVG bleibt unberührt. (3) Wird dem Rechtsanwalt die Verteidigung für das Verfahren übertragen, werden die nach dieser Nummer entstandenen Gebühren auf die für die Verteidi-	20,00 bis 110,00 €	52,00 €			22,00 bis 121,00 €	57,00 €

RVG alt				RVG neu			
Nr.	Gebührentatbestand	Gebühr oder Satz der Gebühr nach § 13 oder § 49 RVG		Nr.	Gebührentatbestand	Gebühr oder Satz der Gebühr nach § 13 oder § 49 RVG	
		Wahlanwalt	gerichtlich bestellter oder beigeordneter Rechtsanwalt			Wahlanwalt	gerichtlich bestellter oder beigeordneter Rechtsanwalt
	gung entstehenden Gebühren angerechnet. (4) Der Rechtsanwalt erhält die Gebühr für die Vertretung in der Vollstreckung und in einer Gnadensache auch, wenn ihm die Verteidigung übertragen war.						

Teil 6 Sonstige Verfahren

RVG alt				RVG neu			
Nr.	Gebührentatbestand	Gebühr oder Satz der Gebühr nach § 13 oder § 49 RVG		Nr.	Gebührentatbestand	Gebühr oder Satz der Gebühr nach § 13 oder § 49 RVG	
		Wahlanwalt	gerichtlich bestellter oder beigeordneter Rechtsanwalt			Wahlanwalt	gerichtlich bestellter oder beigeordneter Rechtsanwalt
Vorbemerkung 6: (1) Für die Tätigkeit als Beistand für einen Zeugen oder Sachverständigen in einem Verfahren, für das sich die Gebühren nach diesem Teil bestimmen, entstehen die gleichen Gebühren wie für einen Verfahrensbevollmächtigten in diesem Verfahren. (2) Die Verfahrensgebühr entsteht für das Betreiben des Geschäfts einschließlich der Information. (3) Die Terminsgebühr entsteht für die Teilnahme an gerichtlichen Terminen, soweit nichts anderes bestimmt ist. Der Rechtsanwalt erhält die Terminsgebühr auch, wenn er zu einem anberaumten Termin erscheint, dieser aber aus Gründen, die er nicht zu vertreten hat, nicht stattfindet. Dies gilt nicht, wenn er rechtzeitig von der Aufhebung oder Verlegung des Termins in Kenntnis gesetzt worden ist.							
Abschnitt 1. Verfahren nach dem Gesetz über die internationale Rechtshilfe in Strafsachen und Verfahren nach dem Gesetz über die Zusammenarbeit mit dem Internationalen Strafgerichtshof							
Unterabschnitt 1. Verfahren vor der Verwaltungsbehörde *Vorbemerkung 6.1.1:* Die Gebühr nach diesem Unterabschnitt entsteht für die Tätigkeit gegenüber der Bewilligungsbehörde in Verfahren nach Abschnitt 2 Unterabschnitt 2 des Neunten Teils des Gesetzes über die internationale Rechtshilfe in Strafsachen.							
6100	Verfahrensgebühr	50,00 bis 340,00 €	156,00 €			55,00 bis 374,00 €	172,00 €

RVG alt				RVG neu			
Nr.	Gebührentatbestand	Gebühr oder Satz der Gebühr nach § 13 oder § 49 RVG		Nr.	Gebührentatbestand	Gebühr oder Satz der Gebühr nach § 13 oder § 49 RVG	
		Wahlanwalt	gerichtlich bestellter oder beigeordneter Rechtsanwalt			Wahlanwalt	gerichtlich bestellter oder beigeordneter Rechtsanwalt
	Unterabschnitt 2. Gerichtliches Verfahren						
6101	Verfahrensgebühr	100,00 bis 690,00 €	316,00 €			110,00 bis 759,00 €	348,00 €
6102	Terminsgebühr je Verhandlungstag	130,00 bis 930,00 €	424,00 €			143,00 bis 1.023,00 €	466,00 €
	Abschnitt 2. Disziplinarverfahren, berufsgerichtliche Verfahren wegen der Verletzung einer Berufspflicht						
	Vorbemerkung 6.2: (1) Durch die Gebühren wird die gesamte Tätigkeit im Verfahren abgegolten. (2) Für die Vertretung gegenüber der Aufsichtsbehörde außerhalb eines Disziplinarverfahrens entstehen Gebühren nach Teil 2. (3) Für folgende Tätigkeiten entstehen Gebühren nach Teil 3: 1. für das Verfahren über die Erinnerung oder die Beschwerde gegen einen Kostenfestsetzungsbeschluss, für das Verfahren über die Erinnerung gegen den Kostenansatz und für das Verfahren über die Beschwerde gegen die Entscheidung über diese Erinnerung, 2. in der Zwangsvollstreckung aus einer Entscheidung, die über die Erstattung von Kosten ergangen ist, und für das Beschwerdeverfahren gegen diese Entscheidung.						
	Unterabschnitt 1. Allgemeine Gebühren						
6200	Grundgebühr .... Die Gebühr entsteht neben der Verfahrensgebühr für die erstmalige Einarbei-	40,00 bis 350,00 €	156,00 €			44,00 bis 385,00 €	172,00 €

RVG alt				RVG neu			
Nr.	Gebührentatbestand	Gebühr oder Satz der Gebühr nach § 13 oder § 49 RVG		Nr.	Gebührentatbestand	Gebühr oder Satz der Gebühr nach § 13 oder § 49 RVG	
		Wahlanwalt	gerichtlich bestellter oder beigeordneter Rechtsanwalt			Wahlanwalt	gerichtlich bestellter oder beigeordneter Rechtsanwalt
	tung in den Rechtsfall nur einmal, unabhängig davon, in welchem Verfahrensabschnitt sie erfolgt.						
6201	Terminsgebühr für jeden Tag, an dem ein Termin stattfindet .... Die Gebühr entsteht für die Teilnahme an außergerichtlichen Anhörungsterminen und außergerichtlichen Terminen zur Beweiserhebung.	40,00 bis 370,00 €	164,00 €			44,00 bis 407,00 €	180,00 €
	Unterabschnitt 2. Außergerichtliches Verfahren						
6202	Verfahrensgebühr .... (1) Die Gebühr entsteht gesondert für eine Tätigkeit in einem dem gerichtlichen Verfahren vorausgehenden und der Überprüfung der Verwaltungsentscheidung dienenden weiteren außergerichtlichen Verfahren. (2) Die Gebühr entsteht für eine Tätigkeit in dem Verfahren bis zum Eingang des Antrags oder der Anschuldigungsschrift bei Gericht.	40,00 bis 290,00 €	132,00 €			44,00 bis 319,00 €	145,00 €

RVG alt				RVG neu			
Nr.	Gebührentatbestand	Gebühr oder Satz der Gebühr nach § 13 oder § 49 RVG		Nr.	Gebührentatbestand	Gebühr oder Satz der Gebühr nach § 13 oder § 49 RVG	
		Wahlanwalt	gerichtlich bestellter oder beigeordneter Rechtsanwalt			Wahlanwalt	gerichtlich bestellter oder beigeordneter Rechtsanwalt
	Unterabschnitt 3. Gerichtliches Verfahren						
	Erster Rechtszug *Vorbemerkung 6.2.3:* Die nachfolgenden Gebühren entstehen für das Wiederaufnahmeverfahren einschließlich seiner Vorbereitung gesondert.				(1) Die nachfolgenden Gebühren entstehen für das Wiederaufnahmeverfahren einschließlich seiner Vorbereitung gesondert. (2) Kommt es für eine Gebühr auf die Dauer der Teilnahme an der Hauptverhandlung an, sind auch Wartezeiten und Unterbrechungen an einem Hauptverhandlungstag als Teilnahme zu berücksichtigen. Dies gilt nicht für Wartezeiten und Unterbrechungen, die der Rechtsanwalt zu vertreten hat, sowie für Unterbrechungen von jeweils mindestens einer Stunde, soweit diese unter Angabe einer konkreten Dauer der Unterbrechung oder eines Zeitpunkts der Fortsetzung der Hauptverhandlung angeordnet wurden.		
6203	Verfahrensgebühr	50,00 bis 320,00 €	148,00 €			55,00 bis 352,00 €	163,00 €
6204	Terminsgebühr je Verhandlungstag	80,00 bis 560,00 €	256,00 €			88,00 bis 616,00 €	282,00 €
6205	Der gerichtlich bestellte Rechtsanwalt nimmt mehr als 5 und bis 8 Stunden an der Hauptverhandlung teil: Zusätzliche Gebühr neben der Gebühr 6204		128,00 €				141,00 €
6206	Der gerichtlich bestellte Rechtsanwalt nimmt mehr als 8 Stunden an der Hauptverhandlung teil: Zusätzliche Gebühr neben der Gebühr 6204		256,00 €				282,00 €

RVG alt				RVG neu			
Nr.	Gebührentatbestand	Gebühr oder Satz der Gebühr nach § 13 oder § 49 RVG		Nr.	Gebührentatbestand	Gebühr oder Satz der Gebühr nach § 13 oder § 49 RVG	
		Wahlanwalt	gerichtlich bestellter oder beigeordneter Rechtsanwalt			Wahlanwalt	gerichtlich bestellter oder beigeordneter Rechtsanwalt
Zweiter Rechtszug							
6207	Verfahrensgebühr	80,00 bis 560,00 €	256,00 €			88,00 bis 616,00 €	282,00 €
6208	Terminsgebühr je Verhandlungstag	80,00 bis 560,00 €	256,00 €			88,00 bis 616,00 €	282,00 €
6209	Der gerichtlich bestellte Rechtsanwalt nimmt mehr als 5 und bis 8 Stunden an der Hauptverhandlung teil: Zusätzliche Gebühr neben der Gebühr 6208		128,00 €				141,00 €
6210	Der gerichtlich bestellte Rechtsanwalt nimmt mehr als 8 Stunden an der Hauptverhandlung teil: Zusätzliche Gebühr neben der Gebühr 6208		256,00 €				282,00 €
Dritter Rechtszug							
6211	Verfahrensgebühr	120,00 bis 1 110,00 €	492,00 €			132,00 bis 1 221,00 €	541,00 €
6212	Terminsgebühr je Verhandlungstag	120,00 bis 550,00 €	268,00 €			132,00 bis 605,00 €	294,00 €
6213	Der gerichtlich bestellte Rechtsanwalt nimmt mehr als 5 und bis 8 Stunden an der Hauptverhandlung teil: Zusätzliche Gebühr neben der Gebühr 6212		134,00 €				147,00 €

<table>
<tr><th colspan="4">RVG alt</th><th colspan="4">RVG neu</th></tr>
<tr><th rowspan="2">Nr.</th><th rowspan="2">Gebührentatbestand</th><th colspan="2">Gebühr oder Satz der Gebühr nach § 13 oder § 49 RVG</th><th rowspan="2">Nr.</th><th rowspan="2">Gebührentatbestand</th><th colspan="2">Gebühr oder Satz der Gebühr nach § 13 oder § 49 RVG</th></tr>
<tr><th>Wahlanwalt</th><th>gerichtlich bestellter oder beigeordneter Rechtsanwalt</th><th>Wahlanwalt</th><th>gerichtlich bestellter oder beigeordneter Rechtsanwalt</th></tr>
<tr><td>6214</td><td>Der gerichtlich bestellte Rechtsanwalt nimmt mehr als 8 Stunden an der Hauptverhandlung teil:
Zusätzliche Gebühr neben der Gebühr 6212 ....</td><td></td><td>268,00 €</td><td></td><td></td><td></td><td>294,00 €</td></tr>
<tr><td>6215</td><td>Verfahrensgebühr für das Verfahren über die Beschwerde gegen die Nichtzulassung der Revision ....
Die Gebühr wird auf die Verfahrensgebühr für ein nachfolgendes Revisionsverfahren angerechnet.</td><td>70,00 bis 1 110,00 €</td><td>472,00 €</td><td></td><td></td><td>77,00 bis 1 221,00 €</td><td>519,00 €</td></tr>
<tr><td colspan="4">Unterabschnitt 4. Zusatzgebühr</td><td></td><td></td><td></td><td></td></tr>
<tr><td>6216</td><td>Durch die anwaltliche Mitwirkung wird die mündliche Verhandlung entbehrlich:
Zusätzliche Gebühr ....
(1) Die Gebühr entsteht, wenn eine gerichtliche Entscheidung mit Zustimmung der Beteiligten ohne mündliche Verhandlung ergeht oder einer beabsichtigten Entscheidung ohne Hauptverhandlungstermin nicht widersprochen wird.
(2) Die Gebühr entsteht nicht, wenn eine auf die Förderung des Verfahrens gerichtete Tätigkeit nicht ersichtlich ist.</td><td colspan="2">in Höhe der jeweiligen Verfahrensgebühr</td><td></td><td></td><td></td><td></td></tr>
</table>

RVG alt				RVG neu			
Nr.	Gebührentatbestand	Gebühr oder Satz der Gebühr nach § 13 oder § 49 RVG		Nr.	Gebührentatbestand	Gebühr oder Satz der Gebühr nach § 13 oder § 49 RVG	
		Wahlanwalt	gerichtlich bestellter oder beigeordneter Rechtsanwalt			Wahlanwalt	gerichtlich bestellter oder beigeordneter Rechtsanwalt
	(3) Die Höhe der Gebühr richtet sich nach dem Rechtszug, in dem die Hauptverhandlung vermieden wurde. Für den Wahlanwalt bemisst sich die Gebühr nach der Rahmenmitte.						
Abschnitt 3. Gerichtliche Verfahren bei Freiheitsentziehung, bei Unterbringung und bei sonstigen Zwangsmaßnahmen							
6300	Verfahrensgebühr in Freiheitsentziehungssachen nach § 415 FamFG, in Unterbringungssachen nach § 312 FamFG und in Verfahren nach § 151 Nr. 6 und 7 FamFG .... Die Gebühr entsteht für jeden Rechtszug.	40,00 bis 470,00 €	204,00 €			44,00 bis 517,00 €	224,00 €
6301	Terminsgebühr in den Fällen der Nummer 6300 .... Die Gebühr entsteht für die Teilnahme an gerichtlichen Terminen.	40,00 bis 470,00 €	204,00 €			44,00 bis 517,00 €	224,00 €
6302	Verfahrensgebühr in sonstigen Fällen .... Die Gebühr entsteht für jeden Rechtszug des Verfahrens über die Verlängerung oder Aufhebung einer Freiheitsentziehung nach den §§ 425 und 426 FamFG oder einer Unterbringungsmaßnahme nach den §§ 329 und 330 FamFG.	20,00 bis 300,00 €	128,00 €			22,00 bis 330,00 €	141,00 €

RVG alt					RVG neu				
Nr.	Gebührentatbestand	Gebühr oder Satz der Gebühr nach § 13 oder § 49 RVG			Nr.	Gebührentatbestand	Gebühr oder Satz der Gebühr nach § 13 oder § 49 RVG		
		Wahlanwalt	gerichtlich bestellter oder beigeordneter Rechtsanwalt				Wahlanwalt	gerichtlich bestellter oder beigeordneter Rechtsanwalt	
6303	Terminsgebühr in den Fällen der Nummer 6302 .... Die Gebühr entsteht für die Teilnahme an gerichtlichen Terminen.	20,00 bis 300,00 €	128,00 €				22,00 bis 330,00 €	141,00 €	
Abschnitt 4. Gerichtliche Verfahren nach der Wehrbeschwerdeordnung *Vorbemerkung 6.4:*									
(1) Die Gebühren nach diesem Abschnitt entstehen in Verfahren auf gerichtliche Entscheidung nach der WBO, auch i.V.m. § 42 WDO, wenn das Verfahren vor dem Truppendienstgericht oder vor dem Bundesverwaltungsgericht an die Stelle des Verwaltungsrechtswegs gemäß § 82 SG tritt.									
(2) Soweit wegen desselben Gegenstands eine Geschäftsgebühr nach Nummer 2302 für eine Tätigkeit im Verfahren über die Beschwerde oder über die weitere Beschwerde vor einem Disziplinarvorgesetzten entstanden ist, wird diese Gebühr zur Hälfte, höchstens jedoch mit einem Betrag von 175,00 €, auf die Verfahrensgebühr des gerichtlichen Verfahrens vor dem Truppendienstgericht oder dem Bundesverwaltungsgericht angerechnet. Sind mehrere Gebühren entstanden, ist für die Anrechnung die zuletzt entstandene Gebühr maßgebend. Bei der Bemessung der Verfahrensgebühr ist nicht zu berücksichtigen, dass der Umfang der Tätigkeit infolge der vorangegangenen Tätigkeit geringer ist.					(2) Soweit wegen desselben Gegenstands eine Geschäftsgebühr nach Nummer 2302 für eine Tätigkeit im Verfahren über die Beschwerde oder über die weitere Beschwerde vor einem Disziplinarvorgesetzten entstanden ist, wird diese Gebühr zur Hälfte, höchstens jedoch mit einem Betrag von 207,00 €, auf die Verfahrensgebühr des gerichtlichen Verfahrens vor dem Truppendienstgericht oder dem Bundesverwaltungsgericht angerechnet. Sind mehrere Gebühren entstanden, ist für die Anrechnung die zuletzt entstandene Gebühr maßgebend.				
6400	Verfahrensgebühr für das Verfahren auf gerichtliche Entscheidung vor dem Truppendienstgericht	80,00 bis 680,00 €					88,00 bis 748,00 €		
6401	Terminsgebühr je Verhandlungstag in den in Nummer 6400 genannten Verfahren	80,00 bis 680,00 €					88,00 bis 748,00 €		

RVG alt				RVG neu			
		Gebühr oder Satz der Gebühr nach § 13 oder § 49 RVG				Gebühr oder Satz der Gebühr nach § 13 oder § 49 RVG	
Nr.	Gebührentatbestand	Wahlanwalt	gerichtlich bestellter oder beigeordneter Rechtsanwalt	Nr.	Gebührentatbestand	Wahlanwalt	gerichtlich bestellter oder beigeordneter Rechtsanwalt
6402	Verfahrensgebühr für das Verfahren auf gerichtliche Entscheidung vor dem Bundesverwaltungsgericht, im Verfahren über die Rechtsbeschwerde oder im Verfahren über die Beschwerde gegen die Nichtzulassung der Rechtsbeschwerde .... Die Gebühr für ein Verfahren über die Beschwerde gegen die Nichtzulassung der Rechtsbeschwerde wird auf die Gebühr für ein nachfolgendes Verfahren über die Rechtsbeschwerde angerechnet.	100,00 bis 790,00 €				110,00 bis 869,00 €	
6403	Terminsgebühr je Verhandlungstag in den in Nummer 6402 genannten Verfahren	100,00 bis 790,00 €				110,00 bis 869,00 €	
Abschnitt 5. Einzeltätigkeiten und Verfahren auf Aufhebung oder Änderung einer Disziplinarmaßnahme							
6500	Verfahrensgebühr .... (1) Für eine Einzeltätigkeit entsteht die Gebühr, wenn dem Rechtsanwalt nicht die Verteidigung oder Vertretung übertragen ist. (2) Die Gebühr entsteht für jede einzelne Tätigkeit gesondert, soweit nichts anderes bestimmt ist. § 15 RVG bleibt unberührt. (3) Wird dem Rechtsanwalt die Verteidigung oder Vertretung für das Verfahren	20,00 bis 300,00 €	128,00 €			22,00 bis 330,00 €	141,00 €

RVG alt				RVG neu			
Nr.	Gebührentatbestand	Gebühr oder Satz der Gebühr nach § 13 oder § 49 RVG		Nr.	Gebührentatbestand	Gebühr oder Satz der Gebühr nach § 13 oder § 49 RVG	
		Wahlanwalt	gerichtlich bestellter oder beigeordneter Rechtsanwalt			Wahlanwalt	gerichtlich bestellter oder beigeordneter Rechtsanwalt
	übertragen, werden die nach dieser Nummer entstandenen Gebühren auf die für die Verteidigung oder Vertretung entstehenden Gebühren angerechnet. (4) Eine Gebühr nach dieser Vorschrift entsteht jeweils auch für das Verfahren nach der WDO vor einem Disziplinarvorgesetzten auf Aufhebung oder Änderung einer Disziplinarmaßnahme und im gerichtlichen Verfahren vor dem Wehrdienstgericht.						

Teil 7 Auslagen

RVG alt			RVG neu		
Nr.	Auslagentatbestand	Höhe	Nr.	Auslagentatbestand	Höhe
Vorbemerkung 7: (1) Mit den Gebühren werden auch die allgemeinen Geschäftskosten entgolten. Soweit nachfolgend nichts anderes bestimmt ist, kann der Rechtsanwalt Ersatz der entstandenen Aufwendungen (§ 675 i.V.m. § 670 BGB) verlangen. (2) Eine Geschäftsreise liegt vor, wenn das Reiseziel außerhalb der Gemeinde liegt, in der sich die Kanzlei oder die Wohnung des Rechtsanwalts befindet. (3) Dient eine Reise mehreren Geschäften, sind die entstandenen Auslagen nach den Nummern 7003 bis 7006 nach dem Verhältnis der Kosten zu verteilen, die bei gesonderter Ausführung der einzelnen Geschäfte entstanden wären. Ein Rechtsanwalt, der seine Kanzlei an einen anderen Ort verlegt, kann bei Fortführung eines ihm vorher erteilten Auftrags Auslagen nach den Nummern 7003 bis 7006 nur insoweit verlangen, als sie auch von seiner bisherigen Kanzlei aus entstanden wären.					
7000	Pauschale für die Herstellung und Überlassung von Dokumenten: 1. für Kopien und Ausdrucke a) aus Behörden- und Gerichtsakten, soweit deren Herstellung zur sachgemäßen Bearbeitung der Rechtssache geboten war, b) zur Zustellung oder Mitteilung an Gegner oder Beteiligte und Verfahrensbevollmächtigte aufgrund einer Rechtsvorschrift oder nach Aufforderung durch das Gericht, die Behörde oder die sonst das Verfahren führende Stelle, soweit hierfür mehr als 100 Seiten zu fertigen waren, c) zur notwendigen Unterrichtung des Auftraggebers, soweit hierfür mehr als 100 Seiten zu fertigen waren, d) in sonstigen Fällen nur, wenn sie im Einverständnis mit dem Auftraggeber zusätzlich, auch zur Unterrichtung Dritter, angefertigt worden sind: für die ersten 50 abzurechnenden Seiten je Seite	0,50 €			

RVG alt			RVG neu		
Nr.	Auslagentatbestand	Höhe	Nr.	Auslagentatbestand	Höhe
	für jede weitere Seite	0,15 €			
	für die ersten 50 abzurechnenden Seiten in Farbe je Seite	1,00 €			
	für jede weitere Seite in Farbe	0,30 €			
	2. Überlassung von elektronisch gespeicherten Dateien oder deren Bereitstellung zum Abruf anstelle der in Nummer 1 Buchstabe d genannten Kopien und Ausdrucke:				
	je Datei	1,50 €			
	für die in einem Arbeitsgang überlassenen, bereitgestellten oder in einem Arbeitsgang auf denselben Datenträger übertragenen Dokumente insgesamt höchstens	5,00 €			
	(1) Die Höhe der Dokumentenpauschale nach Nummer 1 ist in derselben Angelegenheit und in gerichtlichen Verfahren in demselben Rechtszug einheitlich zu berechnen. Eine Übermittlung durch den Rechtsanwalt per Telefax steht der Herstellung einer Kopie gleich.				
	(2) Werden zum Zweck der Überlassung von elektronisch gespeicherten Dateien Dokumente im Einverständnis mit dem Auftraggeber zuvor von der Papierform in die elektronische Form übertragen, beträgt die Dokumentenpauschale nach Nummer 2 nicht weniger, als die Dokumentenpauschale im Fall der Nummer 1 betragen würde.				
7001	Entgelte für Post- und Telekommunikationsdienstleistungen	in voller Höhe			
	Für die durch die Geltendmachung der Vergütung entstehenden Entgelte kann kein Ersatz verlangt werden.				

RVG alt			RVG neu		
Nr.	Auslagentatbestand	Höhe	Nr.	Auslagentatbestand	Höhe
7002	Pauschale für Entgelte für Post- und Telekommunikationsdienstleistungen	20 % der Gebühren – höchstens 20,00 €			
	(1) Die Pauschale kann in jeder Angelegenheit anstelle der tatsächlichen Auslagen nach 7001 gefordert werden.				
	(2) Werden Gebühren aus der Staatskasse gezahlt, sind diese maßgebend.				
7003	Fahrtkosten für eine Geschäftsreise bei Benutzung eines eigenen Kraftfahrzeugs für jeden gefahrenen Kilometer ..	0,30 €			0,42 €
	Mit den Fahrtkosten sind die Anschaffungs-, Unterhaltungs- und Betriebskosten sowie die Abnutzung des Kraftfahrzeugs abgegolten.				
7004	Fahrtkosten für eine Geschäftsreise bei Benutzung eines anderen Verkehrsmittels, soweit sie angemessen sind	in voller Höhe			
7005	Tage- und Abwesenheitsgeld bei einer Geschäftsreise				
	1. von nicht mehr als 4 Stunden	25,00 €			30,00 €
	2. von mehr als 4 bis 8 Stunden	40,00 €			50,00 €
	3. von mehr als 8 Stunden	70,00 €			80,00 €
	Bei Auslandsreisen kann zu diesen Beträgen ein Zuschlag von 50 % berechnet werden.				
7006	Sonstige Auslagen anlässlich einer Geschäftsreise, soweit sie angemessen sind	in voller Höhe			
7007	Im Einzelfall gezahlte Prämie für eine Haftpflichtversicherung für Vermögensschäden, soweit die Prämie auf Haftungsbeträge von mehr als 30 Mio. € entfällt	in voller Höhe			
	Soweit sich aus der Rechnung des Versicherers nichts anderes ergibt, ist von der Gesamtprämie der Betrag zu erstatten, der sich aus dem Verhältnis der 30 Mio. € über-				

RVG alt			RVG neu		
Nr.	Auslagentatbestand	Höhe	Nr.	Auslagentatbestand	Höhe
7008	steigenden Versicherungssumme zu der Gesamtversicherungssumme ergibt. Umsatzsteuer auf die Vergütung .... Dies gilt nicht, wenn die Umsatzsteuer nach § 19 Abs. 1 UStG unerhoben bleibt.	in voller Höhe			

Gebührentabelle für Gegenstandswerte bis 500 000 Euro

bisherige Fassung: **Anlage 2** (zu § 13 Abs. 1 Satz 3)				*künftige Fassung:* **Anlage 2** (zu § 13 Abs. 1 Satz 3)			
500	45,00	50 000	1 163,00		49,00		1.279,00
1 000	80,00	65 000	1 248,00		88,00		1.373,00
1 500	115,00	80 000	1 333,00		127,00		1.467,00
2 000	150,00	95 000	1 418,00		166,00		1.561,00
3 000	201,00	110 000	1 503,00		222,00		1.655,00
4 000	252,00	125 000	1 588,00		278,00		1.749,00
5 000	303,00	140 000	1 673,00		334,00		1.843,00
6 000	354,00	155 000	1 758,00		390,00		1.937,00
7 000	405,00	170 000	1 843,00		446,00		2.031,00
8 000	456,00	185 000	1 928,00		502,00		2.125,00
9 000	507,00	200 000	2 013,00		558,00		2.219,00
10 000	558,00	230 000	2 133,00		614,00		2.351,00

bisherige Fassung: **Anlage 2** (zu § 13 Abs. 1 Satz 3)				*künftige Fassung:* **Anlage 2** (zu § 13 Abs. 1 Satz 3)			
13 000	604,00	260 000	2 253,00		666,00		2.483,00
16 000	650,00	290 000	2 373,00		718,00		2.615,00
19 000	696,00	320 000	2 493,00		770,00		2.747,00
22 000	742,00	350 000	2 613,00		822,00		2.879,00
25 000	788,00	380 000	2 733,00		874,00		3.011,00
30 000	863,00	410 000	2 853,00		955,00		3.143,00
35 000	938,00	440 000	2 973,00		1.036,00		3.275,00
40 000	1 013,00	470 000	3 093,00		1.117,00		3.407,00
45 000	1 088,00	500 000	3 213,00		1.198,00		3.539,00

Stichwortverzeichnis

Fette Zahlen verweisen auf Kapitel, magere Zahlen auf Randnummern.